学思语言学丛书

国家社会科学基金项目（06BYY042）

现代汉语空间范畴的认知与理解（三）

主编 齐沪扬

现代汉语现实空间的认知研究

齐沪扬 著

商务印书馆
创于1897 The Commercial Press

2014年·北京

图书在版编目(CIP)数据

现代汉语现实空间的认知研究/齐沪扬著.—
北京:商务印书馆,2014
ISBN 978-7-100-09775-8

I.①现… II.①齐… III.①现代汉语—研究
IV.①H109.4

中国版本图书馆 CIP 数据核字(2013)第 015507 号

上海市普通高校人文社会科学重点研究基地
应用语言学研究所资助成果　项目编号:SJ0705

现代汉语现实空间的认知研究
齐沪扬　著

商 务 印 书 馆 出 版
(北京王府井大街36号　邮政编码100710)
商 务 印 书 馆 发 行
北京中科印刷有限公司印刷
ISBN 978-7-100-09775-8

2014年1月第1版　开本 787×1092　1/16
2014年1月北京第1次印刷　印张 18 1/4
定价: 41.00元

总　序

这套丛书的作者都长期从事现代汉语语法的教学和研究。笃学深思，各有所得。丛书涉及的范围很广，从整体上看，重点在于通过语法结构的分析，达到深入理解语句的目的。

通常认为句子属于三维结构，即包括句法、语义和语用。三者的关系怎样，向来有不同的看法。丛书作者以句法为基点，从而阐述语义和语用，这符合认知的规律。表达汉语句法结构的要素，一般认定是语序和虚词。其实，在语言分析的实践中，许多学者已经扩大了形式要素的范围，以“标记”代替虚词。虚词当然是重要的标记，但标记不限于虚词，从书中可以找到这方面的实证。顺便说一句，我以为汉语的句法形式的要素，除了语序与标记之外，还有“节律”。例如单双音节的搭配常影响结构关系。

从认知的角度考虑思维活动，历来都关注从感性到理性的过程。其实，高级思维活动还有一个重要的环节，那就是“悟性”。简单地说，从感性到理性是从具体到抽象，这是思想上的一次升华。从理性到悟性，是从抽象到具体，不过，这里的具体不是前边那个具体的回归，它们的范围并不相同。可以认为，这是思想上另一次升华。丛书中论述“量”和“空间”等问题体现了这种观点。

目前的语法研究，目标集中在规范化和现代化。语言现代化的内容很广泛，机器翻译和人机对话是主要内容之一。在这方面有许多问题亟待解决。丛书作者在信息处理方面，在短语的规范化方面都做出了有益的探索，正适应了当前的需要。

丛书的选题，有些是很少有人讨论过的，给人以新的领会。有些选题是多次见于论著的，作者提出新的见解，能给人以启迪。不同的选题之间有很多互补的地方，这大概也是构成丛书的依据吧。

张斌

目　录

引　言

一　本课题的总体情况

空间认知域是人类最基本的认知域，空间范畴不仅包含一般意义上的物理空间，还可以拓展至心理空间，甚至可以进一步拓展至时间空间、事相空间等人类认知的各个方面。对空间范畴的进一步研究可以较好地解决人类认知世界的思维机制和心理过程，有利于揭示语言现象中一些尚不为人们所关注的现象和规律。

本课题的研究成果最终体现在如下三个子课题中：

1. 现代汉语位移空间的认知研究

主要讨论空间位移的认知研究。在这个子课题中，将从空间位移的语义表达出发，以认知语义学的基本理论为指导，重点选择位移选题中具有代表性的路径成分、位移动词和位移表达方式做重点研究。这个子课题的主要内容是：（1）位移事件的表达模式，并以“V 起来”的语义分化及其相关问题作为对表达模式的论证；（2）与位移动词、置放动词相关的问题，讨论位移动词、置放动词的类型特点和相关句法语义；（3）讨论两组词的基本用法和引申用法，即“过来 / 过去”和“下来 / 下去”的用法及其认知解释；（4）介词短语的功能与相关问题，讨论“往”字短语所构成的两种格式在句法、语义和事件表达方面的差异以及“从＋X”的语义、语用功能；（5）和“来”、“去”相关的短语的认知解释，讨论“V 来 V 去”格式及其语法化的过程，以及“V＋去”和“V＋走”

在表示位移事件中的差异。

2. 现代汉语心理空间的认知研究

主要从语言习得的角度和心理实证的角度，讨论空间方位词的认知研究，涉及预期研究计划中处所系统方面的问题。这一子课题从最能表现空间概念的四组表示处所的词："上/下、前/后、大/小、高/低"入手，从三个方面对四组词进行实证研究：(1)用意象图式理论分析这四组词的多义现象，证明空间隐喻是抽象概念的基础，是表达抽象概念的认知方式；(2)用发展心理学的实验手段，研究低龄儿童口语习得四组词时形成的规律，证明上述四组词义项引申过程的正确；(3)用认知心理学的实验手段，探讨空间认知和部分抽象域概念的认知加工过程。这一子课题是以一定数量的心理学实证报告作为主要内容的，改变了现代汉语学界从语言学视角研究空间隐喻的状态，以心理实证来回答空间隐喻和词的多义性问题。

3. 现代汉语现实空间的认知研究

在借鉴以往研究成果的基础上，阐述现实空间领域的结构要素和表达方式，涉及预计研究计划中大部分内容。这一子课题立足于空间域本身的认知研究，研究范围主要涉及以下一些内容：(1)空间位置系统的认知研究，认为空间位置可以分为静止的和非静止的两种，依次讨论构成不同空间位置的要素，以及表达这些空间位置的相应句式；(2)空间方位系统的认知研究，讨论方位参照的结构要素，指示参考点的方位短语的认知规则，并对方位词"上/下"的不对称分布和语法化过程进行解释；(3)与静态位置相关句法形式的认知研究，主要研究表示静态位置的零动词句、"着"字句、状态"在"字句和动作"在"字句的结构类型和认知语义；(4)与动态位置相关的句法形式的认知研究，首先讨论带处所宾语的"把"字句的基本语义和空间位移模式，接着对空间位移中主观参照"来/去"、客观参照"P+N"和"D+Q+M"的认知语义规则进行详尽的讨论。

二 本课题的研究方法和研究特色

本课题在研究方法和研究特色上主要有以下特点：

1. 在对空间范畴充分描写的基础上，重点对空间范畴向其他范畴投射的方式、方法进行认知解释。归纳和总结物理空间范畴的表达形式在心理空间等其他目标域范畴中的表现形式和表现方法，探讨这些表现形式和方法是怎样为人们所认知和理解的。本课题的研究立足于功能主义的语言观，主要借鉴标记理论、典型范畴理论、认知（概念）域理论、言语行为理论、关联理论等相关的理论模式，并适当运用结构主义的分布、变换等原理，对空间范畴非空间化的方式、方法以及过程进行研究，同时，对心理空间等目标域范畴的整体及内部层次进行详细地描写和解释。

2. 本课题对重要的、具有典型意义的投射过程进行详细具体的描写，寻找外在形式标志，并在大规模语料库中进行验证，寻求形式与意义之间的对应。本研究在着重强调语言形式和语义内容之间的对应关系的同时，从人类认知世界的生理和心理过程出发，对人类知识概念化的方式和手段寻求语言外在形式化的标志。用心理实证的手段，在大量心理实验的基础上，论证空间隐喻的心理现实性，论证空间认知和部分抽象域的认知加工的心理过程，着重探讨空间方位词和空间维度词的意向图式在人的行为中的表现，意向图式对词语加工的影响，时空隐喻模式在年龄差异上的表现。

3. 20 世纪 70 年代以后重新兴起的语法化研究把重心从历时转向共时。本课题用语法化的研究方法来解释空间范畴共时平面研究中难以解决的现象。从认知的角度看，重新分析是概念的“转喻”，类推是概念的“隐喻”，因此语法化的背后是认知动因在起作用。本研究认为汉语里表示空间位移的路径或方向的不少趋向词，在隐喻和转喻机制的作用下，扩展到时间范畴表示时体意义，有的还在语法化和主观化的作用下，扩展到情态范畴。本课题用隐喻和转喻的理论很好地解释了一些表示空间位移的介词结构，是如何从具体的原型范畴向外扩展到边缘范畴，然后再到虚拟的抽象的事物和概念。

三　本项子课题的主要结论和研究思路

1. 本项子课题的主要结论

（1）长久以来，学者们出于对动词研究的需要，对时间范畴研究得比较充分，形成了相对比较完善的体系。现代汉语空间系统的研究，则很少涉及，缺少全面的、系统的研究。这项子课题对完善现代汉语空间系统的研究，有重大的意义。从空间系统的构成看，这个系统可以由方位系统、形状系统和位置系统三个子系统组成；从空间范畴的表达看，汉语表达空间关系的方式和手段所涉及的因素，包括方位词、介词、趋向动词、动词、处所名词等各个方面；从认知语义的角度看，在方位参照的依据上，在空间形状的认辨上，在表达句式的运用上，都需要认知功能的解释。在建构现代汉语的空间范畴上，真正做到了语法意义与语法形式上的相互印证。本研究还认为三个子系统既是各自独立，又是互有联系的：方向的表达是静态的，位置的表达是动态的，而形状的表达是介乎两者之间；方向和形状会对位置的变化起到一定的影响，其中位置系统是空间系统中最为重要的一部分。

（2）在现代汉语空间系统的理论框架下，多角度地考察了现代汉语中与空间表达相关的一些语法现象。本研究从三个平面理论出发，采用变换分析、语义特征分析、语义指向分析等多种方法，特别是语用学理论和认知语法理论的运用，从而能够对现代汉语的相关语法现象进行深入的考察，揭示和总结一些语法规律，解释一些语法现象。例如用语义指向来分析“在＋L”中的空间方位关系，描写了同一句法形式表达不同方位关系的事实，将这种句式首先区分为“N＋在＋处所＋V＋着”和“N_1＋在＋处所＋V＋N_2”两种不同类型：从表示的空间意义上看，二者都表示相对静止的空间位置，而前者有时可以表示一种状态，后者不能表示状态；从表示的时间意义上看，前者具有完成和持续的特点，后者只具有完成的特点，而不具有持续的特点；从语义指向上看，前者只具有前指的作用，后者具有前指、后指和双指的作用。这体现了一种对“参照点与空间定位策略”的认知研究。本研究着重探讨现代汉语空间位置系统，并将空间范围的概念引进位置句研究，认为位置句中的空间范围有“点、线、面、体”之分，主要通过方位词表达，而位移句的空间范围都是“点”，这些认识都是极有启发性的。

（3）从空间系统考虑，存在着主观参照和客观参照的区别。主观参照是指以说话人为参照点，参照物不一定出现，有动词“来 / 去”表示位移的句子都是主观参照。客观参照是指以参照物作为参照点，句子中参照物一定要出现，表示客观参照可以有两种方式，一种是“介词＋处所词”，一种是“动词＋趋向词＋处所词”。本研究运用了系统功能语法的理论，讨论在空间位置系统中这三种参照所表现出来的语用意义，走出了传统结构语法的研究方法的束缚，在许多问题上提出了新的解释。例如用 Halliday 的物质表义结构和心理表义结构的观点，将位移句中动词与谓元的关系看成是物质关系，这就很好地解释了主体移动和客体移动的句子的语义差异；运用了认知语法中的一些原理，来解释结构语言学难以解决的问题。这些研究不仅在汉语语法学上有理论价值，对语用学和话语语言学在汉语中的研究运用也做出了示例。

2. 本项子课题的研究思路

（1）本项子课题的选题目的：空间认知是一个将物理空间概念化的过程，这就必然涉及语言问题。认知语言学认为，语言符号结构是来源于某个空间领域的依靠人类知觉的具体的制约和中介，语言系统的很多概念和关系依据本质上是视觉空间的意义概念和概念化。探讨空间范畴的认知问题，将可以看清语言系统的概念理据和许多关系，有利于揭示一些汉语言规律和现象。而国内外至今还未有关于空间范畴认知的全面系统的研究。

（2）本项子课题的相关研究：张斌先生 1957 年出版了《处所、时间和方位》，从结构主义出发，比较详细地考察了汉语的处所和方位问题；其后，博士论文《现代汉语空间位置系统》（1993）总结了以往的研究，结合语义表达，全面详细地考察了现代汉语空间位置系统问题，可以说是现代汉语空间问题的较早的研究成果，其后在此基础之上修订出版的专著《现代汉语空间问题研究》，则进一步完善了空间问题的描写和理论探讨。

20世纪70年代末以Ronald W. Langacker为代表的认知语言学建立起来，Langacker的语法体系早期就称为“空间语法”。国内对这个学派的介绍始于20世纪80年代末，进而运用认知语言理论和方法，结合汉语的语言事实研究空间问题，逐渐形成了一批较有代表性的成果，如戴浩一（1994）、张敏（1998）、齐沪扬（1999）、李宇明（1999）、崔希亮（2001）、方经民（2002）等。以上这些研究，提供了很好的语言事实和理论解释参考，是本课题的坚实基础。

（3）本项子课题的重要观点：A. 空间认知域是人类最基本的认知域，空间范畴自成系统，又有静态、动态之分；B. 由于认知上的主观化，使得客观物理上的维度赋有汉语特有的情理值，三种维度凸现各有特点；C. 汉语言中的空间概念和关系从方位、处所和位移等几个方面向时间范畴、程度范畴等投射。

四　本课题的学术价值与不足之处

1. 本课题的学术价值

本课题认为空间问题已不限于空间位置系统的表达，作为人类最基本的认知方式和手段，已经渗透到了语言运用的各个方面，在语言的编码和解码的过程中起着非常重要的作用。人们在组织和理解语言时，依然遵循着对空间认知的心理过程，对这些表达空间范畴的语言形式进行系统、详细的描写和解释，可以进一步揭示空间范畴的重要性。本课题首次将空间范畴与其目标域范畴结合起来统一进行研究，对空间范畴的表达形式与目标域范畴中的表达形式进行系统地描写、对比，并寻求外在形式标志。将空间问题置于一个动态的系统中，研究空间范畴的内部层次和目标域范畴的内部层次，争取将表达形式与意义对应起来。

本课题的研究，将直接推动汉语认知语义系统的进一步深入，对厘清汉语认知语义系统的内部关联，对把握汉民族对外部世界的认知方式、概念化过程以及解码方式和过程都有非常重要的理论价值和实际意义。本课题的研究成果，可以为自然语言信息处理形式化需求提供外在形式标准，可以为汉语本体研究提供理论上和方法论上新的探索。本研究也可以直接推动对外汉语教学理论和方法的改进，部分成果可以直接转化为汉语本体和对外汉语教学知识，具有较强的实用价值。

2. 本课题存在的不足

本课题存在的不足有两点：首先，现代汉语空间范畴的认知和理解是一项比较大的工程，也是一个十分开放的研究课题，目前本课题只是选择了其中几个方面进行研究，所做的只能是非常初步的、尝试性的研究工作。就目前所做工作的深度和广度而言，它距离建立一个科学的、系统的理论框架的要求，还有一定的差距。其次，本课题对空间范畴的研究主要局限于汉语普通话，没有对古汉语和汉语方言空间范畴的语言表达进行研究，也没有对古今汉语空间范畴的类型特点进行对比和评述。有些研究工作，比如位移动词的概念化和位移事件的词汇化还没有展开，心理学上的实证研究还有许多问题值得探索。

有待进一步研究的问题有以下几个方面：

（1）认知上的主观化，使得物理空间赋予了汉语特有的情理值，三种维度的凸显各有特点，怎样将这些特点与情理值整体上对应起来，建立起一套符合人们语感的语义框架，是本课题继续研究的重点。其中位移动词的概念化差异对句法结构的影响，是需要特别关注的问题。

（2）空间方位系统既有静态系统也有动态系统，关乎两者的参照系统的建立，在人们的认知中显得尤为重要，在这两个系统中参照系统是怎样确立的，人们确立参照项的依据和标准是什么，为什么人们会采用不同的参照系统，需要从人们的心智发展过程加以研究和考察。心理学上的实证应该在这方面提出理论依据。

（3）汉语中许多表示空间概念的句法形式如动趋式、介词短语等，其形成过程不同，成熟的时间有先后，在汉语方言中有不同的表现。在空间位移的语言表达方面，方言与方言之间、方言与普通话之间的诸多差异，很可能成为研究汉语位移事件类型的重要线索或参照项，值得进行一定规模的方言调查和全面的普通话—方言比较研究。

第一章

空间位置系统的认知研究

空间位置是由下列要素构成的。首先，不能缺少作为主体的物体本身。其次，我们还必须把“物体存在的处所”作为一个构成要素，没有它，就是物体的客观的存在也值得怀疑。再次，我们认为“物体存在的方式”也是一个构成要素，这个构成要素将决定物体在空间中的各种不同的位置。我们所说的空间位置就是上述三种构成要素组成的。例如“桌子上放着一本书”、“一个人向我走来”这两个句子中，“物体的本身”分别是“一本书”和“一个人”；“物体存在的处所”是“桌子上”和“向我方向的移动”；而“物体存在的方式”则是“放着”和“走来”。研究空间位置的表达，也必须从这三个构成要素的表达形式入手，对任何一种语言来说，这都是要加以考虑的。

以上三个构成要素的内部情况十分复杂，每个要素都可以由不同的参入因素组成。参入因素的多少都将影响到物体在空间的位置的性质，也会影响到对空间位置的表达。例如“桌子上”是表示“物体的存在处所”的，但在“桌子上有一只杯子”和“桌子上掉下一只杯子”两个句子中，由于后一句中“存在的处所”比前一句多了新的参入因素，因此两个句子中的物体“一只杯子”，在空间的位置就不会是一样的了。前者是静态的，而后者则是动态的。

针对这些复杂情况，本章将从：（1）物体在空间的各种不同的位置特点；（2）现代汉语中表现这些不同的空间位置的方法；（3）不同的空间位置和不同的表达方法之间的对应规律这三方面入手，力争系统地揭示出物体在空间的位置的表达特点。

第一节　绝对静止的空间位置

这里所说的绝对静止的空间位置是从语言表达的角度提出的概念，与物理学里根据物体运动的观点提出的绝对运动和相对静止是没有必然联系的。下面讨论有关这种空间位置的一些问题。

一　不用动词表示的句式

（一）谓语位置上只有名词短语的句式

1. 句式中名词短语的特点

先看下面的句子：

① 山下一片好风光。

② 小镇上一派繁荣景象。

③ 山顶上一块不大的平地。

④ 地板上一块块依稀可见的血迹。

在上述句子中，只有物体的本身和物体存在的处所，不用动词表示存在的方式。由于这种句式中少了相关的动词，处于谓语位置的名词短语在表达物体在空间的位置这一点上，将显得特别重要。名词短语的特点为：

（1）名词不能是“光杆名词”，前面必须要有数量词加以修饰，如上述诸例。

（2）名词大多表示无生命的物体，可以是抽象名词（如例①②），也可以是具体名词（如例③④）。表示有生命物体的名词，很少出现在这样的句式中。如果出现，这种句子将是不完整的。试比较：

⑤ 山脚下一条新修的公路。

⑥ 山脚下一队才参军的士兵。

⑤表达了一个完整的意思，而⑥则应该添补上相应的动词后才觉得完整，如添上“行进着”一类的词语。因为“处所＋无生名词”中，处所是指称对象，而在“处所＋有生名词”中，处所成为说话时的一种背景，

名词则成为指称的对象。在一般情况下，指称后面有了陈述，才会觉得这种表达是完整的。

2. 句式中数量短语的特点

上述句子中的数量短语，表现出如下两个特点：

（1）不可数性。

不可数性常用的表达方式是：

A.“一＋量词重叠”，如：

⑦ 地板上一块块依稀可见的血迹。

⑧ 山坡上一层层错落的梯田。

B.“一＋片”，如：

⑨ 山脚下一片广阔的平原。

⑩ 山坡下一片汪洋。

受不可数的数量词修饰的常是具体名词。

（2）虚指性。

所谓的虚指性，是指名词前的数量词不表示明确的数量概念，只起到单纯的修辞作用，主要用“一＋片（派）”表示，如：

⑪ 山下一片好风光。

⑫ 长城外一派萧瑟秋色。

受具有虚指性数量词修饰的，大多是抽象名词。

（二）谓语位置上只有形容词短语的句式

1.“处所＋形容词短语”的句式与“处所＋名词短语”句式具有相同的功能

下列这种“处所＋形容词短语”的句式，在表达空间位置时，与上面所讨论的“处所＋名词短语”句式具有相同的功能。处于谓语位置的是形容词短语，通常由“数量词＋双音节形容词”表示，如下面句子：

⑬ 小镇上一派繁荣。

⑭ 会议室里一片寂静。

⑮ 被抄了家的卧室里一片混乱。

⑯ 病房里一片沉寂。

上述句子中的形容词本身都会有个景象、气氛、局面的意思，“繁荣”

等于“繁荣景象”、“繁荣气象”，“寂静”等于“寂静的气氛”等等。中心词去除后，在理解时依然与中心词未去除一样。

2.“数量短语＋形容词短语”的特点

这种“处所＋形容词短语”的句式，形容词前也必须有数量词修饰，而且只能用表示虚指的“一片”、“一派”修饰，而“一片”、“一派”所修饰的通常也只是“景象”、“气象”、“风景”等抽象事物。因此，受“一片”、“一派”数量词修饰语语义上的限制，后面的“繁荣”、“寂静”、“混乱”等词所含有的“景象”、“气氛”等意思只会更加加强，试比较用其他数量词修饰的句子。

⑰ 卧室里一片混乱。

⑱ 卧室里一阵混乱。

前一句中的“混乱”作为一种局面，一种静止的状态，一种抽象的事物留存在“卧室里”，而后一句中的“一阵混乱”，只能理解为一种动作。

（三）不用动词表示空间位置句式的特点

上述不用动词表示的空间位置，都具有一种描写性质。在“处所＋名词”的句式中，物体所占据的位置是静态位置。由于这种句式中缺少表示物体存在方式的相关动词，所以这样的句子是无法回答物体是以什么样的方式留存在空间位置这个问题的，这是一种单纯地描写表态位置上的某一物体的句式。

在“处所＋形容词”的句式中，物体所占据的位置也是静态位置，只不过这里的某一物体，是表示“景象”、“气氛”等抽象事物，而且以省略中心词的形式表现的。“处所＋形容词”也具有描写性质，也是单纯地描写静态位置上的某一物体的。

二　由动词“有”、“在”、“是”参与的句式

（一）句式表现出来的空间特点

1. 句式表示对静态位置上存在某个物体做出判断

用动词“有”、“在”、“是”表示的空间位置的句子如：

① 屋子里有很多人。

② 很多人在屋子里。

③ 上海的西南角有上海师范大学。

④ 亚洲大陆的东部是中国。

句子中表示物体存在方式的是动词“有”、“在”、“是”，这类句子表示对静态位置上存在某个物体做出判断。

2. 句式中表示物体存在处所的处所词语都是定指的

这类句子的一个主要特点在于，句子中表示物体存在处所的处所词语都是定指的。朱德熙（1982）认为：“汉语有一种很强的倾向，即让主语表示已知的确定的事物，而让宾语去表示不确定的事物”。“有”字句、“是”字句中的处所词语位于主语位置，当然是定指的，但“在”字句中的处所词语位于宾语位置，是否就是如朱德熙所说的“表示不确定的事物”呢？我们认为这里的表示物体存在处所的处所词语依然是定指的。这可以从以下两个方面来证明：

（1）动词“在”之后的宾语只能由表示处所的词语担任，如“这件衣服在箱子里”，“北京来的客在屋子里”，而不能说成“这件衣服在箱子”，“北京来的客在屋子”。“箱子”、“屋子”是一般名词，表示具体的事物，而不是表示具体的处所。可见，“在”之后的宾语是不能由一般名词来担任的。

（2）我们通常把“一＋量词＋名词”看成是不定指的标志，如“来了一位客”中的“一位客”就是不定指的。“在”字句中，“在”后的处所词语前面不能加上这样的数量词，如我们不能说“这件衣服在一个箱子里”，“北京来的客在一个屋子里”，而只能说“这件衣服在那个箱子里”，“北京来的客在这个屋子里”。“这个”、“那个”则是一种定指的标志。

（二）句式的两种不同表现形式

由动词“有”、“在”、“是”构成的句式可以以两种形式出现，一种是“处所＋非处所名词”，如上述①、②例；一种是“处所＋处所名词”，如上述③、④例。动词“是”构成的表示定向位置的句子，“是”后边不能出现表示人或事物的非处所名词。

⑤ 箱子里是一件衣服。

⑥ 台上是两个穿着戏装的演员。

这里的“是”实际上表示“认同”，而不是表示“存在”，说话人并不是叙述某个处所里存在着什么物体，而是“认同”某个处所里是某个物体。所以“箱子里是一件衣服”可以认为表达了“箱子里的东西是一件衣服”的意思；“台上是两个穿着戏装的演员”可以认为是表达了“台上的人是两个穿着戏装的演员”的意思。上述句子中“箱子里”、“台上”表示的并非是物体存在的处所。

（三）句式中“处所”与“处所”的关系

1.“处所＋处所名词”中两个处所词语所包括的范围大小存在三种情况

“处所＋非处所名词”的句式表示某个静态位置上存在着的某个物体是一个具体的或者非具体的事物；而“处所＋处所名词”的句式表示某个静态位置上存在着的某个物体是一个具体的处所。句子中“处所”与“处所”之间的关系要比“处所”与“非处所”之间的关系复杂得多。

“处所＋处所名词”中，两个处所词语所包括的范围大小并不是完全一致的。不一致的情况正好在“有”、“在”、“是”三个动词构成的句式中得到以下三种不同的表现。

（1）“有”字句中，总是前一个处所词语所包括的范围大于后一个处所词语，所以“有”字句是“前＞后”，如：

⑦ 宿舍前有一个网球场。

⑧ 山顶上有一块平地。

⑨ 上海的西南角有上海师范大学。

“一个网球场”、“一块平地”、“上海师范大学”所占据的范围总是小于“宿舍前”、“山顶上”和“上海的西南角”的。

（2）“在”字句与“有”字句正好相反，总是前一个处所词语所包括的范围要小于后一个处所词语，因此，“在”字句是“前＜后”，如：

⑩ 一个网球场在宿舍前。

⑪ 一块平地在山顶上。

⑫ 上海师范大学在上海的西南角。

"在"常常可以用"位于"这个动词替换，如上面例子可以说成"一个网球场位于宿舍前"等等。因为"位于"也要求前一个处所词语所包括的范围小于后一个处所词语，所以"有"字句中的"有"是不能用"位于"替换的，如我们不能说"宿舍前位于一个网球场"等。

（3）"是"字句中，前后两个处所词语所包括的范围大小必须相等，所以"是"字句是"前＝后"。例如：

⑬ 山顶上是一块平地。

⑭ 淮南市的北边是淮河。

⑮ 空军政治学院的东侧是第二军医大学。

2."处所＋非处所名词"中的认知解释

其实，在"处所＋非处所名词"句式中，如果认为"非处所名词"表示的人或事物占据的位置也有"大小"的话，那么，在"有"、"在"、"是"三种句式中的分布也与上面情况相同。例如"屋子里"和"几个人"，"几个人"所占据的位置总是小于"屋子里"的，因此，在"有"字句中，"屋子里"必须位于句首，成为"屋子里有几个人"；在"在"字句中，"屋子里"必须位于句末，成为"几个人在屋子里"。也因为人或事物所占据的位置总是小于处所词语所包括的范围，因此，"处所＋非处所名词"句式中，不能有"是"字句出现。

"处所＋处所名词"句式中，两个处所词语之间有时具有互相参考的关系，如下面句子：

青海柴达木盆地的边缘有中国的核试验场→中国的核试验场的边缘有青海柴达木盆地

空军政治学院的东侧是第二军医大学→第二军医大学的西侧是空军政治学院

这种现象揭示了处所词的两重性质：既可以表示处所，具有空间性；又可以表示某种机构或实体，具有事物性。在这样的句式中，方位词、方位名词或具有方位词、方位名词相同作用的词语，具有明显的指示作用。当处所词后面带上这些词时，它就是表示处所的；当处所词后面不带上这些词时，它就是表示存在的事物。如上面例句“青海柴达木盆地的边缘是中国的核试验场”中，“青海柴达木盆地”因为后面带上具有方位词相同作用的“边缘”，所以它表示处所，“中国的核试验场”表示存在的事物。相反,在“中国的核试验场的边缘有青海柴达木盆地”中，“中国的核试验场”因为后面带上了“边缘”二字，所以它就表示处所，而“青海柴达木盆地”则成为存在的事物了。

3. 由动词“有、在、是”参与的句式具有判断性质

李英哲（1990）认为“在汉语中只有三个动词可以用来表示存在和方位，这些动词是‘在’、‘是’和‘有’”。由动词“有”、“在”、“是”表示的空间位置，都具有一种判断性质，这和本节第一部分中不同动词表示的空间位置具有的描写性质是不同的。上述“处所＋形容词”句式，如“街上一片寂静”,“小镇上一派繁荣”句子中,就不能加上动词“有”，不能说“街上有一片寂静”，“小镇上有一派繁荣”。由形容词表现出来的描写性质与由动词“有”表现出来的判断性质是互相排斥的。在上述第一部分由“处所＋名词”构成的句式中,如“山顶上一块不大的平地”，名词短语“一块不大的平地”也具有描写性质，但这样的句子中可以加上“有”或“是”，如成为“山顶上有一块不大的平地”、“山顶上是一块不大的平地”。加上了“有”和“是”之后，由名词短语表现出来的描写性质被“有”、“是”等表现出来的判断性质所替代。

三　由状态动词参与的句式

（一）由状态动词参与句式的三种类型

用状态动词表示的空间位置的句子。如：

A 类：床上躺着一个人。

门外蹲着两只狮子。

B 类：墙上挂着一幅画。

竹竿上晾着几件衣服。

C 类：黑板上写着几行大字。

袖口上绣着一朵小花。

这些句子中物体存在的方式都用状态动词表示。整个句子表示静态位置上有呈现状态的某个物体。

（二）句式中动词和动词短语的特点

1. 动词的特点

上述句子中的动词在表示状态时都是不自足的，也就是说这些动词单用时是无法明确表示状态的。因为“大多数状态动词都有相对的同形的动作动词”（李临定 1990）。而只有当这些动词后附“着”之后，才能表现出一种状态的特点来。朱德熙（1980）认为一个动词如果表现出一种“附着”或“遗留状态”的特点，而且这两种特点在一个动词身上必须同时具备，这样的动词才是状态动词。其实朱德熙归纳的特点，也只是显示在“V ＋着”这个组合里，而并非显示在单个动词里。这是因为朱德熙对这些动词的考察是放在具体的句子中进行的，而在具体的句子中，这些动词不带上“着”，上述“附着”或“遗留状态”的特点就无法表现出来，动词表示动作还是状态也无法确定。

2.“V ＋着”表现出来的特点

（1）持续性特点。“着”具有持续意义，并可分化成为表动态义的“着”和表静态义的“着”，这是许多学者都注意到的问题。上述句子中的动词只有与表示静态持续的“着”结合，才能表现出状态性质来，因为“持续是状态的一个特征”（戴耀晶 1991）。马希文（1987）也认为，上述动词“后边加上‘着’就转而指明状态”。可见，能使处于空间位置里的物体呈现出一种状态来的，不是动词本身，而是“V ＋着”这个组合。试比较下面句子：

① 床上躺着一个人。/ 床上躺一个人（，沙发上再坐一个人）。

② 墙上挂着一幅画。/ 墙上挂了一幅画（，还可以挂两幅画）。

③ 袖口上绣着一朵花。/ 袖口上绣一朵花（，领口上再绣几条花边）。

斜线后的句子中动词不加“着”，所表现的自然不是持续的状态，而成为了一种具体的动作了。

（2）时间上的方然性特点。“着”和方然的时间特征相关系，因此，“V＋着”所表现出来的持续状态，只具备方然性物质特征，而不具备已然性特征和未然性特征。具有方然性特征的如“床上躺着一个人”、“墙上挂着一幅画”一类句子可以变换成“一个人在床上躺着”，“一幅画在墙上挂着”，“V＋着”必须同时出现，不然的话，变换式不能成立。可表示方然性特征的一类句子，如“墙上挂了一幅画”，就不能变换成“一幅画在墙上挂了”。

（三）状态动词构成“处所＋非处所名词”的句式特点

1. 非处所名词常常以不定指的形式来加以表现

由状态动词表示的空间位置，只能构成“处所＋非处所名词”的句式。“非处所名词”因为处于宾语位置，常常以不定指的形式来加以表现，如上举各例。有时候，宾语位置上的“非处所名词”也可以是定指的，如可以出现专有名词：“身旁躺着赵小丽”，“墙上挂着‘岁寒四友’”等，也可以出现人称代词。人称代词在性质上是代表旧的、已知的信息，但这个人称代词所指称的人必须在前文有所交待，如下面两例：

④ 他谈锋甚健地扯着美国的见闻，忽地想起和他一起来的江峰怎么好长时间不听声响了，忙用眼光往客厅四周扫了一遍，发现靠墙拐的沙发上坐着他。

⑤ 王长华与这女人一路小跑着，只要听喘气声，就知道身后跟着她。

不过，上述这种“定指”用法，更倾向于用不定指的方式加以表现，“身旁躺着赵小丽”、“身后跟着她”一类句子，习惯上喜欢在宾语前加上数量词“一个”、“一位”等①。

2. 状态动词参与句式的三种类型的空间特点

由状态动词表示的空间位置，虽然只能构成“处所＋非处所名词”

① 详见第三章第二节。

的句式，但是以存在于这一表态位置上的物体与物体存在方式即状态持续之间的关系为标准，还可以将这类句式再分为三个小类，即前面的 A、B、C 三个小类。能够出现在 A 类句式中的动词有“坐、站、趴、跪、钻、住、卧、藏、混、围”等。例句中“躺着”、“蹲着”这种状态持续能够留存在物体存在的处所“床上”、“门外”，是由物体“一个人”、“两只狮子”带来的，物体是作为状态持续的主体。能够出现在 B 类句式中的动词有“放、摆、排、铺、吊、盛、架、停、垫、堆、埋、盖、穿、戴、带”等。例句中的物体“一幅画”、“几件衣服”是状态持续“挂着”、“晾着”所涉及的对象，由于“挂着”和“晾着”，才能使“一幅画”、“几件衣服”能够在“墙上”和“竹竿上”得以存在，物体是作为状态持续的客体。能够出现在 C 类句式中的动词还有“刻、印、织、抄”等。这种句式表示状态持续在表态位置“黑板上”、“袖口上”留存的结果，是产生出“几行大字”、“一朵小花”这些物体，也就是说“写”、“绣”之后才能出现“几行大字”、“一朵小花”，物体是作为状态持续的存在体。

状态动词构成的三个句式小类见表 1-1：

表 1-1

物　　体	动　　词	例　　句	表示意义
状态持续的主体	躺、坐、站	床上躺着一个人。	表态位置上的状态持续是物体发出的。
状态持续的客体	挂、晾、堆	墙上挂着一幅画。	表态位置上的状态持续使物体留存。
状态持续的存在体	写、绣、画	黑板上写着几行大字。	表态位置上的状态持续的结果产生物体。

四　绝对静止的空间位置的特点

（一）表达静态的空间位置的句式

上述表达静态的空间位置的句式可以归纳为表 1-2：

表 1-2

	物　体（名词）	物体存在的方式（相关动词）	物体存在的处所（处所词语）	句　　式	例　　句	句式所表示的意义
1	＋	-	＋	处所词＋名词	山下一片好风光。 山顶上一块不大的平地。	单纯描写静态位置上的某个物体
				处所词＋形容词	小镇上一派繁荣。 病房里一片沉寂。	
2	＋	＋（存在）	＋	处所词＋“有”、“在”＋非处所名词	屋子里有很多客人。 很多客人在屋子里。	表示静态位置上存在着某个物体
				处所词＋“有”、“在”、“是”＋处所名词	宿舍前有一个网球场。 一个网球场在宿舍前。 亚洲的东部是中国。	
3	＋	＋（状态）	＋	处所词＋状态动词＋“着”＋非处所名词	墙上挂着一幅画。 床上躺着一个人。 黑板上写着几行大字。	表示静态位置上有呈现状态持续的某个物体

（二）构成要素的特点

上述分析表明，三种由不同句式所表示的静态的空间位置，它的构成要素在形式上都具有如下的特点：

1. 表示物体本身的名词的特点

从表示物体本身的名词来说，通常表现出如下特点：

（1）大多以“数量词＋名词”的形式表现出来。

（2）表示物体本身的名词通常处于句末的位置，在句子中担任宾语，宾语通常是不定指的。但以动词“在”构成的句式中，表示物体本身的名词常常处在句首主语位置上，为了使主语位置的名词具有定指性，也可以在名词前加上“有”字，如“有很多人在屋子里”。

2. 表示物体存在处所的处所词语的特点

表示物体存在处所的是处所词语，在上述句式中，处所词语还有如下特点：

（1）表示物体存在处所的处所词语前，通常可以加上介词“在”，如：

桌子上有一本书→在桌子上有一本书

箱子里装着一些不穿的衣服→在箱子里装着一些不穿的衣服

“在”是一个静态介词，在空间位置系统中，“在”是表态位置的标记。

（2）在表示静态的空间位置的句式中，物体存在的处所经常处在句首的位置上，从而形成汉语的一种“引介句”（presentive on presentational sentence）。如“桌子上放着一本书”，“屋子里有很多人”等句子都是如此。物体存在的处所的后面，引介出位于这个空间位置上的处于多种不同运动状态的物体。

3. 表示物体存在方式的动词的特点

表示物体存在方式的是相关的动词。上面的句式表明，在静态的空间位置中，动词的特点主要体现在非动作性上，如下面例句中的动词：

① 山下有一块草地。

② 上海师范大学在上海的西南角。

动词“是、有、在”等，是一种单纯的表示存在的动词，当然谈不上动作性。又如：

③ 床上躺着一个人。

④ 墙上挂着一幅画。

“躺”、“挂”等动词，是具有“位置义”或“附着义”的状态动词，“状态”的特点是通过动词后附上“着”之后才表现出来的。状态动词与动作动词是相对的，所表现出来的当然也是非动作性的特点。

（三）绝对静止的空间位置

1. 绝对静止的空间位置的含义

从这些构成要素的表达特点可以看出，上面所讨论的物体在空间的位置上，其实是一种绝对静止的空间位置，绝对静止是相对于相对静止而言的。绝对静止的含义是，处于绝对静止的空间位置上的物体，没有任何意义上的位移。“山下一块不大的平地”，“宿舍前有一个网球场”，“上海师范大学在上海的西南角”，“墙上挂着一幅画”等句子中的物体“一块不大的平地”、“一个网球场”、“上海师范大学”、“一幅画”等，都没有表现出任何意义上的位移。所以，对这几种句式所显示的意义，应将表达“静止的空间位置”改成表达“绝对静止的空间位置”。

2. 绝对静止是相对静止的初始状态

静止应看作是运动的初始状态，先有静止，然后才能谈到运动；同样，绝对静止是相对静止的初始状态，先有绝对静止，然后才可能有相对静止。因此，从绝对静止到相对静止，从静止到运动，这是空间位置从简单到复杂的一种发展过程，绝对静止的空间位置应该是人类对空间位置的一种最基本的认识。从语言表达看，绝对静止的空间位置的表达形式相对于其他形式的空间位置的表达来说，也应该是最简单的。

绝对静止的空间位置的表达形式既然是最简单的，那么也可以认为构成绝对静止的空间位置的要素的参入因素是最基本的。随着构成要素的不断分解，将会出现新的参入因素，会使其他的空间位置的表达显得更加复杂。但是，对新的空间位置的分析，又必须以最基本的构成要素作为出发点。基于这种想法，对绝对静止的空间位置的分析就会显得更加重要了。

第二节　相对静止的空间位置

一　引进时间运动概念后对空间位置的认识

（一）空间位移和时间位移是互相关联的

从物理学的观点看，任何一个客观存在的物体，总是处在绝对运动的状态下。物体的运动不但要经历空间上的变化，也要经历时间上的变化。我们讨论物体在空间位置的表达形式时，不妨考虑物体运动的时空一致性的特点。虽然空间中的位置移动所参照的是空间中的某一参考点，而时间中的位移所参照的是时间上的某一参考点，但是，对于同一物体来说，空间位移和时间位移是互相关联的，空间运动总是伴随着时间运动进行的。在空间位置的表达上，可以证明这种观点。例如：

① 小王从学校回来。

② 台上演着一出戏。

前一句中的物体“小王”，空间的位移是以说话人说话时的处所作为参考点，“学校”到“谈话人说话时的处所”这一段距离是单位位移的轨迹。“小王”在做空间位移的同时，也有时间位移。后一句中的物体“一出戏”，在空间位移中是静止不动的，因为对参考点“台上”来说，“一出戏”始终处在“台上”这个处所位置上。然而在时间位移上，“一出戏”经历了从“开始演”到“演完”这一过程，这一过程必然表现出时间的流逝。可见，对于“一出戏”这个物体来说，空间位移和时间位移也是互相关联的。

（二）时间和空间不同的运动状态的四种搭配情况

1. 讨论空间位置涉及的三种组合

我们假设一个物体处于运动的初始状态时为“0”，超过初始状态的任何运动状态均描写为“1”。这样，根据数学上排列组合的规律，时间和空间不同的运动状态可以有如下四种搭配情况：

表 1–3

时间运动	0	0	1	1
空间运动	0	1	0	1

上述四种搭配情况可以分别记作（0，0），（0，1），（1，0），（1，1）。其中（0，1）这种组合事实上是不存在的，因为动作在时间特征上始终表现出初始状态，而不能使一个物体产生空间位移，这种情况的出现是

很难设想的。因此，引进时间运动概念之后，对空间位置的讨论主要是下面三种组合，即（0，0），（1，0）和（1，1）。

2. 三种组合的坐标图表示

我们再假设一个物体的运动状态在时间上的变化表现为横向的X轴，在空间上的变化表现为纵向的Y轴。在以X轴和Y轴建立起来的坐标图上，（0，0）、（1，0）和（1，1）三种组合可以分别表示为：

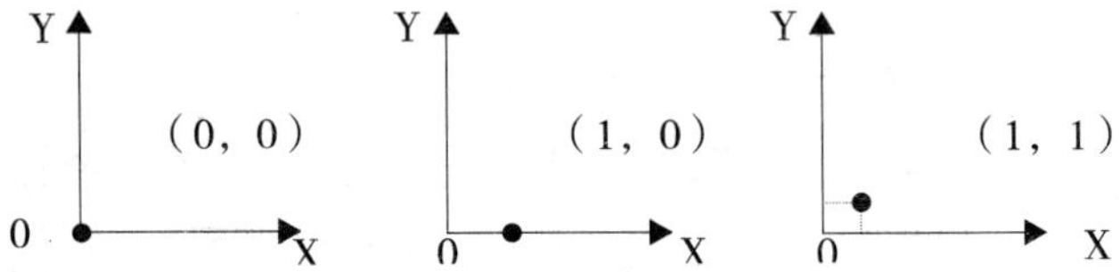

图1–1

（三）（0，0）组合和（1，0）组合

1.（0，0）组合体现了绝对静止的空间位置

以上（0，0）这种组合体现了绝对静止的空间位置。位于绝对静止的空间位置上的物体，不但在空间位移上表现为一种初始状态，即使在时间位移上，也同样表现为初始状态。“山脚下一条新修的公路”、“小镇上一派繁荣”一类句子，句子中缺乏表达物体运动方式的动词，当然无法在时间位移和空间位移上有所体现；“屋子里有很多客人”、“一个网球场在宿舍前”、“亚洲的东部是中国”中的动词是表示存在的“有、在、是”等，“存在”不是一种具体的工作，所以在时间位移和空间位移的轴上也都是处于“0”的位置；“墙上挂着一幅画”一类句子中的动词都是非动作运动，“V＋着”表示一种状态的持续，这种句子中的物体呈现出状态的性质是存在于空间位置上的，如“墙上挂着一幅画”中的物体“一幅画”，出现在空间位置上的时候，就已经表现出一种“挂着”的状态了，这也是看不出时间运动的轨迹的。

2.（1，0）组合体现了相对静止的空间位置

空间位移静止而时间位移上有运动的是相对静止的空间位置，即（1,0）这种组合，也就是本章要讨论的空间位置。相对静止的空间位置的决定因素当然是表达物体存在方式的动词。这些动词应该具备这样的特点：

具有动作性，动作必须在一个空间位置上进行，这个空间位置必须是静态的，动词在空间中是不会使物体产生位移的。下面三种句式，都是表达相对静止的空间位置的。

二　由动作动词参与的句式

（一）句式中动词的特点

请看下列句子：

A. 台上演着梆子戏。
门外敲着锣鼓。
体育馆里进行着篮球比赛。

B. 台上演了一小时梆子戏。
门外敲了一下午锣鼓。
礼堂里放映了好几场电影。

上述例句中的动词“演、敲、进行、放映”等，都是动作动词，而且都表现出空间位置上的非移动性的特点，这种非移动性特点表现在以下两个方面：

（1）这些动词参与的句式中，表示物体存在处所的处所词语前只能加上表示静态位置的“在”，而不能加上表示非静态位置的“从”、“到”等。如：

① 在台上演着梆子戏。/*到台上演着梆子戏。

② 在门外敲着锣鼓。/*从门外敲着锣鼓。

这表明这些动词只能反映处于静态位置上的物体的运动方式。

（2）这些动词后面都不能加上趋向动词“来/去”，如“演来/去”、“敲来/去”的说法都是不成立的。“来/去”在空间位置的表示上具有动态的意义，可以表示运动的方向（详见下文），而运动的方向又是位移的一个条件，所以“演”、“敲”一类动词是不具有使空间位置上的物体产生位移的作用的。

（二）"V＋着"揭示相对静止的空间位置时表现出的特点

1. 两种表示方法

上面讨论的是这种句式中动作动词的一般特点，这种动词在揭示物体在相对静止的空间位置的运动方式时，还有其特殊的表现形式。这种表现形式有两种，一种以"V＋着"的形式出现，一种以"V＋了＋时段词"的形式出现，即上面A、B两组例句所表示的。下面讨论这两种表现形式在揭示相对静止的空间位置时所起的作用，先分析"V＋着"这种形式。

2."着"表示动作的持续

动作动词之后加上"着"，也表示一种"持续"，如"台上演着梆子戏"、"体育馆里进行着篮球比赛"。这里的"着"与上章所谈的"墙上挂着一幅画"中的"着"不同，这里的"着"具有动态义，表示一种动作的持续。这种动作的持续有两层含义：

（1）表示物体存在方式的动词具有动作性，加上了"着"之后，动作并未转变为一种状态，而仍然是一种动作；

（2）动词加上"着"之后表现出来的是动作的过程，而并非是动作的起始和终结。这样，动作的持续不一定非要靠"着"才能表示，用相应的时间副词同样能表示这种动作的持续。因此，"V＋着"的句子都可以有如下的变换：

台上演着梆子戏→台上正在演梆子戏

体育馆里进行着篮球比赛→体育馆里正在进行篮球比赛

而"墙上挂着一幅画"这一类句子，却不能变换成"墙上正在挂一幅画"。

3."V＋着"的动作过程只在时间轴上有所体现

动词加上"着"之后表现出来的动作过程是一个起始和终结都不明确的过程，这个过程只表现在时间轴上，而在空间轴上，这个动作的过程始终在空间位置的一个"点"上进行，受动作过程影响的物体在这个"点"上不发生任何位移。例如"体育馆里进行着篮球比赛"中的物体"篮球比赛"，表现出了一个动作的过程，这个过程没有揭示出时间上的起始和终结,但时间上的运动通过“进行着”揭示了出来。分析“进行着”，仍然可以了解到有一个“开始”到“结束”的过程。这和“墙上挂着一幅画”中的“挂着”不一样。“挂着”不管在什么情况下，都分析不出一种时间运动的过程。然而，“篮球比赛”在空间位置上始终是“体育馆里”，“篮球比赛”在“体育馆里”未发生位移。因此，从空间位置系统看，“体育馆里进行着篮球比赛”一类句子表现出与（0，0）句式不同的（1，0）句式的特点来。

（三）“V ＋ 了 ＋ 时段词”揭示相对静止的空间位置时表现出的特点

1.“V ＋ 了 ＋ 时段词”中的“了”不表示动作的完成

“着”表示“持续”的意思,而“了”则不具备“着”的这种功能。那么,“V＋了＋时段词”中的“了”表示什么意思呢？我们认为，因为“了”之后有时段词的限制,因此,“V ＋了＋时段词”中“了”不表示动作的完成,整个组合表示“动作已经开始进行”。例如“台上演了一小时戏”，“门外敲了一下午锣鼓”中的物体“戏”、“锣鼓”,在空间轴上表现为静止不动,在时间轴上则表现为“动作已经开始进行”。这是因为：

句子中的“了”与“车上掉了一个包”中的“了”是不完全相同的。“车上掉了一个包”如译成英语，可以是“A bag was gone in the bus”，动词“掉＋了”用的是完成时态“was gone”。“台上演了一小时戏”译成英语的话，可以是“The play has been performed for one hour on the stage”，动词“演＋了”用的是完成时态“has been performed”。但是这个句子更宜译成“The play has been being performed for one hour on the stage”。动词“演＋了”用的是现在完成进行时态“has been being performed”。这个时态表示动作从某一个时间开始到现在，已经持续了一段时间，动作可能终止，也可能在进行。可见，“台上演了一小时戏”一类句子中，动词加上“了”之后的意思表述为“动作已经开始进行”，还是比较合适的。

2.“V ＋ 了 ＋ 时段词”中的时段词在表示空间意义上具有重要作用

上述句式中的时段词在表示“动作已经开始进行”这一意思中起了

相当重要的作用，只有"V＋了＋时段词"的组合，才能确切地表示这种意思，试比较：

③ 台上演了一小时戏。/台上演了戏。

④ 门外敲了一下午锣鼓。/门外敲了锣鼓。

后面的句子没有时段词的参与，不能表示"动作已经开始进行"的意思；同时，这种句子都是不怎么完整的句子，一般都有下文。

3. 两种"着"字句的不同

由动作动词参与的句子，表示物体本身的名词前通常不出现数量词，这和"墙上挂着一幅画"一类句子不同。引介句后面出现的名词，大多以"数量词＋名词"的形式出现，表示这个名词是不定指的。那么，由动作动词参与的句式中的名词一定是定指的吗？也不是，有些情况下也可以是不定指的：

台上演着梆子戏→台上演着一出梆子戏

体育馆里进行着篮球比赛→体育馆里进行着一场篮球比赛

如果把数量词作为引介句中名词的标记，那么本节讨论的句式中，名词表现出一种"无标记性"的特点。这种特点所形成的原因在于：

（1）"V＋了＋时段词"组成的句子中，名词是表示定指的，因为受"动作已经开始进行"这种存在方式影响的物体，说话时对说话人和听话人来说都是清楚的。这从这些句子的英语译句中也可以看出，名词前面用的是定冠词"the"，因此，这些名词前不能再加上表示不定指的数量词了。

（2）"V＋着"组成的句子，宾语常常可以表示定指。如：

⑤ 台上演着《沙家浜》。

⑥ 台上演着大家都已熟悉的那出戏。

同时，有的"V＋着"组成的句子中的名词，前面不可以加上数量词，如像"门外敲着锣鼓"一类句子。这种情况可能对"无标记性"的形成也有影响，如无特别指出的必要，即使表示不定指，也不必像"墙上挂着一幅画"那类句子，要以"数量词＋名词"的形式表现。

通过上述分析，我们可以知道，"V＋着"句子表示在空间位置上留存着持续动作的物体。动作持续能够使物体保证在时间轴上体现出位移的状态来。“V ＋了＋时段词”中的物体的存在方式虽然表述为“动作已经开始进行”，但也可以看作是“动作持续”的意思，因为动作已经开始但尚未结束，大致上可以用“持续”来加以概括。因此，由动作动词构成的，以引介句形式表现相对静止的空间位置的上述两种句式，都可以认为是表示在某一个相对静止的空间位置上留存有持续动作的物体。

三　由移动动词参与的句式

（一）句式中动词的特点

由移动动词参与的句式指下面这样的句子：

① 马路上走着一群人。

② 天空中飞着一群鸟。

③ 污浊的水里漂着几根木头。

④ 阴暗的沟里爬着许多小虫。

我们把这些句子中的动词“走、飞、爬、漂”等看作是移动动词，移动动词是相对于本节第二部分中动作动词而言的。与动作动词相比，能出现在这些句子中的移动动词的特点是：它能表示空间位置上的位移，这些动词后面都能加上趋向动词“来 / 去”、“上 / 下”等，如“走来 / 去、飞来 / 去、漂来 / 去、爬上 / 下”。上述句子中的这些动词大多为不及物动词，后面不能带宾语，因此，与动词发生关系的，常是动作的主体。这一类动词常见的还有“奔、蹦、逛、挤、骑、跑、游、跟”等。

（二）句式表现出来的空间意义

但是，由移动动词参与的句式，并非都表示一种动态位置，上述例句表示的就是一种相对静止的空间位置。这些句式表现出如下两个特点，这两个特点制约了位移条件的产生。

1. 物体存在的方式通常以“移动动词 + 着”的形式表示

由移动动词参与的句式，物体存在的方式通常以“移动动词＋着”的形式表示。虽然“走”、“飞”一类动词后面可以加上趋向动词“来 / 去”等，但在具体的语言环境里，“移动动词＋着”和“移动动词＋来 / 去”不能同时在一个句子中出现。可见，在由移动动词参与的表示静态位置的句式中，“着”仍然表现出一种表示动作持续的特点，动作的持续性和动作的位移性应该是互相排斥的。移动动词加上了“着”之后，移动性功能随之消失，转而成为一种空间轴上不定向的移动。这种移动以一种持续的动作状态出现，显示出与一般动作动词加上“着”之后同样的性质。即“走着”、“飞着”等只能表现出时间轴上的运动，而不能表现出空间轴的运动。

2. 物体存在的处所是一个静态位置

由移动动词参与的表示相对静止的空间位置的句式中，物体存在的处所是一个静态位置，因为在这些处所词语前面只能加上表示静态位置的“在”，而不能加上表示动态位置的“从、到、向”等。如：

马路上走着一个人→在马路上走着一个人→＊从马路上走着一个人

天空中飞着一群鸟→在天空中飞着一群鸟→＊向天空中飞着一群鸟

可见，由移动动词参与的句式，如果是“V ＋着”的，必然是与静态位置相联系的；如果是“V ＋来 / 去”的，才能与动态位置相联系。“在”不能揭示“源点”、“终点”等概念，“走着”、“飞着”等也就显示不出位移的轨迹。

3. 由移动动词参与的句式与由动作动词参与的句式的不同

“马路上走着一群人”和“台上演着梆子戏”两种句子中，物体的存在方式都表示出动作的持续特点，后者中的物体以单纯的持续动作留存在静态的空间位置上，而前者中物体的动作持续则表现在一种不定向的移动上。“马路上走着一群人”中的物体“一群人”，在时间轴上表现出“走着”这种不定向的移动的运动状态，这种运动状态在时间性上一直持续着；而在空间轴上，“一群人”的“走着”一直是在“马路上”进行着的，“一群人”始终没有离开过“马路上”这个空间位置。因此，我们把上面分析过的由移动动词参与的句子，在空间位置系统中所显示出的意义表述为“相对静止的空间位置上留存有不定向的移动的物体”。

四　处所兼有主体和客体的句式

（一）“在”在句式中的地位

前面讨论的所有句子中，在空间位置中的物体，要么是动作的主体，要么是动作的客体，物体只有一个。如果在物体的本身这个构成要素中再增加一个参入因素，让在空间位置中的物体变成两个，即既有动作的主体，也有动作的客体，这样的句子又要显得复杂一些。例如：

① 他在黑板上写字。

② 他在飞机上看海。

③ 王小明在火车上遇见彭慧。

④ 周善在人群中找到妹妹。

这些句子中，处所词语前用“在”，它表示的空间位置是静态的。兼有主体和客体的句子中,处所词语前不带“在”,句子将是不完整的。如：

⑤ 他在黑板上写字→＊他黑板上写字

⑥ 周善在人群中找到妹妹→＊周善人群中找到妹妹

加“*”的句子都需要加上下文才行。

（二）句式中表示物体存在方式的动词的特点

1. 动词具有非移动性的特点

在这种句式中的动词都是动作动词，与本节第二部分中“台上演着梆子戏”一类句子中的动词相同，也具有非移动性的特点。动作的主体或动作的客体的运动都是在时间轴上有所表现的，在空间轴上，这种动作只限定在“0”点上，是相对静止的。例如“他在黑板上写字”这个句子，动作“写”有一个过程，在时间轴上有所表现，受“写”的影响，“他”和“字”在时间上都在运动，但从空间位置的角度看，“他”和“字”都并未受到“写”的影响而发生位移，相对于“黑板上”这个位置来说，“他”和“字”都是相对静止的。

2. 动词必须带上宾语

汉语的动词根据能不能带宾语和带什么样的宾语分为及物动词和不及物动词两类，但汉语的及物动词并不是一定要以带上宾语的形式出现在句子中。然而由“在”参与的句式中，动词则必须以带上宾语的形式出现。这当然是因为在这种句子中一定要有两个名词性成分出现，以表示在空间位置上的两个物体。

3. 由“在”参与的句式中，“着”字的出现不是必须的

动作动词参与的句式在表示时态的空间位置时，通常以“V＋着”或“V＋了＋时段词”的形式表示。我们在前文的分析中已经提及，这两种表现形式都表明了动词具有持续性的特点，而又在时间特征上体现出方然性。在由“在”参与的句式中，“着”字的出现不是必须的，这是因为这种句子对时态的表示是不确定的。如：

⑦他在教室里讲课（，连下课的铃声都没听见）。（表示时间上的方然）

⑧ 他在教室里讲课（，已经讲完了）。（表示时间的已然）

⑨（明天）他在教室里讲课。（表示时间上的未然）

上述句子虽然可以加“着”，但表示持续的“着”是否出现，并不影响到句子是否合法。

（三）构成要素“物体”与“物体存在的处所”之间的关系

1. 直接关系和间接关系

前面讨论过的句式，只出现一个物体，这个物体当然是在句子所揭示的“存在的处所”上的。由于有两个物体的参与，物体与物体存在的处所之间的关系可能出现两种情况：一种是物体存在于这个处所里，可以称作直接关系；一种是物体不存在于这个处所里，可以称作间接关系[①]。由“在”参与的表示静态位置的句式中，二者的关系至少有下面几种。为论述时的方便，我们把物体与物体存在的处所有直接关系的记作（＋），把物体与物体存在的处所有间接关系的记作（－）。

2. 可能出现的五种情况

按照物体与物体存在的方式之间的关系，可以把物体分成动作主体和动作客体，这样，就会出现下列情况：

（1）动作主体（＋），动作客体（＋）：

⑩ 他在火车上遇见朋友。

⑪ 他在教室里讲故事。

⑫ 我们在全市最高级的饭店里举行婚礼。

（2）动作主体（＋），动作客体（－）：

⑬ 他在飞机上看海。

⑭ 他在床上听流行音乐。

⑮ 车轮滚动起来，代表团的每个人都静静地坐着，在开往北京的火车上，回想才过去的那几天，回想到莫斯科后的见闻。

（3）动作主体（－），动作客体（＋）：

⑯ 他在墙上挂画。

⑰ 他在书本里找例句。

⑱ 这两个人都以“时间效率为第一”作为座右铭，他们每天规定通话一次，时间不得超过十分钟，所以时间一到，他们就开门见山地在电话里讨论起生意经来。

（4）动作主体（－），动作客体（－）：

⑲ 他在桌子上写信。

⑳ 他在屋梁上挂灯笼。

---

① 有关这个问题，许多学者有过论述，并发现一些规律，如王还（1957），戴浩一（1981），朱德熙（1990），范继淹（1982）。

㉑ 小林光一瞅了一眼坐在对面的马晓春，过了足足五分钟，还一动不动，似乎进入佛教“入定”的境界。又过了好一会儿，才终于在五尺长两尺宽的茶几上，投下了一枚黑子。

按照分布规律，两种不同的物体与物体存在的处所的关系只可能是上述四种。然而事实上还有第五种情况，即动作主体和动作客体同物体存在的处所的关系都是不明确的，描述为（？）：

（5）动作主体（？），动作客体（？）：

㉒ 他在人群中发现了她。

“他”和“她”是否在存在的处所“人群中”都是不清楚的，可能两人都在“人群中”，可能“他”在“人群中”而“她”在“人群外”，也有可能是“他”在“人群外”，而“她”却在“人群中”。

范继淹（1982）认为，由“在”参与的句式中，物体与物体存在的处所之间关系的建立，“语义内容受客观现实的约束”，并举例“小明在桌上写字”有四种解释[①]。我们认为范继淹所说的四种情况只有“小明坐在桌子前，（往纸上写字）”是最优选择，其他三种都要受到客观现实的约束，在特殊的语境下才能成立。范继淹所说的“客观现实的约束”是以排除特殊语境作为先决条件，从现实生活常识出发进行选择的。否则的话，有许多句子都难以说清。

（四）表示相对静止的空间位置的三种句式的归纳

从上面的讨论可以看出，由“在”参与的句式中，物体在空间的位置仍然与上述第三部分讨论的一样，具有相对静止的性质，表示在相对静止的空间位置中的两个物体，至少有一个物体与物体存在的处所之间建立直接关系，并表现出时间轴上的运动。

我们将上述三种句式归纳为表 1–4：

---

① 这四种解释是：（1）小明坐在桌上写字，（字写在别处）；（2）小明坐在桌子前，（把字写在桌子上）；（3）小明坐在桌子上，（把字写在桌子上）；（4）小明坐在桌子前，（往纸上写字）。

表 1-4

	物　体（名词）		物体存在的方式（相关动词）	物体存在的处所（处所词语）	句　式	例　句	句　式所表示意义
1		＋	＋（动作）	＋	处所词＋V＋着＋N	台上演着梆子戏。门外敲着锣鼓。	表示某个相对静止的空间位置上留存有持续动作的物体
					处所词＋V＋了＋时段词＋N	台上演了一小时梆子戏。门外敲了一下午锣鼓。	
2	＋		＋（移动）	＋	处所词＋移动动词＋着＋N	马路上走着一群人。天空中飞着一群鸟。	表示某个相对静止的空间位置上留存有方向不定的移动物体
3	＋	＋	＋（动作）	＋	N＋在＋处所词＋动作动词＋N	他在火车上遇见朋友。他在飞机上看海。他在桌子上写信。	表示某个相对静止的空间位置上至少有一个物体表现出时间轴上的运动

五　静态位置表达上的特点

（一）静态位置表达的三个必备因素

绝对静止的空间位置和相对静止的空间位置，都属于静态位置，本节和上一节所讨论的六种句式，都是表达静态位置的。其中单纯描写绝对静止的空间位置上的某个物体的句式，只有物体的本身和物体存在的处所两个构成要素，因而句中缺乏揭示物体存在方式的动词。除此之外，其他句式所表达的空间位置中三个构成要素都是齐备的。在三个构成要素都齐备的情况下，静态位置表达的必备因素是下面三个：

1. 表示客观存在的动词

这些动词是“有”、“在”、“是”。这三个动词不表示具体的动作，是一个特殊意义上的“运动”。因此，由这样的动词参与的句子，不可能有任何意义上的位移，表示的必然是一种静态位置。

2. 表示持续的助词“着”

“着”可以放在状态动词之后，表示状态的持续；也可以放在动作动词或移动动词之后，表示动作的持续。严格说来，“持续”都具有状态的性质，动作的持续也可看作是“状态”。“动词＋了＋时段词”所表示的意思与“动作动词＋着”所表示的意思相仿。可见，动词加上“着”之后，也只能表示静态位置。

3. 表示静态位置的“在”

“在”位于表示物体的存在处所的处所词语之前，表示在“在＋处所词语”这个处所中的物体只可能有时间轴上的位移（如果有位移的话），而不可能有空间轴上的任何运动。所以，“在”可以看作是静态位置的标记。

（二）必备因素是有等级的

上述三种必备因素是有等级的，第 1 种是一级必备因素，第 2 种是二级必备因素，第 3 种是三级必备因素，互相之间的关系是：1 ＞ 2 ＞ 3，这个公式可以解释为：

只要具备了一级必备因素，就可以肯定这个句子是表示静态位置的；不具备一级必备因素，就一定要在句子中出现二级必备因素来进行约束，不然的话，空间位置的静态意义仍然无法表现出来；如果一级必备因素和二级必备因素都不具备的话，就必须要有三级必备因素出现进行约束。反过来说，有了一级必备因素，就不需要二级必备因素和三级必备因素的参与；有了二级必备因素，也可以不要三级必备因素的参与。

上述三种必备因素的出现条件和在句子中所起的作用，我们在上面的分析中都已谈到。我们认为，凡是不能用这三种必备因素进行控制的句子，是不能表示静态位置的。

（三）必备因素与句式间的关系

有关静态位置表达上的必备因素和句式之间的关系见表 1–5：

表 1–5

<table>
<tr><th>必备因素
例句
句型</th><th>一级必备因素</th><th>二级必备因素</th><th>三级必备因素</th></tr>
<tr><td>处所＋有＋N</td><td>山下有一条路。</td><td rowspan="3">/</td><td rowspan="3">/</td></tr>
<tr><td>N＋在＋处所</td><td>一条路在山下。</td></tr>
<tr><td>处所＋是＋处所词</td><td>亚洲东部是中国。</td></tr>
<tr><td>处所＋V（状态）＋着＋N</td><td rowspan="4">—</td><td>墙上挂着一幅画。</td><td rowspan="4">/</td></tr>
<tr><td>处所＋V（动作）＋着＋N</td><td>台上演着梆子戏。</td></tr>
<tr><td>处所＋V（移动）＋着＋N</td><td>马路上走着一群人。</td></tr>
<tr><td>（处所＋V＋了＋时段词＋N）</td><td>（台上演了一小时梆子戏。）</td></tr>
<tr><td>N＋在＋处所＋V（动作）＋N</td><td>—</td><td>—</td><td>他在火车上遇见朋友。
他在飞机上看海。
他在桌子上写信。</td></tr>
</table>

（表中，“/”表示“不需出现”的意思，“—”表示“没有出现”的意思。）

第三节　引进源点、终点概念的空间位置

一　源点、终点概念的表示方法

（一）表示空间位置的两个条件

动态位置常常由静态位置发展而成，位于动态位置上的物体有运动的方向并显示出运动的轨迹。表示空间位置的位移需要两个条件。

1. 要有位移的源点和终点

表现在形式上，源点、终点可以用“从、到、向、沿、着”等与后

面的处所词语结合起来表示。

2. 要有位移的方向

表现在形式上，可以用动词后加上趋向动词“来 / 去”、“上 / 下”等来表示，也可以直接用“来 / 去”、“上 / 下”或一部分移动动词来表示有位移方向的运动所显示出的位移轨迹。静态位置增加了上述的参入因素之后，才构成物体在空间的移动。本节讨论有关源点和终点的问题。

（二）有源点和终点才能显示运动的轨迹

1. 典型的位移图示

源点和终点是“物体存在的处所”这个构成要素的新的参入因素。有了源点和终点，就必然会显示出运动的轨迹，有运动的轨迹，才能体现出源点和终点的概念。一个典型的位移可以用图 1–2 表示。

轨迹

源点 ——————————→ 终点

图 1–2

2. 对静态位置和动态位置的描述

有了源点和终点的概念，就可以对静态位置和动态位置进行描述。假设我们按图中的“源点→位移轨迹→终点”的顺序，把出现的记作“(+)”，把不出现的记作“(–)”，那么静态的位置可以描述为（ + – + ）。如“墙上挂着一幅画”，“一幅画”所处的位置“墙上”，从理论上说也应能分析出源点和终点的概念，但由于动词“挂”加上“着”之后不表示移动，没有显现出位移的轨迹，所以源点和终点是合一的，源点和终点都是“墙上”。与此相反，动态位置则可描述为（ + + + ）。如“他从学校来”，“来”使物体“他”发生位移，显现出位移的轨迹，所以源点和终点不可能合一。

（三）源点、终点概念的表达

1. 源点、终点的表示方法

现代汉语中，源点、终点由一部分介词加上处所词表示，也可以由一部分动词或趋向动词加上处所词表示。例如“他从北京来”的“从”是介词，“从北京”表示源点的概念；“他来到北京”中的“到”是趋向动词，“到北京”表示终点的概念。表 1–6 分别列出源点、终点的表示方法：

表 1–6

	介词+处所词	动词或趋向动词+处所词
源　　点	从北京（来）、自上海（起飞）	下楼、出门、离开这一块土地
终　　点	（走）向北京、（开）往上海	到北京、上楼、进门、回家、来上海、去非洲
源点、终点不明	从桥上(通过)、沿着马路(走来)	（穿）过马路

用介词加上处所词表示的源点、终点和用动词、趋向动词加上处所词表示的源点、终点，在空间位置的表达上，具有不同的功能。前者是非必备因素，单纯表示源点或终点的概念，与位移方向无直接联系；后者是必备因素，既表示源点或终点的概念，又与位移方向有直接的联系。

2. 介词、动词或趋向动词所起的作用

表示源点或终点概念时，上述介词、动词或趋向动词所起的作用是判定其后的处所词语的性质，是表示源点的，还是表示终点的。一般说来，在句子中，这些介词或动词、趋向动词是不能删除的，删除后的句子大多都不能成立，下面句子中的介词“从”似乎可以删除：

从北京来了一位青年教师→北京来了一位青年教师

但是，删除了介词“从”之后的句子是有歧义的。处所词“北京”可以表示源点，即“一位青年教师从北京来”；处所词“北京”也可以表示终点，即“一位青年教师来到北京”。

3. 源点、终点的出现情况

在句子中，源点或终点的概念并不是都要出现的，有时出现源点而不出现终点，如“从上海来了一位客”；有时出现终点而不出现源点，如“他回到家里”；有时源点和终点都出现，如“他从上海到北京”；有时源点和终点又都不出现，如“沿着小河走来了一个老汉”。如果我们使用两个连着排列的符号，前一个表示源点的概念，后一个表示终点的概念，那么，按照数学的排列组合规则，可以出现四种情况，即只出现源点的（＋，－），只出现终点的（－，＋），既出现源点也出现终点的（＋，＋），不出现源点也不出现终点的（－，－）。

二　表示源点或终点的句式及表现出来的意义

（一）只有源点概念的句子

1. 只有源点概念句子的数轴表现

如果我们把位移轨迹也考虑在内，那么，只有源点概念的句子所表示的空间位置可以描述为（＋ ＋ －），它所表现出来的空间位移情况用数轴表示，如图 1–3：

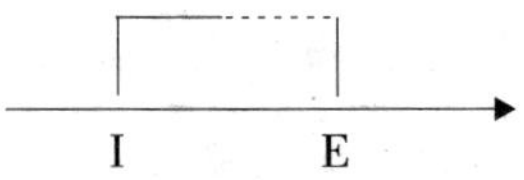

图 1–3

其中 I 表示位移的源点，E 表示位移的终点，箭杆表示空间轴，箭头指示空间位移的方向。

2. 只有源点概念句子的空间意义

只有源点概念的句子表明，物体的空间位移从源点出发时，是清楚的、有所表现的，所以，在数轴上 I 端用实线表示。但是，位移的终点是不清楚的，所以在数轴上 E 端用虚线表示，位移的结束可以表现在虚线上的任何一点。如：

① 他从北京来。

“他”做位移时的源点是清楚的，即“北京”，终点则是不清楚的。倘若“他”是沿京广线向南做位移，那么，“他”位移的终点是京广线“北京”以南的任何一点，可以是郑州，也可以是武汉、长沙，甚至是广州。“他从北京来”的句子，是无需对终点做出明显的交代的。

3. 只有源点概念的句子中的动词

只有源点概念的句子中的动词，可以是具有移动性的移动动词，如

“他从北京来”，“那边走过来一个人”中的“来”、“走”，但也可以是缺乏移动性功能的一般动作动词，如：

② 从他眼里看出一种悲哀。

“一种悲哀”的位移是从源点“他眼里”到说话者情感上被捕捉的这一段距离内进行，“看”体现不出一种实在的位移意义，因此也无法在空间留下位移的轨迹，这种句子表示一种抽象的移动，本节将不予讨论。

（二）只有终点概念的句子

1. 只有终点概念句子的数轴表现

只有终点概念的句子所表示的空间位置可以描述为（－ ＋ ＋）。它所表现出来的空间位移情况用数轴表示，如图 1–4：

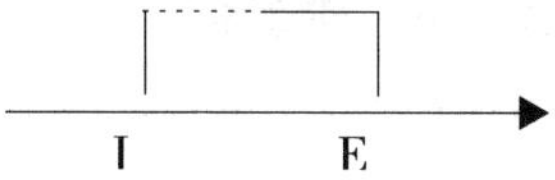

图 1–4

2. 只有终点概念句子的空间意义

只有终点概念的句子表明，物体的空间位移到达终点是清楚的、有所表现的，所以在数轴图上 E 端用实线表示；但是，物体开始位移时的源点是不清楚的，所以在数轴图上 I 端用虚线表示，位移的源点可以是虚线上的任何一点。如：

③ 火车开向北京。/ 火车开到北京。

在这两个句子中，“火车”作为位移的终点是明确的，即“北京”，但源点可以是上海，也可以是济南、天津等。同样，“火车开向北京”这样的句子是无需对源点做出交代的。

“火车开向北京”和“火车向北京开”两个句子，在表达空间位置时所显示的意义是不同的：前一句中的“北京”是火车到达的“终点”，“终点”由处所词“北京”表示；后一句中的“北京”并不是火车到达的终点，而只是火车运动时面对的一个方向，“方向”并不牵涉到终点的概念，因为后一句中的“北京”完全可以用一个方位词代替，如“火车向北开”、

“火车向前开”,“北”和“前”都是明确表示方向的。前一句中的“北京”就不能用“北”、“前”替换，不能说成“火车开向北”、“火车开向前”。

下列句子中也都以“朝”、“往”表示方向[①]。如：

④ 他朝南站着。

⑤ 他往前走了几步。

3. 只有终点概念的句子中的动词

终点概念的表达大多采用动词或趋向动词加上处所词的方式，因为能与介词“向”、“往”搭配的动词数量很少，只有“走、奔、冲、飞、流、飘、滚、转、倒、驶、通、划、放、推”等少数单音节动词，这些动词都是移动动词。

（三）既有源点又有终点概念的句子

1. 既有源点又有终点概念句子的数轴表现

既有源点又有终点概念的句子，所表示的空间位置可以描述为（＋＋＋）。这种句子所表现出来的空间位移情况用数轴表示，如图 1–5：

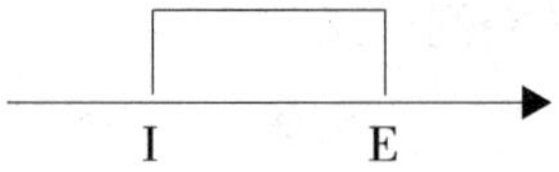

图 1–5

2. 既有源点又有终点概念句子的空间意义

句子表明物体的空间位移的源点和终点都是清楚的，所以在数轴上从 I 到 E，都可以用实线表示。可以这么认为，这种句子表现了空间位移的一段距离和一个过程。例如下面句子：

⑥ 他从学校走到车站。

物体“他”的位移，是在源点“学校”和终点“车站”这段距离内进行。

能表示源点、终点的句子，最常用的表示方法是“从……到”这种固定搭配。“从”是介词，“到”是动词或趋向动词。

---

① 位置和方向有密切的关系，据廖秋忠（1989）解释：“位置是占有一定空间的点、线、面、体，而方向是面对的某一位置”，且“定位先于定向”。空间概念虽然也包括方向，但这个方向是与位置联系在一起的，单纯的方向不在本章的讨论之内。

（四）源点、终点概念都不出现的句子

1. 源点、终点概念都不出现的句子的数轴表现

源点、终点都不出现的句子，所表示的空间位置可以描述为（－＋－）。这种句子表明，物体在空间的位移源点和终点都是不清楚的，如果在数轴上表示的话，从 I 到 E 都可以用虚线。但是，由于物体的位移并没有停止，虽然源点和终点不清楚，但物体的位移是要有所表现的，这种位移，可以是在位移轨迹上的一段或一个点上进行，如用图表示，将有下面两种表示方式：

图 1–6

2. 源点、终点概念都不出现的句子的空间意义

下面例句：

⑦ 沿着河边走来一个人。

“一个人”的位移以运动“走来”表现出来，虽然位移的源点与终点都是不明确的，但位移的存在是明显的，位移是在“河边”的一段距离内进行。再如下面例句：

⑧ 他从窗户里穿出去。

“他”的位移以运动“穿出去”表现出来，位移的源点、终点也是不清楚的，但位移“穿出去”是存在的，是在“窗户里”这个点上进行的。

源点、终点都不出现的句子，在表示空间位置时是有歧义的，既可以表示动态位置，又可以表示静态位置。上面所举的两个例子都表示动态位置，因为句子中有表示位移方向的“来 / 去”等。动词还可以以下列形式表示：

⑨ 小船顺着运河行驶。（V）

⑩ 汽车沿着新修的公路奔驰着。（V＋着）

上述物体的移动未显示运动的方向，又因为源点和终点都是不明确的，所以这样的句子可以看作是表示相对静止的空间位置。如后一例句中，“汽车”的运动“奔驰着”，始终在“沿着新修的公路”这个静止的

位置上进行，空间上可以看作是没有位移的。

“火车从桥上通过”这样的句子也没有明确的源点和终点，这样的句子是有歧义的：如果是“火车从桥上通过（去了）”的意思，那么这个句子表示的是一个动态位置；如果是“火车（正在）桥上通过”的意思，那么这个句子表示的就是一个相对静止的空间位置了。

（五）源点、终点以及源点、终点不明三种情况在句子中的同现规律

1. 两种同现排列

上述表示源点、终点不明的情况具有“线性”特征，表示有方向的位移在一段距离内进行，而前文第一、二种表示的源点、终点的情况具有“点性”特征，表示位移从某一点开始，或结束于某一点。源点、终点以及源点、终点不明的一段距离，都可以出现在同一个句子中。我们假如把这三种表示方法记作：1（表示源点）、2（表示终点）、3（表示源点，终点不明），那么1、2、3在句子中同现的顺序可以出现两种排列：

（1）1 ＋ 3 ＋ 2

（2）3 ＋ 1 ＋ 2

2.“1 ＋ 3 ＋ 2”顺序的分布状况

“1 ＋ 3 ＋ 2”顺序的分布状况有下面两种：

（1）句首位置1＋句中位置3＋句末位置2，如下面句子：

⑪ 从长江的出海处吴淞口沿着黄浦江轮船慢慢地驶向十六铺码头。

（2）句中位置1＋句中位置3＋句末位置2，如下面句子：

⑫ 她从楼上顺着扶梯一步一步地走到底层客厅。

3.“3 ＋ 1 ＋ 2”顺序的分布状况

“3 ＋ 1 ＋ 2”顺序的分布状况也有两种：

（1）句首位置3＋句中位置1＋句末位置2，如下面句子：

⑬ 沿着回家的路线我们从城东走到城西。

（2）句中位置3＋句中位置1＋句末位置2，如下面句子：

⑭ 王菲顺着落水管一下子从三楼落到一楼院子里。

（1）和（2）两种排列顺序主要受音节规律的限制，这一点许多学者都注意到了①。“两少夹多”②的现象是不多见的，但是有人认为“3 + 1 + 2”与“1 + 3 + 2”相比是“优势语序”③，这是值得商榷的。问题仍在于音节的多少上，“1”和“3”哪个居前，哪个居后，完全取决于“1”和“3”的长短，即音节的多少，假如“2”是短的，那么靠近“2”的总是短的那一个。如：

⑮ 轿车从新修的虹桥机场沿着虹桥路驶向市区。（“1”比“3”长，所以采取 1 + 3 + 2 的顺序）

⑯ 我们顺着这条环城马路从城东跑到城西。（“3”比“1”长，所以采取 3 + 1 + 2 的顺序）

三　物体与源点、终点的关系

（一）只有源点概念的句子中物体与空间位置的关系

1. 只有源点概念的句子中有一个物体的情况

在空间位置的表达中，源点和终点是物体存在的处所这个构成要素的两个参与因素。出现源点或终点的句子中，受动作影响的物体可以是一个，也可以是两个。这样，上文四种表示源点、终点概念的句子中，物体与源点、终点之间的关系，又将比静态位置中所讨论的物体与物体存在的处所之间的关系要复杂得多，这是因为物体存在的处所又增加了新的参入因素的缘故。下面，为了讨论方便，我们仍同上面所规定的一样，将物体存在于这个处所上的直接关系，描述为（+）；物体不存在于这个处所上的间接关系，描述为（–）；物体和这个处所关系不明确，描述为（？）。

先讨论只有源点概念的句子。

只有源点概念的句子，位移过程中涉及的物体可以是一个，也可以

---

① 如周小兵（1992）认为“三个介词结构连用时倾向于把两个音节长短相似的介词放在一起”。其他如刘月华（1983），戴浩一（1988）也谈到了这个问题。

② 陈健民（1984）认为“两少夹多”听起来很不协调。

③ 见周小兵（1992）。

是两个。只有一个物体的句子，如：

① 他从北京来。

② 从桌子上掉下来一只茶杯。

上述句子中物体与源点之间只具有间接关系。因为无论是动作的主体，还是动作的客体，只要位移一开始进行，这个物体就离开了源点。

2. 只有源点概念的句子中有两个物体的情况

如果只有源点概念的句子中有两个物体，即既出现动作的主体，也出现动作的客体时，将表现出以下三种情况：

（1）动作主体（＋），动作客体（－）：

③ 飞机从空中扔下大批救灾物资。

④ 大华从教室里抛出一只排球。

⑤ 小张从地上扛起一袋粮食。

（2）动作主体（－），动作客体（－）：

⑥ 他从口袋里掏出一支钢笔。

⑦ 蕾蕾从书包里拿出一本书来。

⑧ 杨敏从房间里搬出一张凳子。

（3）动作主体（？），动作客体（－）：

⑨ 他从树上摘下一只苹果。

⑩ 他从床上蹬下去一条毯子。

3. 两个物体与源点之间的关系体现出来的空间意义

只有源点概念的句子，两个物体与源点之间的关系反映出如下特点：

（1）动作客体与源点之间总是表现出一种间接关系，这是因为动作客体在句子中都成为位移的主体，尽管产生位移的动力是外来的或附加的。运动处于初始状态时，动作客体都在这个源点上，但运动一开始，运动客体就离开了这个源点。如“飞机从空中扔下大批救灾物资”中的动作客体“大批救灾物资”，当运动处于初始状态时，它处于“空中”，但运动“扔下”一旦开始，“大批救灾物资”就离开了源点“空中”。

（2）动作主体与源点之间的关系比较复杂。可以是直接关系，也可以是间接关系，还可以是一种不明确的关系。上述例句中，动作主体不一定是位移主体，而常常成为使动作客体产生位移的外在动力。

我们认为，动作主体与源点之间的关系，是受到下列因素制约的：

A. 从逻辑语义上看，动作主体所占据的处所范围大小与物体存在处所即源点的范围大小，直接影响到二者之间建立什么样的关系。如果动作主体所占据的处所范围小于源点的范围，二者之间可以建立直接关系；反之，则只能建立间接关系。如上述（1）、（2）组例句就是分别表示两种关系的。

B. 从表示物体存在方式的相关动词是否具有“伴随义”这一点考虑。在“杨敏从房间里搬出一张凳子”一句中，动作主体“杨敏”所占据的处所范围要比源点“房间里”小，但二者之间并未建立起直接关系，原因在于这里的动词“搬＋出”具有“伴随义”。“搬出”要求动作主体和动作客体同时发生位移。所以，“杨敏”与“房间里”之间只能表现出一种间接关系。类似的句子还有：

⑪ 他从仓库里扛出一袋粮食。

⑫ 他从车棚里推来一辆小车。

动作主体与源点之间的不明确的关系，要受语境条件的影响。这种不明确的关系一般有两种解释。如“他从树上摘下一只苹果”一句，可以解释为：（1）“他（坐在树上）从树上摘下一只苹果”，这种时候，动作主体“他”和源点“树上”是一种直接关系。（2）“他（站在梯子上）从树上摘下一只苹果”，这种时候，动作主体“他”和源点“树上”是一种间接关系。这两种不同的理解只有在一定的语境条件下才能消除其一。

（二）只有终点概念的句子中物体与空间位置的关系

1. 只有终点概念的句子中有一个物体的情况

我们再讨论只有终点概念的句子的情况。这类句子中的物体与终点的关系要比只有源点概念的句子复杂。我们先讨论句子中只出现一个物体的情况。

只有一个物体的句子，物体与终点之间会有两种情况，一种是直接关系，如：

⑬ 他来到北京。

⑭ 她慢慢地挪到王静身后。

上述句子中物体的位移已经结束，且结束在终点上。如“她慢慢地挪到王静身后”中的“她”通过“挪”的运动,最后到达终点“王静身后”。

另一种是不清楚的关系，如下面句子：

⑮ 他飞向北京。

⑯ 火车开往哈尔滨。

“他飞向北京”中的“他”是否到达“北京”是不清楚的,取决于“飞”这个动作的结束与否，但“北京”是物体“他”通过位移“飞”而终将到达的终点。因此，终点的表示其实有两种意思，一种是动作已经结束的终点，一种是动作终将结束的终点。

2. 只有终点概念的句子中有两个物体的情况

出现两个物体的句子，表现出下面三种情况，这里的终点都表示动作已经结束。

（1）动作主体（＋），动作客体（＋）：

⑰ 他把小黄带到首长面前。

⑱ 他把车子开到河滩上了。

⑲ 他把椅子搬到屋里去了。

（2）动作主体（－），动作客体（＋）：

⑳ 他把一封信交到她手中。

㉑ 小黄把台灯移到桌子边上。

（3）动作主体（？），动作客体（＋）：

㉒ 他把行李运到北京。

㉓ 她急忙把舅舅推到屋里去。

3. 两个物体与终点之间的关系体现出来的空间意义

上述有两个物体出现的句子,物体与终点之间的关系反映了如下特点：

（1）动作客体总是与物体存在的处所即终点之间表现出一种直接关系，因为这些句子中动作客体也是位移的主体。当运动处于初始状态时，动作客体都不在终点上,而运动结束时,动作客体恰好到达终点。例如“他把小黄带到首长面前”中的动作客体“小黄”，原来是不在终点“首长面前”的，随着“带”的动作的结束，才到达终点“首长面前”。动作客体与物体存在处所之间的关系，在只出现源点的句子和只出现终点的句子里，正好是相对的。

（2）动作主体与终点之间的关系有三种，即直接关系、间接关系和不清楚的关系。与只有源点概念的句子一样，动作主体并非是位移的主体。动作主体与终点之间是否具有直接关系，取决于动词的性质，即动词是否具有“伴随义”。如“他把小黄带到首长面前”中的“带”具有伴随义，二者之间具有直接关系；“他把一封信交到她手中”的“交”不具有伴随义，二者之间只能具有间接关系。

（3）动作主体与终点之间的关系不清楚，主要是因为这些句子中动词的伴随义是否实现是不确定的。例如“他把行李运到北京”中，“他”与“北京”的关系，取决于“运”这个动词的伴随义是否实现。

（三）源点、终点都不出现和都出现的句子中物体与空间位置的关系

1. 源点、终点都不出现的句子中物体与空间位置的关系

最后，我们再讨论源点、终点都不出现的句子和源点、终点都出现的句子中，物体与源点、终点之间的关系，先讨论源点、终点都不出现的句子。

这种句子都比较简单，通常只有一个物体出现。这个物体与物体存在的处所之间可以有直接关系。如下面句子：

㉔ 沿着河边走来一个人。

物体“一个人”与物体存在的处所“河边”具有直接关系，因为物体的位移是在一段源点、终点不明的距离内进行，作为位移的主体不可能不存在于这个处所之中。

这类句子中，物体与物体存在的处所之间也可以是间接关系，如：

㉕ 轮船从桥下穿过去。

因为物体“轮船”的位移已从“桥下”这个“点”上过去。在形式上，这种句子中往往可以加上表示过去时间的副词。如：

㉖ 轮船已从桥下穿过了。

2. 源点、终点都出现的句子中物体与空间位置的关系

源点、终点都出现的句子中，物体与物体存在的处所之间的关系可以有下面三种情况：

（1）物体只有一个，物体与源点之间是间接关系，与终点之间是直接关系。如：

㉗ 火车从北京开到南京。

㉘ 我们从美国回到上海。

物体的位移开始于源点，结束于终点。作为位移的主体最后总是落实到终点上的。

（2）物体只有一个，物体与源点是间接关系，与终点的关系不明确。如：

㉙ 飞机从纽约飞往华盛顿。

㉚ 两个团从真如撤向虹口。

物体的位移开始于源点，是否到达终点则是不清楚的。如第一例中的“飞机”，肯定不会在源点“纽约”上，是否到达“华盛顿”，则取决于“飞”这个动作是否结束。“华盛顿”是动作终将结束的地方。

（3）物体有两个，将出现下面三种情况：

A. 源点：动作主体（－），动作客体（－）；
终点：动作主体（＋），动作客体（＋）。

㉛ 我把小李从大门口领到首长面前。

㉜ 我把椅子从院子里搬到屋里。

B. 源点：动作主体（？），动作客体（－）；
终点：动作主体（－），动作客体（＋）。

㉝ 我把语言学方面的书从书架底层移到书架上层。

㉞ 小芹把台灯从桌子这边推到桌子那边。

C. 源点：动作主体（？），动作客体（－）；
终点：动作主体（？），动作客体（＋）。

㉟ 我们把这批货物从北京运回南京。

㊱ 霖霖把爸爸从屋外推进屋里。

上述例句中，动作客体与源点之间都是间接关系，与终点之间都是直接关系，这种情况与只出现一个物体的句子相同。动作主体与源点、终点之间是否具有直接关系，取决于动词是否具有伴随义这一点。上述A类句子中动词具有伴随义，所以动作主体与源点、终点之间的关系和动作客体相同。在B类句子中，动词不具有伴随义，所以动作主体与终点是间接关系，与源点倒可以是直接关系。但是，这种直接关系要受到前面所说的逻辑语义条件的限制，有时动作主体与源点之间也只能是间接关系，如B类句子中所举两例都是。因此，我们把这一类句子中动作主体与源点之间的关系，描写为（？）。在C类句子中，动作主体与源点、终点的关系，取决于句中动词伴随义的是否实现上：如果具有伴随义，动作主体与源点为（－），与终点为（＋）；如果不具有伴随义，则与源点为（＋），与终点为（－）。

四　只有源点、终点概念的空间位置的特点

（一）单纯表示源点与终点概念的空间位置的三个特点

这里讨论的空间位置的特点，主要是针对与位移方向无直接联系，单纯表示源点与终点概念的空间位置。这些特点可以归纳为下面三点。

1. 不完备性

单纯表示源点、终点概念的空间位置是不完备的。因为句子中缺乏物体存在的方式时，“物体＋物体存在的处所”是不具备表示一个完整的动态位置的能力的。如“他从北京”、“他向山上”、“他沿着马路”等都是不成句的。这表明，源点与终点的概念必须与具体的位移结合在一起，没有位移，源点和终点的概念就不复存在，就会如静态位置那样，源点与终点最终合为一体。另外，位移的方向总是与源点、终点概念联系在一起的，因此，只要有表示位移方向的动词或趋向词“来/去”、“上/下”等出现，就能表示物体在空间位置上的移动，如“他来了”、“他上来了”、“花盆掉下来了”等等。可见，单纯的源点和终点的概念是不完备的，不可能成为表达空间位置的必备因素。

2. 静态性

既然这种单纯地表示源点和终点的概念在空间位置的表达上本身是不完备的，就必须与位移动词结合起来，才能使一个动态位置得到体现。可见，只有单纯的源点、终点概念的空间位置是静态的。所谓“静态的”，是指源点和终点的概念与物体的运动是没有联系的。在句子中，只有单纯的源点、终点概念的空间位置只能揭示出处于位移状态的物体与源点、终点的关系，至于这个物体是以什么样的方式从源点出发，或者到达终点，或者在源点到终点之间的位移轨迹中的一般距离或一点上做位移，只有单纯的源点、终点的空间位置是无法加以揭示的。例如“他从北京来”中，“从北京”只揭示了“他”做位移时所处的位置与源点之间的关系，而“他”如何从源点出发，“从北京”是不能做出完整的解释的。所以，源点和终点在空间位置中只起到静态陈述的作用。

3. 准陈述性

如果我们把具有不完备性和静态性特点的，只有单纯源点与终点的空间位置看成是一个“准陈述”，那么，在空间位置的表达中决定位移方向的位移动词则构成一个“真陈述”。在表达动态位置的句子中，“有准陈述必定有陈述”，正如我们前面所说的，只有源点与终点的空间位置是不完备的，“他从北京”是不成句的，一定要在“北京”后再加上表示位移方向的动词，如“他从北京来”、“他从北京去”等，才能成为一个完整的动态位置的表达。反过来说，“有陈述则不必有准陈述”，因为单纯的源点、终点概念不是动态位置表达的必备因素。“他来了”中没有出现由“介词＋处所词语”组成的单纯源点或终点的概念，但这也是表达一个动态位置的句子，是没有准陈述的句子。

（二）单纯表示源点与终点概念的空间位置特点的体现

1. 物体存在方式的作用

因为只有单纯源点和终点的句子在表达动态位置时是不自足的，所以，只有“介词＋处所词语”参与的句子中，动词是必不可少的。物体存在的方式是物体在空间位置的三个构成要素中的一个，只有源点、终点的空间位置的特点，又是与句子中表示“物体存在方式”的动词特点联系在一起的。

源点和终点的概念必须在“经历了一个位置的变化”（邓守信 1983）后才能得到体现，而位置的变化主要靠物体的运动来完成，只表示单纯源点、终点概念的句子中，动词必须具有移动性的特点。这样的动词包括两类，一类是自主移动动词，如“走、跑、奔、跳”等，这类动词使动作主体发生位移；另一类是非自主移动动词，如“拿、推、泼、取”等，这类动词使动作客体产生从一处到另一处的位移。像上述具有移动性特点的动词，组成的句子是具体移动句。另一部分动词具有动作性而缺乏移动性的特点，如“看、想、说”等，这些动词参与的句子可以构成抽象移动句，抽象移动句与本节所讨论的空间位置无直接联系，不在本节讨论的范围之内。

2. 物体存在处所的作用

构成要素中的“物体存在的处所”在静态位置的表达中，是必不可少的，但是，在动态位置的表达中，物体存在的处所则不一定非出现不可，上面所举的例子已有所揭示，以“介词＋处所词语”和以“动词或趋向动词＋处所词语”表示的源点、终点的概念是显性的物体存在的处所；形式上没有上述两种标志的“处所”，则是隐性的物体存在的处所。例如“他来了”中的物体存在的处所，是隐含在句子意义中的。物体“他”朝着“说话人说话时的处所”方向移动，句子中物体存在的处所就是“说话人说话时的处所”这个隐性的处所，是通过动词“来”表现出来的。很明显，既然只要有隐性的物体存在的处所就能表示一个完整的动态位置，那么，显性的表示源点、终点概念的物体存在的处所，就会成为一种不必备因素。因此，在下面一节里，我们讨论的是有位移方向的空间位置。有位移方向的空间位置，就是一个完备的空间位置。

第四节　有位移方向的空间位置

一个完整的空间位置的表述通常要具备三个条件，即源点（A）、位移轨迹（B）、终点（C）。上述只具有单纯的源点和终点概念的空间位置是不完备的，但是只有位移轨迹的句子却是完备的。换句话说，A、C 无法单独表达物体在空间的位置，必须 A、B、C 三者兼备；而 B 则可以单独表达物体在空间的位置，无须 A 和 C 的帮助。这是因为源点或终点的概念可以由动词或趋向动词“来 / 去、上 / 下、进 / 出”等来表示，位移轨迹显示出了位移的方向。

一　位移方向的表达方式

（一）水平方向的位移和垂直方向的位移

1. 水平方向和垂直方向

物体在空间中的位移可以是多个方向的。如果我们把空间位置中物体存在的处所作为“0”点，这个存在的处所既可以指说话人说话时的空间位置，也可以指某一事物所占据的空间位置。如“他来了”中的“0”点，应表示说话人说话时所占据的位置；“他上楼了”中的“0”点，应表示事物“楼”占据的位置。如果用坐标系表示的话，如图 1–7：

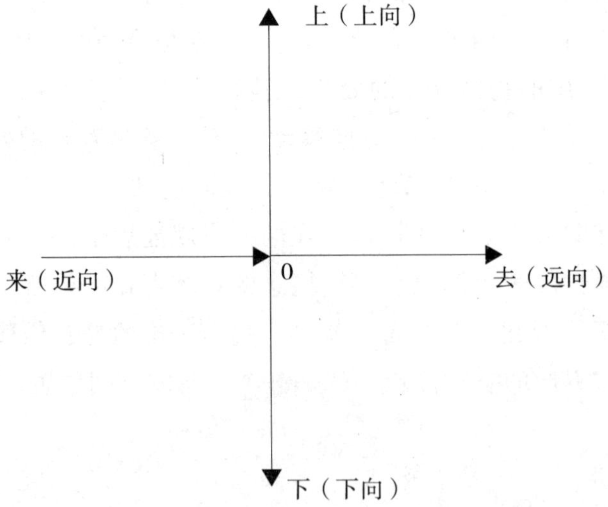

图 1–7

2. 水平方向和垂直方向的表示方法

一般来说，我们把物体在空间的位移方向分为两类，即水平方向的移动和垂直方向的移动。

水平方向主要用“来 / 去”表示，垂直方向主要用“上 / 下”表示，但垂直方向也能用“上来 / 上去 / 下来 / 下去”表示。“上 / 下”只具有单一指向的作用，只指明物体的上向或下向的移动；“上来 / 下去”等则具有复合指向的作用，除了指明物体的上向或下向的移动外，还指明物体的近向或远向的移动。单独用“来 / 去”表示的近向、远向，只可能存在于水平方向的移动中，而“上来 / 下去”等表示的近向、远向，水平运动的意义已经消失，只可能存在于垂直方向的移动中。

值得注意的是，位移的水平方向和垂直方向，并不一定非要用“来 / 去”和“上 / 下”表达，也可以用其他方式。如：

① 他出门了。（水平方向的移动）

② 船舱里钻出了一个满身油污的人。（垂直方向的移动）

但是，用其他方式表达位移方向要受具体语境的限制，如上述例句中，“出”既可表示水平方向的移动，又可表示垂直方向的移动。而“来 / 去”、“上 / 下”在表示位移方向时一般不受具体语境的限制。

（二）移动动词表达功能的不同等级

1. 移动动词表达位移方向的两种方式

现代汉语中表达动态位置里物体的位移方向，可以有下列两种方式：

（1）移动动词；

（2）移动动词＋趋向动词。

2. 表示位移方向的移动动词在表达功能上是有等级的

下列句子中带点的词都是移动动词，而且都能表示位移方向：

③ 他们来了。

④ 我们去那儿。

⑤ 他和妹妹都上楼了。

⑥ 他们早就下山了。

⑦ 火车开向北京。

⑧ 飞机从东郊机场起飞。

上述移动动词虽然都能表示位移方向，但表达功能上是有等级的，这种等级表现在能否独立表达动态位置上，能独立表达的等级自然比不能独立表达的要高。

（1）“来 / 去”是第一等级。有动词“来 / 去”的句子，在表达空间位置时，构造形式是最简单的，只要具有表示物体的名词加上“来 / 去”就能对一个动态位置进行表达，如“我来了”、“他去了”。“来”表示物体朝着说话人说话时的处所移动，“去”表示物体背着说话人说话时的处所移动。“来 / 去”的出现是自由的，不需要任何附加的条件。

（2）“上 / 下、进 / 出、回、过”等是第二等级。有动词“上 / 下”、“进 / 出”等的句子，表达空间位置时，后面一定要带上处所宾语，不然句子是不通的。下面句子：

⑨ 百货大厦楼梯上乱成一团，你上我下，到处是汗水淋漓的脸。

这里的“你上我下”已不是单纯的表达一种动态位置，而带有一定的熟语性，光是“你上”、“我下”一类，是不怎么使用的，只有成为“我上楼”、“他下山”之后，后面带上处所词语，才能表达动态位置。可见，“上 / 下”一类动词表示位移方向时并不是无条件的。处所宾语在句子中表示物体存在的处所，可以是物体位移的源点、终点或位移轨迹上的一点。

（3）“开 / 起飞”一类移动动词属于第三等级。有这一类移动动词参与的句式，在表示动态位置时，句子中一定要有介词来指明处所。“火车开”、“飞机起飞”虽然也表示物体的运动，但这种运动如果没有源点、终点概念的参与，不能显示位移的轨迹，也就没有位移的方向了。一般移动动词与“上 / 下”、“进 / 出”等动词构成的句子中，虽然物体存在的处所都必须出现，但“上 / 下”、“进 / 出”等动词构成的句子，物体存在的处所不需要介词的引介。因此，从出现的条件看，一般移动动词与“上 / 下”、“进 / 出”等动词相比，又多了一些限制的条件。

3. 表示位移方向的“移动动词＋趋向动词”

位移方向还可以由移动动词加上趋向动词表示，下面句子中带点的词就是。

⑩ 前面走来一个人。

⑪ 他终于爬上楼了。

⑫ 他才从美国飞回来。

句子中的动词表示运动的方式，趋向动词表示运动的方向。例如“前面走来一个人”中的物体“一个人”，用“走”这种运动方式进行移动，方向则用趋向动词“来”表示，“一个人”以“走”的运动方式从“前面”朝说话人说话时的位置移动；“他终于爬上楼了”中的物体“他”，用“爬”这种运动方式进行移动，方向则由趋向动词“上”表示，“他”以“爬”的运动方式向终点“楼”做垂直方向的位置移动。

（三）移动动词和趋向动词的组合

1. 对动词结合能力的考察

趋向动词一般可以分为三类[①]。那么，移动动词和这三类趋向动词之间是不是可以随意组合呢？我们将对 151 个单音节动词进行考察。这些动词是根据能否加上表示位移方向的趋向动词作为鉴别框架，从《汉语动词用法词典》一书中找出的具有移动义的动词。在《词典》一书中，具有移动义的动词有 188 个，其中双音节动词 27 个，“来、去、上、下、进、出、回、过”等兼有趋向动词用法的 10 个，其余的 151 个动词就是我们的考察对象。双音节动词后附趋向动词的能力都比较弱，如“移动，散步、游行、游泳”一类，都不能后附趋向动词，所以，考察以单音节动词为主。另外，我们对动词的考察，主要考察它们与“来 / 去”、“上 / 下”和其他趋向动词如“进来”、“出去”等的结合能力[②]。

对动词结合能力的考察如下：

（1）能和“来 / 去”、“上 / 下”结合的动词有：挤、爬、跪、扑、逃、跳、走、搬、抛、抬、拖、运；（12 个）

---

① 如胡裕树（1981）把趋向动词分成（1）来、去；（2）上、下、进、出、过、回、开、起；（3）上来、下去、进来、出去、过去、回去……。

② 其实，许多表示“给予义”的动词，如“交、还、寄、调、发”等，也能表示位移。“他寄来一封信”中，“一封信”通过“寄”的运动方式，有一个朝说话人方向移动的过程。但“给予义”的动词内部比较复杂，本节将不做进一步分析，这些动词也不归入移动动词。

（2）能和“来/去”结合的动词有：奔、蹦、冲、闯、飞、拐、流、漂、射、探、踢、游、钻、拨、扯、抢、掸、夺、滚、划、浇、推、砍、拿、拧、扭、派、捧、泼、拉、牵、取、扔、扫、送、捎、偷、投、抓、撞、追、带、找、驶、抽、担、吹、提、跟；（49个）

（3）只能和“来”结合的动词有：采、递、钓、赶、换、捡、交、接、搂、拾、收、吸、陪、分；（14个）

（4）只能和“去”结合的动词有：丢、揭、挪、掏、吐、喷；（6个）

（5）能和“上/下”结合的动词有：扶、搀；（2个）

（6）只能和“上”结合的动词有：登、飞、攀、担、钓、顶、举、杠、捞、升、挑、挂、托、提、乘（带点的词为重复计算的）；（15个）

（7）只能和“下”结合的动词有：蹦、沉、跌、踩、倒、降、流、落、散、摔、踏、采、拆、掉、丢、滚、揭、漏、埋、拧、扭、泼、取、撒、吞、挖、脱、压、咽、摘、退、撤；（32个）

（8）只能与其他趋向动词结合的动词有：离（开）、缩（进去）、通（过）、插（进去）、翻（过来）、救（出来）、冒（出来）、拦（过去）、塞（进去）、撬（出来）、渗（下去）、弹（出来）、掀（起来）、咬（下去）、逛（过去）、割（开）、绕（过去）、转（过来）。（18个）

2. 动词不同结合能力的解释

对上述151个动词的考察表明，能与各类趋向动词结合的动词分布上是不均匀的。首先，能与表示水平方向的趋向动词结合的动词要远远多于只能与表示垂直方向的趋向动词结合的动词（50＞2）；其次，同是与水平方向趋向动词结合的动词，能与“来”结合的比能与“去”结合的多（14＞6），同是与垂直方向趋向动词结合的动词，能与“下”结合的比能与“上”结合的动词要多（33＞15）。上述结合功能上的差异，很难说清是什么原因造成的，可能的解释是：

（1）“来/去”的搭配功能比“上/下”强。表示垂直方向位移的“上/下”常常与表示水平方向位移的“来/去”结合，用复合指向的方式表示垂直方向的移动，“上/下”的一部分功能由“上来/上去/下来/下去”等担任。

（2）动词加上“来/去”之后，就能单独表示空间位置中的物体的位移，而动词加上“上/下”之后，还不具备单独表示空间位置中物体位移的资格，必须在“动词＋上/下”之后带上处所词语。这种要求可能也限制了动词对“上/下”的选择。

（3）能与“近向”结合的动词多于与“远向”结合的动词，能与“下向”结合的动词多于与“上向”结合的动词，可能与客观世界物体位移的实际状况有关。例如受万有引力定律支配，垂直位移时，下向的总量比上向的多。另外也有可能与汉语的表达习惯有关。

二　物体与位移方向的关系

（一）一个物体与位移方向的关系

上一部分我们讨论过物体与源点、终点的关系，这里讨论的是物体与位移方向的关系。在只有一个物体出现的句子中，如：

① 老师从外面进来了。

② 一种有毒的气体飘过城市的上空。

③ 她噔噔噔地一口气爬上五楼。

④ 他一个人悠悠地逛出了城。

只出现的一个物体，都是动作主体。出现在这种句子中的移动动词应具备如下特点：

（1）大多是表示人的身体的某种动作，如例句中的“进、爬、逛”等，表示物体自身运动的动词，如例句中的“飘”，用得较少；

（2）这些动词大多是自主移动动词，自主移动动词表示动作是动作主体发出的，这个动作又使动作主体产生位移，动作主体就是位移主体。位移主体与位移方向保持一致的关系。

（二）两个物体与位移方向的关系

1. 几种不同的情况

如果一个句子中出现了两个物体，那么情况就要复杂一些，一般说来，会出现下面几种情况。假设与位移方向保持一致的关系记作（＋），不一致的关系记作（－）：

（1）动作主体（－），动作客体（＋）：

⑤ 我从他手中夺过来一把枪。

⑥ 他把小皮球一下子抛上三楼屋顶。

⑦ 我们把一堆堆石头推下山。

这些句子中，位移方向可以是任何方向，但都只有动作客体与位移方向保持一致关系，而动作主体一般都不发生空间位移。如“我从他手中夺过来一把枪”中的动作主体“我”，并未与表示位移方向的“过来”发生关系，“我”仍然在原来的空间位置上；但动作客体“一本书”在做位移,位移的方向与“过来”是一致的。因此,动作客体都是位移主体。这些句子中的动词都只能表示物体的自身运动，而不是表示人的身体的某种动作。

（2）动作主体（＋），动作客体（＋）：

⑧ 他把宣传品带出了城。

⑨ 我们把椅子都搬上楼了。

⑩ 他从河对岸划来一只船。

这些句子中，动作主体和动作客体都与位移方向保持一致的关系。“他把宣传品带出了城”等于“他出了城＋宣传品出了城”；“他从河对岸划来一只船”等于“他从对岸来＋船从对岸来”。这些句子中的动词也都是表示物体自身动作的动词。不过，这些动词都具有伴随义，在动作的过程中，动作主体必须和动作在一起，因此，动作主体也和位移方向保持一致的关系。

（3）动作主体（？），动作客体（＋）：

⑪ 我们把这批货物都塞进屋里。

⑫ 大家一齐把小王拥上主席台。

⑬ 我们把孩子推出门外。

上述句子中，动作客体与位移方向保持一致的关系。“我们把这批货物都塞进屋里”中的动作客体“这批货物”，已经“进”到“屋里”，

“大家一齐把小王拥上主席台”中的动作客体“小王”，在做向“主席台”方向的垂直的“上向”位移。但是，动作主体是否也发生位移，则是不清楚的。“我们把这批货物都塞进屋里”中，“我们”可能与“这批货物”一起“进”了“屋里”，但也有可能“我们”仍站在屋外。

2. 动作主体与位移方向有一致关系的限制条件

一般说来，考察动作主体与位移方向是否有一致关系，取决于下面两点：

（1）动词的伴随义是否实现。上述第（3）类中动词的伴随义不如第（2）类句子中的“带”、“搬”等明显。

（2）说话人说话时的位置所在。试比较：

A. 我们把这批货物都塞进屋里。

B. 我们把这批货物都塞进屋里来。

C. 我们把这批货物都塞进屋里去。

A句中，动作主体“我们”是否有“进”的位移是不清楚的；B句中，“我们”则也有“进”的位移，也已经到了“屋里”；C句中，“我们”则没有“进”的位移，仍留在“屋外”。这里涉及物体存在的处所与位移方向的关系问题，将在下文进行分析。

上述分析表明，动作客体与移动的方向总是一致的。而动作主体则表现出与移动方向的各种不同关系。这是因为上述句子中表示物体存在方式的动词，都是表示物体自身运动的动词，位移主体往往是动作的客体，动作客体的运动表现出非主动性特点来。动作主体发出动作之后，使位移主体朝着动作主体所预定好的方向做位移。只有当这个能使位移主体发生位移的动作必须有动作主体伴随着才能发挥作用时，动作主体才会有与动作客体向同一方向做位移的可能。因此，句子中出现的大多是表示物体自身运动的动词，是造成以上分析结果的一个原因。

3. 说话人说话时的空间环境是影响动作主体是否与位移方向保持一致的一个因素

当位移方向以复合指向的形式，或是其他如“进来”、“出去”形式表示时，动作主体与位移方向是否保持一致就不单单取决于动词是否具有伴随义。由于“来 / 去”具有表示说话人说话时的不同空间位置的功能，没有伴随义的动词，有时也会在“来 / 去”的暗示下，使动作主体与位移方向之间显示出不同的关系。上面所举的“我们把这批货物塞进屋里来”和“我们把这批货物塞进屋里去”在理解上的不同，就是受“来 / 去”的影响。这种例子虽然不多，但也能说明这种影响因素是不能忽视的。其他例子如“大家把他抬上主席台”一句，动作主体“大家”是否“上”“主席台”是不清楚的：可以是“大家”在台下“抬”，把“他”“抬”到“主席台”边，“他”上“主席台”，而“大家”留在“主席台”下；也可以是大家从台下“抬”着“他”一起走上“主席台”。这种句子中，加上“来 / 去”之后，就能看出动作主体与位移方向的关系：“大家把他抬上主席台来”，说明“大家”原来就在“主席台”上，现在与动作客体“他”又一起“上主席台”；如果是“大家把他抬上主席台去”，则起码可以表明“大家”是否上了“主席台”是不确定的。

三　物体存在的处所和位移方向的关系

（一）与位移方向有直接联系的物体存在处所的表达

动态位置的表达上，单纯的物体存在处所的表达，由“介词＋处所词语”担任；而与位移方向有直接联系的物体存在处所的表达，则由动词或趋向动词“来 / 去”及“上 / 下”、“进 / 出”、“回”、“过”、“起”等加上处所词语担任。与位移方向有直接联系的物体存在处所的表达，其实又可以分成两类。

1. 由动词或趋向动词“来 / 去”表示

下面例句：

① 他来了。

② 我去了。

③ 他送来一本书。

句子中物体存在的处所是隐含在句子意义中的说话人说话时的处所。

2. 由动词或趋向动词“上 / 下”、“进 / 出”、“回”、“过”、“起”等加上处所词语表示

下面例句：

④ 他上楼了。

⑤ 他下山了。

⑥ 他进城了。

句子中动词或趋向动词后的处所词语，就是物体存在的处所。这些处所词语前面也没有介词作为标记，处所词语所表示的源点或终点的概念，是由处所词语前面的动词或趋向动词决定的。

可见，由“来 / 去”表示的物体存在的处所与由“上 / 下”、“进 / 出”、“回”、“过”、“起”等加上处所词语所表示的物体存在处所之间，是有差异的。下面分别讨论两种物体存在处所的表达，以及这两种物体存在处所与位移方向之间的关系。

（二）由“来 / 去”表示物体存在的处所

1. 有“来 / 去”参与的句子能表示物体在空间上的移动

由“来 / 去”表示的物体存在的处所，是以说话人说话时的空间位置作为理解句子的出发点的。在这种句子中，可以出现由介词加上处所词语表达的物体存在的处所。如：

⑦ 从北京来了一位官员。

也可以在“来 / 去”后直接加上处所词语。如：

⑧ 老张昨天才来北京。

还可以不出现处所词语。如：

⑨ 来了一位客。

⑩ 他去了。

上述句子都可以表示物体在空间的位移，“来 / 去”在句子中也都起到了表示物体存在处所的作用。但是，这个“物体存在的处所”并不是句子中出现的处所，即上述前面两例中的“北京”，而是隐含在句子意义中的说话人说话时的处所。因此，我们讨论的物体存在的处所与位移方向的关系中，物体存在的处所是指隐含在句子意义中的那个处所。下面先讨论由“来 / 去”指示的物体存在处所所表现出来的各种不同的意义。

2.“来 / 去”指示的物体存在处所的空间意义

“来 / 去”所揭示出来的物体存在处所既然是以说话人说话时的实际位置为出发点的，那么，说话人与句子中动作主体或动作客体之间必然会产生一定的联系。这种联系也有直接联系和间接联系之分。

（1）直接联系是指说话人与句子中的动作主体或动作客体的关系是明显的，说话人以“实在的身份”参与到整个句子的理解中去。

（2）间接联系则指说话人与句子中动作主体或动作客体的关系不是明显的，说话人并非是以一种实在的身份，而是以一种虚拟的身份，参与到句子的理解中。因此，动作主体或动作客体的位移方向只是与“虚拟”的说话人发生关系，而与“实在”的、真正说出这句话的说话人所处的位置，并无直接的关系。这样，我们可以把以“来 / 去”所表示的，以“实在”的说话人说话时的实际位置为依据的物体存在的处所，称为“实在处所”；而把以“来 / 去”所表示的以“虚拟”的说话人说话时的实际位置为依据的物体存在的处所，称为“假设处所”。这是以说话人身份为标准所表现出来的两种不同的意义。

（三）“来 / 去”指示的实在处所

1. 位移方向是说话人的一种主观叙述

下面句子中的“来 / 去”所表示的位移方向，都是以说话人说话时的实在处所为依据的，如：

⑪ 他来了。

⑫ 这些人都去了。

⑬ 他向前奔去。

⑭ 一本书拿来了。

在这些句子中，动作主体或动作客体的位移方向，都是说话人的一种主观叙述。因此，说话人说话时所处的位置，成为说话人说话时对“来 / 去”选择的依据。“他来了”说明说话人与动作主体“他”原来是“相向”

而立的；位移“来”开始后，动作主体“他”朝着说话人的方向移动。“他向前奔去”说明说话人与动作主体“他”之间原来是“同向”而立的，即同是“向前”而立；位移“奔出”开始后，动作主体“他”朝着远离说话人的方向移动。“一本书拿来了”中的动作客体“一本书”的移动，是从说话人说话时的处所位置移动的，通过运动的方式“拿”表现出来。可见，说话人虽然没有出现，但说话人的存在是明显的。“他来了”可以理解为“他向我走来了”，“一本书拿来了”可以理解为“一本书给我拿来了”，“这些人去了”可以理解为“这些人离我而去了”。实在处所表现了说话人的一种主观态度，说话人如果出现，就是句子中的第一人称“我”、“我们”。

2. 人称的不同对理解产生的影响

我们再讨论下面的句子：

⑮ 他来了。

⑮' 我来了。

⑯ 他们去了。

⑯' 我们去了。

从形式上看，一组中两个句子的不同，仅仅是人称代词的不同。但实际上，因为说话人说话时所处的位置是实在处所，未出现的说话人就是句子中第一人称“我”、“我们”，这样，用第一人称“我/我们”的就和用第三人称“他/他们”表达的句子，在理解位移的方向与物体存在处所的关系上会存有一定的差异。“他来”、“他们去”中的“他”和“他们”的位移方向，是相对于说话人“我”的位置而言的；而“我来了”、“我们去了”中的“我”、“我们”的位移应该也是相对于说话人“我”的位置而言的。这样，句中的“我”和句外说话人的“我”就会同时存在，从而互相影响，产生矛盾。因此，上述“我来了”、“我们去了”不是纯合格句[①]，只能在一定的语言环境下才能成立。这个一定的语言环境是指说话人所叙述的事件必须是已经结束的，说话人说话时所处的空

① “我们去了”的句子似乎可以用，如：“我们去了，您再坐会儿吧。”但这里的“去”是“离去”的意思，而并未是与“来”相对的表示“从所在地到别的地方”的意思。

间位置必须是指这件事结束时的那个位置。例如“我来了”这句话，可以出现在如“我”来到北京后对已在北京的其他人说话这样的场合。“来”是指明“我”当时所处的位置，说话人把自己的处所位置定在“我来”这个事件结束的时候所到达的处所之上。同样，“我们去了”中“我们”的位移方向，是对“我们”在“去”这件事结束之后处所的位置而言的。因此，由第一人称构成的，表示空间位置的句子，通常要在句子中，加上能明确表示源点、终点的词语。如：

⑰ 我从北京来。

⑱ 我们到北京去。

以这种方法特意表明这时的“来/去”所揭示的说话人说话时的位置。如“我从北京来”，表明说话人说话时的位置正好在与“北京”这个源点相对的终点位置上。而在以第三人称构成的句子中不需要这种特殊的语境说明。黄宣范（1977）认为，“来”可以表示朝听话人方向的位移，如“我马上过来（你这边）”。我们认为黄宣范所说的情况是比较少见的，一般只能用在对话中，这是一种有敬重对方意思的用法，说明说话人愿意站在听话人的立场上考虑问题，以对方所处的位置作为物体移动的方向的依据。“我马上过来”更多的时候是说成“我马上过去”，“过去”表示远离说话人的方向，是站在说话人自己的立场上考虑问题的，“去”才能表示朝听话人方向的移动。

（四）“来/去”指示的假设处所

1. 位移方向是说话人的一种客观叙述

下面句子中的“来/去”所表示的物体位移的方向都是以说话人说话时的假设处所作为依据的。如：

⑲ 许云峰……迈步向楼下走去。

⑳ 王芹芹从遥远的北疆为旦旦带来一张贺年卡。

㉑ 通往县城的大路上走来了一老一少两个人。

㉒ 孟庄水面上漂来了许多上游村庄人们使用的物品，让人看了心酸。

在这些句子中，动作主体或动作客体的位移方向，都是说话人的一种客观叙述，这种虚拟的假设处所又可分成两类。

2. 说话人和句子中的某一人物同处一个位置

说话人参与到句子中去，假设与句子中的以第三人称出现的某一人物同处在一个位置上，例如⑲例“许云峰……迈步向楼下走去”中，说话人将自己的位置设在句子中“许云峰”所处的位置上：“许云峰”原住在楼上，“向楼下走去”，背离许云峰所在的原来的位置做位移。

如果上述例句改为：

㉓ 成岗看到，许云峰……迈步向楼下走来。

那么，说话人又将自己的位置设在句中“成岗”所处的“楼下”位置上，“许云峰向楼下走来”即朝着成岗所处的位置做位移。同样，如果是“王芹芹从遥远的北疆为旦旦带来一张贺年卡”，那么说话人说话时所处的位置与句子中“旦旦”相同，“贺年卡”的位移是朝向“旦旦”方向的，离“旦旦”越来越近；相反，如果是“王芹芹从遥远的北疆为旦旦带去一张贺年卡”，那么说话人说话时所处的位置，又是与句子中“王芹芹”相同的，“贺年卡”的位移是背离“王芹芹”的方向，离“王芹芹”越来越远的。

3. 说话人处在句子中所揭示的某一位置上

说话人参与到句子中去，假设处在句子中所揭示的某一处所位置上，例如㉑、㉒两例。“通往县城的大路上走来了一老一少两个人”中，说话人将自己的位置设置在句中所揭示的某处所“县城”里，“一老一少两个人”朝着县城，亦即朝着说话人说话时的处所位置的方向做位移。“孟庄的水面上漂来了许多上游村庄人们使用的物品”一句中，说话人将自己的位置与句中所揭示的某一处所位置“孟庄的水面上”设在一处，“许多上游村庄人们使用的物品”朝着“孟庄的水面上”，亦即说话人说话时的位置方向移动。值得注意的是，在这些虚拟的假设处所中，大多用表示近向的“来”，而很少用表示远向的“去”，如果用“去”，说话人的处所位置变成与未出现的人或事物的位置相同，这在理解上会带来困难。如“通往县城的大路上走去一老一少两个人”中，说话人的位置可能是设在与“县城”相对的某一处所上,也可能设在与“一老一少两个人”相对的另一个人所处的位置上，这样的句子是比较少见的。

（五）“来/去”指示的当前处所和遥远处所

1. 以说话人说话时间为标准的两种处所位置

下面句子“明天你到我家去”中，说话人说话时的所处位置肯定不在“我家”。“去”“我家”是让“你”背离说话人说话时的位置而去,朝“我家”方向移动。但“明天你到我家来”句子中，说话人的位置则可能有两种解释:（1）说话人说话时的处所位置在“我家”，“你”朝着说话人说话时的位置“我家”而“来”;（2）说话人说话时的处所位置不在“我家”，可以是“我家”之外的其他地方，这时候用“来”，是说话人把自己的位置定在“明天”这个时间内所在的地方，即完成动作“到我家”时自己所处的位置。可见，“来”和“去”在表示说话人的处所位置时，理解会有不同，“来”的理解还必须牵涉到时间因素。我们把说话人说话时间发生在当时的、说话人的处所称为“当前处所”；把说话人说话时间发生在以后的、说话人的处所称为“遥远处所”。这是“来”所表现出来的以说话人的说话时间的不同为标准的不同意义。这两种不同的时间标准，也就是黄宣范（1977）所说的“编码时间”和“参照时间”。

2.“来”表示“遥远”处所的几个条件

上文所举的各例，“来/去”所表示的说话人说话时的处所位置，都是属于“当前处所”，说话人所叙述的都是已经发生了的事，说话人所处的位置都是相对于当时的情形而言的，听话人不可能产生其他理解。“他来了”中“他”的位移已经发生，朝着说话人方向移动。但是，如果说话人所叙述的是未曾发生的事，说话人所处位置的理解就有可能产生两种理解,如上面对“明天你到我家来”的分析。“来”表示“遥远处所”，要具备下面几个条件。

（1）遥远处所在特殊的语境条件下运用，一般用在对话中。作为叙述语体的以第三人称为动作主体的句子，很少表现出遥远处所的意义来。这是因为这种遥远处所的理解需借助一定的语境。“明天你到我家来”中，

“你”和“我”的交谈可以不在“我家”，但必须是两人之间的对话。听话人知道说话人“我”是以“明天”“我”的处所位置作为听话人“你”的移动方向的参考点的。脱离了面对面的语言环境，上述意思很难表达。

（2）对话的要求限制了第三人称在句子中的出现。表现遥远处所的句子，动作主体必须是对话中的双方“你”或“我”，例如“明天你到我家来”中的动作主体是“你”。上文所举的黄宣范的例子“我马上过来(你这边)”虽然解释为以听话人所处位置作为依据，其实这也可以看作是一种遥远处所的表示。这样的话，“我马上过来你这边”句子中是以说话人在“马上”完成的时间内所处的位置，亦即说话人“过来”动作完成后到达位置“你这边”作为依据的，这个句子中的动作主体是说话人自己“我”。

（3）表现遥远处所的句子中的“来”之后不一定都得像例句那样带上处所词语，如“来我家”、“过来你这边”；也可以不带处所词语，如“请你明天过来”。动作主体“你”“明天”的位移是向说话人所处位置移动，但这个说话人所处位置，可以是说话人和听话人交谈当时的空间位置，也可以不指交谈当时的空间位置，而是指谈话人经常出现的位置，这个经常出现的位置又是听话人所了解的。例如说话人与听话人在“阅览室”相遇交谈，说话人说的“明天过来”，可以指让听话人明天仍到阅览室来，也可以指让听话人明天去说话人常在的地方，如办公室、寝室之类。

上述表示近向的“来”与表示远向的“去”所显示出的物体存在的处所可以归纳为表 1–7：

表 1–7

分类标准	以说话人身份为标准			以说话人说话时间为标准	
处所名词	实在处所	假设处所		当前处所	遥远处所
		与句中人物所处同一位置	与句中事物所处同一位置		
例　句	他来了。 他拿来一本书。	许云峰……向楼下走来。	通往县城的大路上走来一老一少两个人。	他来了。 许云峰……向楼下走来。	明天你到我家来。

（六）“上／下”、“进／出”等加上处所词语表示物体存在的处所

1.“上／下”、“进／出”等加上处所词语是以某个事物占据的空间位置作为出发点的

以“上／下、进／出、起、回、过、到”等加上处所词语所表示的物体存在的处所是以某个事物占据的空间位置作为出发点的。在“上／下”、“进／出”等加上处所词语所组成的句子中，可以出现由介词加上处所词语所表示的物体存在的处所，如下面句子：

㉔ 他从台下“噔”的一下跳上舞台。

㉕ 一个人从外面走进教室。

这里出现的两个物体存在的处所并不矛盾，它们共同表示物体位移的源点、终点的概念。但是，也可以直接用“上／下”、“进／出”等加上处所词语，表示物体在空间的位置，如：

㉖ 他下楼了。

㉗ 他上船了。

㉘ 他回家了。

以某个事物所占据的空间位置为出发点的物体存在的处所，与位移方向之间表现出不同的关系，可以分成下面几类。

（1）物体位移时与这个物体存在的处所表现出一种靠近的趋势。

下面句子中物体存在的处所都是以终点位置上的某一事物占据的空间位置作为出发点的，物体位移时与这个物体存在的处所表现出一种靠近的趋势。如：

㉙ 他终于挤上了车。

㉚ 他慢慢地骑到家里。

㉛ 八点整，他走进教室。

㉜ 他绕道香港提前一个月回国。

“上、进、回、到”所揭示的物体存在的处所都是以终点作为参考点的，“车”是“挤上”的终点，“教室”是“走进”的终点等等。物体“他”、“挤上”是向终点“车”的方向位移，同样，“他”、“走进”是向终点“教室”方向位移。

因为“上、进、回、到”等所揭示的物体存在的处所与终点的概念有关，所以在句子中可以出现表示源点的处所，如“他从学校回到家里”、“他从外面走进教室”等等。

（2）物体位移时与这个物体存在的处所表现出一种远离的趋势。

下面句子中的物体存在的处所都是以源点位置上的某一事物所占据的空间位置作为参考点的，物体位移时与这个物体存在的处所表现出一种远离的趋势。如：

㉝ 他出门了。

㉞ 他慢吞吞地走下火车。

㉟ 他终于离开了这块生他养他的土地。

能出现在这种句子中的是“出、下、开”等动词或趋向动词，“出、下、开”后的处所词语都表示源点的概念，如“门”是“出”的源点，“火车”是“走下”的源点，“这块生他养他的土地”是“离开”的源点。物体与这个源点之间呈远离趋势：“他”的“出”是背离源点“门”的方向发生位移，“他”的“走下”也是背离“火车”的方向发生位移的。

A. 虽然“出、下、开”所揭示的物体存在的处所是与源点的概念有关的，但这个源点的概念也可以用“介词＋处所词语”的形式表示，“出、下、开”后的处所词语移到介词之后，成为如下句式：

㊱ 他慢吞吞地从火车上走下（来）。

㊲ 他终于从这块生他养他的土地上离开了。

另外，句子中也不能出现表示终点概念的处所词语。这是因为表示源点概念的处所词语，通常作为处所宾语出现，这个位置与表示终点概念的处所词语所占据的动词后置的位置相同，这样，表示终点概念的处所词语无法在句子中安顿下来。

B.“起”参与的句子所揭示的也是与源点有关的物体存在的处所。“起”后一般不能带处所宾语，所以，“起”参与的句子中，“源点”概念就必须以“介词＋处所词语”形式表示：

㊳ 他从地上举起杠铃。

㊴ 他从床上拎起一把钥匙。

可见，“起”参与的句子表示物体存在的处所的方法与“上、下、开”不同。

（3）物体位移时与这个物体存在的处所呈现“经过”的趋势。

下列句子中的物体存在的处所是以物体位移轨迹上的某一段或某一点上的事物所占据的空间位置作为参考点的。物体做位移时与这个物体存在的处所呈现“经过”的趋势，既不与源点有关，也不与终点有关，是一种源点、终点不明的位移。如：

㊵ 他穿过操场。

㊶ 天空中飞过一群大雁。

能出现在这种句子中的是动词或趋向动词“过”，例如物体“他”以“穿过”的方式经过物体存在的处所“操场”，“一群大雁”以“飞过”的方式经过物体存在的处所“天空”。有“过”参与的句子，物体存在的处所也可以用介词“从”表示，如“他从操场穿过”、“一群大雁从天空中飞过”。这儿的“从”也是表示源点、终点不明的位移。

上述用“来／去”表示物体存在的处所和用“上／下”、“进／出”等加上处所词语表示物体存在的处所与位移方向的关系见表1–8：

表1–8

物体的存在处所	物体的位移方向		
	近向（趋于）	远向（背离）	经　过
以说话人说话时所处位置为参考点	来 R←	去 R→	
以某个事物占据“源点、终点、位移轨迹上一点”的空间位置为参考点	进、回、上（终点） →○	下、开、出、起（源点） ○→	过（位移轨迹中的一点） →

2. 复合趋向动词的表达方法

“上来／下车／出来／回来／进来……上去／下去／出去／回去／进去……”等构成的句子，物体存在的处所一般是上述两种表达方式的合成。例如：

㊷ 他进屋去。

㊸ 他进屋来。

物体“他”的位移，相对于说话人说话时的处所位置，可以是背离而去（进屋去），也可以是相向而来（进屋来），但相对于事物的位置“屋”来说，都是趋向于终点“屋”的。“他进屋去”和“他进屋来”，物体“他”都是朝终点“屋”方向移动。

四　动态位置的表达方式

（一）动态位置表达的三个要素的出现问题

我们讨论了源点和终点的问题，又讨论了位移方向的问题，源点、位移轨迹（位移方向）、终点是构成一个动态位置的三个要素。三个要素都具备的表达动态位置的句子如下：

① 他们从学校来到公园。

但是，大量的表达动态位置的句子，却并不要求同时出现三个要素。如上面例句，可以分别删除其中一个部分，成为：

② 他们从学校来。

③ 他们来到公园。

④ 他们来了。

删除之后的句子，也是表达动态位置的完整句子。从删除后的句子可以看出，被删除的是表示源点和终点概念的词语。这种情况我们前文中都已分析过：

（1）源点和终点的概念在句子中往往只要出现一个，但这两个概念的存在却是明显的，表示其中的一个概念，往往预示着另一个概念的存在；

（2）源点和终点的概念并非一定要有显性标志，隐性的表示物体存在的处所不一定要由“介词＋处所词语”表示。

（二）由“来／去”参与的句式

1.“来／去”参与的三种句式

在“来／去”参与的句式中，位移的主体（N）当然要出现，除此之外，必备因素是“来／去”。不管“来／去”在句子中充当谓语的主要动词也好，还是充当主要动词之后的趋向补语也好，“来／去”是不能缺少的。缺少“来／去”的句子非但不能表示物体的水平方向移动，有时还能影响句子的合法性。下面讨论的句式中，“N”是表示物体本身的名词，其中“N_1”表示动作主体，“N_2”表示动作客体；“V”是表示物体运动方式的动词；“处源”、“处终”表示有显性标志的由“位移介词＋处所词语”构成的源点、终点的概念。“趋”表示动词后附的趋向动词，“～”表示“来／去”。

（1）动词由“来／去”担任。

这样的句式中，“来／去”既表示物体运动的方式，也指示物体运动时的方向，N 只能是动作主体。

A. N_1＋～：

他来了。

这些人都去了。

B_1. N_1＋处源＋～：

他从北京来。

他们直接从南京去了。

句式中的处源是以“介词‘从’等＋处所词语”组成。如：

B_2. 处源＋～＋N_1：

从外面来了一个人。

从北京又去了几个医疗队。

句式中的动作主体的 N_1 移到句末，因此，N_1 常由表示不定指的名词性词组担任。如果后面动词是“来”的话，位于句首的“处源”前的位移介词可以删去，成为“外面来了一个人”。因为“来”表示向着说话人说话时的位置移动，这个说话人说话时的位置就有“终点”的意思，“外面”即使不带上“从”也只能理解为源点[①]。相反，“去”表示背离说话

① 这里的源点的概念，还可以从“外面”这个处所词的本身的语义特点上表现出来。如果是“北京来了一个人”这样的句子，则会产生歧义。

人说话时的位置移动，这个说话人说话时的位置是“源点”的意思，因此，“从北京去了几个医疗队”中的“从”不能删去。

C. N_1＋～＋处终：

这支部队去向南方。

他来到北京。

他来北京。

这支部队去南方。

处终可以由“介词＋处所词语”组成，也可由趋向动词“到＋处所词语”组成[①]。另外，还可以在“来／去”后直接加上处所词语。从形式上看，处所词语成为“来／去”的宾语，但这里的宾语仍表示终点的意思。

D. N_1＋处源＋～＋处终：

他从北京来到上海。

他从上海去向广州。

（2）动词部分由“动词＋来／去”表示。

这样的句式中，动词V表示物体运动的方式，“来／去”指示运动的方向。因为动词V可以由及物动词担任，所以句子中就可能出现两个N，动作主体N_1和动作客体N_2。

A. N_1＋V＋～：

亚细亚的风暴吹来了。

鸟儿逃去了。

N_1都是移动主体，V大多由非及物动词担任，这种非及物动词大多是自主移动动词。

B. N_2＋V＋～：

这本书早就拿来了。

那道点心已经送去了。

N_2是移动主体，V大多由及物动词担任，动作主体N_1在句子中未出现。

C_1. N_1＋V＋～＋N_2：

① “到”有的语法书上把它看作是动词。《现代汉语八百词》中，将动词后的“到”看作是趋向动词。这里的“到”按《现代汉语八百词》的处理，详见吕叔湘主编（1980：127）。

他带去一本书。

他牵来一只羊。

动作主体和动作客体都出现，动作客体是位移主体，与“来／去”直接发生关系，动作主体是否与“来／去”直接发生关系，取决于动词是否具有伴随义。在这种句子中，N_2常常是不定指的。

C_2. N_2＋N_1＋V＋～／N_1＋把＋N_2＋V＋～：

这本书他带去了。

这只调皮的山羊他已经牵来了。

他把这封信带去了。

他把这只调皮的山羊牵来了。

如果N_2是定指的物体，常常用C_2句式表达，或者将N_2提至句首，作为话题处理。或者用“把”字句的形式，把句末不定指的N_2移到“把”字后，成为定指的N_2。

D. N_1＋处源＋V＋～：

亚细亚的风暴从北方吹来了。

从北方吹来了亚细亚的风暴。

处源也可以处于句首，成为“处源＋N_1＋V＋～”。

E. N_2＋处源＋V＋～：

那本书从图书馆拿来了。

小笼包子从点心店直接送去了。

“V＋来”用得较多，因为“V＋来”表示终点的概念，与句中源点概念是不矛盾的。如果是“V＋去”参与的句子，说话人说话时的位置是设立在“处源”上的。如“小笼包子从点心店直接送去了”一句中，说话人说话时的位置设在“点心店”上，所以，可以用“V＋去”表示远离这个源点的意思。

F. N_1＋处源＋V＋～＋N：

他从上海带去一封信。

他从麦地里牵来一只羊。

G. N_1＋把＋N_2＋V＋～＋处终：

他把这本书带来（到）北京。

她把一个又一个孩子送去（到）国外。

表示终点的处所词前的介词往往省去。

H. N_1 ＋把＋ N_2 ＋处源＋ V ＋～＋处终：

他把这本书从上海带来北京。

她把一个又一个孩子从国内送去国外。

（3）动词部分由“动词＋趋向动词＋来／去”表示。

这样的句式中，动词 V 表示物体运动的方向，“趋向动词＋来／去”组成一个复合趋向补语，表示物体位移的方向。这个方向是一个复合指向，既有水平或垂直方向的移动，又有近向远向的移动，这里的动词也可以是及物动词，所以句子中可以出现 N_1 和 N_2。

A. N_1 ＋ V ＋趋＋～：

他走进来了。

他走上去了。

这里的 V 大多是非及物动词，而且是自主移动动词。

B. N_2 ＋ V ＋趋＋～：

这本书拿上去了。

那道点心已经送过来了。

这里的 V 大多由及物动词担任，动作主体 N_1 可以在句中不出现。

C_1. N_1 ＋ V ＋趋＋～＋ N_2：

他带回来一本书。

他拿上去一碗面。

动作主体和动作客体都出现，动作客体是位移主体，与“趋向动词＋来／去”所表示的复合方向发生直接联系，动作主体是否与“趋向动词＋来／去”发生直接联系取决于动词是否具有伴随义。动作客体常常是不定指的事物。

C_2. N_2 ＋ N_1 ＋ V ＋趋＋～／ N_1 ＋把＋ N_2 ＋ V ＋～：

这本书他带回来了。

他把一碗肉丝面拿上去了。

N_2 成为表示定指事物的动作客体。

D. N_1 ＋处源＋ V ＋趋＋ ~ ：

他从外面走进来。

从北方吹过来了亚细亚的风暴。

处源也可以是位于句首的。

E. N_2 ＋处源＋ V ＋趋＋ ~ ：

那本书从图书馆拿回来了。

电能已经从泰山核发电站送出去了。

这种类型的句子“V ＋趋＋来”用得较多，“V ＋趋＋去”用得较少。

F. N_1 ＋处源＋ V ＋趋＋ ~ ＋ N_2 ：

他从上海带过来一封信。

他从国外捎回来好多材料。

2. 用“来 / 去”构成的句式归纳为表 1-9：

表 1-9

		N_1	V	趋	来 / 去	处源	处终	N_2	例　　句
来 / 去	A	+	—	—	+	—	—	—	他来了。/ 这些人都去了。
	B_1	+	—	—	+	+	—	—	他从北京来。
	B_2	+	—	—	+	+	—	—	从北京去了一个医疗队。
	C	+	—	—	+	—	+	—	他来到北京。
	D	+	—	—	+	+	+	—	他从上海来到北京。
V+ 来 / 去	A	+	+	—	+	—	—	—	风暴吹来了。/ 鸟儿飞去了。
	B	—	+	—	+	—	—	+	这本书拿来了。/ 点心送去了。
	C_1	+	+	—	+	—	—	+	他带去一本书。/ 他牵来一只羊。
	C_2	+	+	—	+	—	—	+	这本书他带去了。/ 他把这本书带去了。
	D	+	+	—	+	+	—	—	风暴从北方吹来了。
	E	—	+	—	+	+	—	+	那本书从图书馆拿来了。
	F	+	+	—	+	+	—	+	他从上海带来一封信。
	G	+	+	—	+	—	+	+	他把这本书带来北京。
	H	+	+	—	+	+	+	+	他把这本书从上海带来北京。

续表

V+趋+来/去	A	+	+	+	+	−	−	−	他走进来了。/他跑出去了。
	B	−	+	+	+	−	−	+	这本书拿上去了。/点心送过来了。
	C_1	+	+	+	+	−	−	+	他带回来一本书。
	C_2	+	+	+	+	−	−	+	这本书他带回来了。/他把肉丝面送上去了。
	D	+	+	+	+	+	−	−	风暴从北方吹过来了。
	E	−	+	+	+	+	−	+	那本书从图书馆拿回来了。
	F	+	+	+	+	+	−	+	他从上海带回来一封信。

（三）由"上/下"、"进/出"等词语加上处所词语参与的句式

1."'上/下'、'进/出' ＋处所词语"是必备因素

由"上/下"、"进/出"等加上处所词语参与的句式，既可以表示水平方向的移动，如"'进'、'出'、'回' ＋处所词语"；也可以表示垂直方向的移动，如"上/下＋处所词语"。但这两种方向的表达都具有相同的形式，即这些"上/下"、"进/出"之后的处所词语一定要出现，这些处所词语一定是表示与源点、终点或者位移轨迹上的一点这些概念有关的处所。因此，在这些句式中必备的因素是"'上/下'、'进/出' ＋处所词语"这个组合，然后，在必备因素的基础上，随着附加因素的增多，句子也越趋复杂。下面讨论几种句式。

2."上/下"、"进/出"等词语加上处所词语参与的两种句式

（1）动词部分由"上/下"、"进/出"、"过"、"回"等担任。

这些动词在句子中既表示物体运动的方式，又指示物体运动的方向。这些"上/下"、"进/出"等后面的处所词语，可以表示源点的概念，也可以表示终点的概念，还可以表示位移轨迹上的某一点。由于"上/下"、"进/出"等动词后已带有处所宾语，因此，如果句子中有两个N，通常用"把"字将 N_2 移到句中。

A. N_1＋～：

他下船了。

他上楼了。

他过马路了。

由于“～”中动词和其后的处所词语能表现出不同的关系，所以事实上A类句式又可分为三小类，即A_1句子：

他下船了。

他出门了。

“船”是物体“他”做位移“下”的源点，“门”是“他”做位移“出”的源点。

A_2句子：

他上楼了。

他进门了。

他回国了。

“楼”是物体“他”做位移“上”的终点，下面两个句子可做同样理解。

A_3句子：

他过马路了。

“马路”是物体“他”做位移“过”的轨迹上的一段或一点。上述句子，“上/下”表示垂直方向的位移，如“上楼、下船、下车”等；而“出门、进门、回国、过马路”等，都是做水平方向的移动。

B. N_1＋处源＋～：

他从日本直接回国。

他从北边上山。

他从边门进楼了。

这些句子中，“上、进、回”与后面的处所词语都表现出靠近终点的关系。因此，句子中可以出现表示源点的处所词语。在“他下楼”、“他出门”一类句子中，“楼上”和“门”本身就表示源点的概念，所以不能再出现另一个表示源点概念的词语。“他从北边下山”一句中，“从北边”已不是表示源点概念，而表示位移轨迹中的一段或一点。这里的“从”是表示“经过”的“$从_2$”，而不是表示“源点”的“$从_1$”。

上述A类和B类句子中的“上/下”、“进/出”、“过”、“回”等动词，都是自主移动动词，后面只能带处所宾语，而不能带受事宾语。

（2）动词部分由“动词+‘上/下’、‘进/出’”等担任。

其中动词表示物体运动的方式，“上/下”、“进/出”等表示运动的方向。

A. N_1 + V + ~：

他走下船了。

他拿上楼了。

他穿过马路了。

这类句子也可以分为 A_1、A_2、A_3 三类。“他走下船了”中的“船”表示源点，“他拿上楼了”中的“楼”表示终点，“他穿过马路”中的“马路”表示位移轨迹中的一段或一点，其中“他穿过马路”又可说成“他从马路上穿过”。

B. N_2 + V + ~：

今天的报纸带下船了。

那道点心送上楼了。

位于句首的 N_2 是动作客体，与A类情况相同，前一句可以看作 B_1，后一句可以看作是 B_2。“过~”这种表示从轨迹中的一段或一点经过意义的不能用“N_2 + V + ~”句式表示。

C. N_1 +处源+ V + ~：

他从后面拿上楼了。

他从边门走进大楼。

D. N_1 +把+ N_2 + V + ~：

他把报纸拿下楼了。

他把行李带上船了。

同样，这类句子也可分为 D_1 和 D_2 类。同时，“V +过+处所词语”，也不能出现在这种句式中。

E. N_1 +把+ N_2 +处源+ V + ~：

他把报纸从后面拿上楼了。

他把小狗从边门带进大楼。

同样“他把小狗从边门带进大楼”中的“从边门”，仍然不是表示源点的，其中的“从”也仍然是表示源点、终点不明的“从$_2$”。

3. 带趋向补语的非连续结构

还有一种句子，也可以说是表示复合指向的位移的，但这种表达与上文所述不同，复合的趋向动词是以一种非连续的形式表示的，如下面句子：

⑤ 他上楼去。

⑥ 他下船来。

⑦ 他从后面拿上楼去。

⑧ 他把小狗从边门带进大楼来。

这种句子也可以理解为有先后的两种位移。

4. 用“上 / 下”、“进 / 出”等加上处所词语参与的句式归纳为表 1–10：

表 1–10

		N_1	V	“上 / 下”等	处源	处终	轨迹中一点	N_2	例　　句
“上 / 下”“进 / 出”等	A_1	+	−	+	+	−	−	−	他下船了。/ 他出门了。
	A_2	+	−	+	−	+	−	−	他上楼了。/ 他回国了。
	A_3	+	−	+	−	−	+	−	他过马路了。
	B	+	−	+	+	+	−	−	他从日本直接回国。
V+“上 / 下”“进 / 出”等	A_1	+	+	+	+	−	−	−	他走下船。/ 他跑出门。
	A_2	+	+	+	−	+	−	−	他拿上楼了。/ 他走进门了。
	A_3	+	+	+	−	−	+	−	他穿过马路。/ 他从马路上穿过。
	B_1	−	+	+	+	−	−	+	这张报纸带下船了。
	B_2	−	+	+	−	+	−	+	那道点心送上楼了。
	C	+	+	+	+	+	−	−	他从后面拿上楼了。
	D_1	+	+	+	+	−	−	+	他把行李带下船了。
	D_2	+	+	+	−	+	−	+	他把报纸拿上楼了。
	E	+	+	+	+	+	−	+	他把报纸从后面拿上楼了。

第二章

空间方位系统的认知研究

现代汉语的空间系统，包括三个子系统，即方向（direction）系统，形状（form）系统和位置（seat）系统。这三个系统是各自独立的，又是互有联系的。对物体在空间的方向表达，只与词汇范畴中的一部分因素有关，大致可以认为是一种静态的语言表达；物体在空间的位置变化则既与词汇成分有关，又牵涉不少语法因素，不同的位置变化会在句法平面上映现出不同的句子格式，因此，这种语言表达是动态的，是和具体的交际活动中的句子联系在一起的；至于物体形状大小的表达，则介于上述两种表达方式之间，有静态的表达，也有动态的表达。同时，方向和形状又会对位置的变化起到一定的影响，很明显，位置系统是空间系统中最主要的一部分。

第一节　方位参照的结构要素与类型

一　方向、参考点和方向系统

（一）“方向”的含义

我们讨论的“方向”，是指句子中的某个物体面对的方向所显示出来的空间特点。这句话包含两层意思：

1.“方向”是根据“参考点”做出判断的

要确定方向，首先要决定某个物体在空间中所占据的那一点，“方向”是根据“那一点”做出判断的,“那一点”就是我们通常所说的“参考点”。“参考点”在句子中不一定是有词语指称的，可以是显性的，也可以是隐性的。“参考点”可以分为第一参考点（说话人说话时的位置）、第二参考点（说话人说话时涉及的物体或处所的位置）和第三参考点（说话人说话时因语言环境而添置的位置）。

2. 面对的“方向”是判断的标准

决定某个物体的方向，必须以面对的方向作为判断的标准。面对的方向是以人类生活的经验作为依据的,通常把“直立于地面”的物体“面所对的方向”及“平行于地面”的物体“头所对的方向”作为“面对方向”,然后才能以这个“面对方向”作为基础,从而判别其他的方向。在句子中,“方向”是显性的,必须有词语指称。因此,“方向”这个命题通常以“方向+参考点”的方式来表达。

（二）表示“方向”的方位词的类别

现代汉语中，一般用所谓的方位词来表示方向，用名词、代词或名词性词组表示显性的参考点。根据方位词是后置词的特点，表示方向的可以是下列两种方式：

（1）F；

（2）NP +（的）+ F。

从方向和参考点之间的搭配关系看，汉语中的方位词可以分成下面三类。

1. 东、南、西、北

这一组方位词还包括“东／南／西／北+边／面／头／方”等双音节方位词。“东、南、西、北”无需参考点的帮助即可指示方向，因为这些方位词的参考点是生活在地球上的人类所共同拥有、共同认可的。例如“东”即太阳升起的方向。有时句子中这些方位词前面会出现 NP，例如：

① 房子东边有棵树。

② 电影院在邮局的南面。

尽管听话人不知道或者看不见“房子”和“邮局”，也不管“房子”、“邮局”在说话人的前方、后方或者左边、右边，“树”和“电影院”的确切位置一般都不会搞错。

2. 前、后、上、下、左、右

这一组方位词也包括加上“边／面／头／方”等如“前边、左面、后头、上方”等双音节方位词。三维空间中，真正指示方向的方位词是上述六个，如图 2-1 所示：

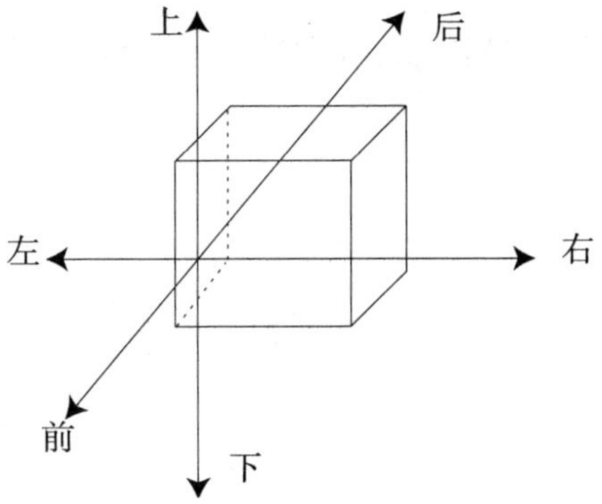

图 2-1

一般说来，把一个物体面对的方向定为“前”，与“前”相反的方向则定为“后”。“左”、“右”是依据“前”、“后”来确定的。“上”、“下”则是相对于某个参考点而定出的高低标准，高者为“上”，低者则为“下”。

（1）单纯方位词表示方向时，是以第一参考点作为依据的：

③ 请你往上走。

④ 同志们，向前冲啊！

⑤ 到复旦大学，只要沿着这条路走，然后朝左边拐就到了。

上述例句中，是以说话人说话时所处的位置来确定“上”、“前”、“左”等方向的。“请你往上走”说明说话人把自己所处的位置定为“下”；“向前冲”说明说话人把“同志们”将要占据的位置定在自己“面所对的方向”；“朝左边拐”是朝说话人说话时所处位置的延长线的“左边”拐。

（2）如果在“NP＋（的）＋F”的组合中，“上／下”、“前／后”

是以第二参考点作为依据的。如：

⑥ 请你坐到王小芳的前头。

⑦ 把书放在桌子上。

这些例句以“王小芳”、“桌子”作为确定“前”、“上”等方向的依据。要注意的是,“NP＋前”的组合中,“NP”常具有[＋有生]这种语义特点。“左”、“右”是同时依据第一参考点和第二参考点来确定方向的。例如“讲台的左边”,通常先以说话人面对讲台的这一方为“前”,然后再定出“左”这个方向。

（3）另外，“前”、“后”的方向确定有时会以第三参考点作为依据。例如：

⑧ 你到轿车的前面来。

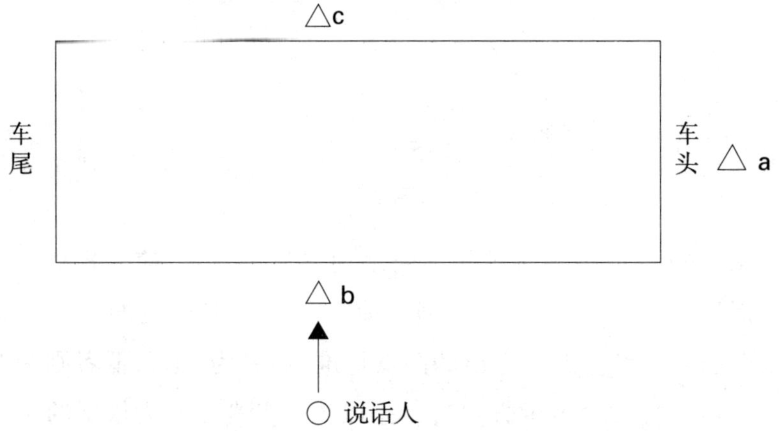

图 2–2

如果理解为 a，则以第一参考点作为依据；如果理解为 b，则以第二参考点作为依据;如果理解为 c,则以第一参考点加上第二参考点作为依据。因此,说话人指的究竟是 a、b、c 中的哪一个,则以第三参考点作为依据,即以说话人说话时的语言环境来决定。

3. 里、外、内、中、间、旁

这一组方位词还应该包括加上后缀“头”、“面”、“边”，如“里头”、“外边”；加上前缀“之”、“以”，如“之间”、“以内”；以及两个单纯方位词相加，如“中间”等方式构成的双音节方位词。严格说来，这几个方位词是不能指示方向的，因为这几个方位词不能以单用的方式表示方向，脱离了具体语境，下列说法都是难以理解的：

⑨ 往里面走！

⑩ 朝外撤！

因此，用这些方位词表示方向时，只能以第三参考点作为依据。例如“往里面走”可以依据说话时的具体语境理解为“往屋子里面走”、“往巷子里面走”等等。而在“NP＋（的）＋F”中，则必须以第二参考点作为依据，其中的 NP 常具有 [－有生]、[＋处所] 等语义特点。

（三）方位词与参考点之间的关系

上述三组不同的方位词与参考点之间的关系可以用表 2–1 表示：

表 2–1

方位词	形式
东南西北	F
	NP＋F
前　后	F
	NP＋F（N[＋有生]）
	NP＋F（N[－有生]）
上　下	F
	NP＋F
左　右	F
	NP＋F
里外内中间旁	F
	NP＋F

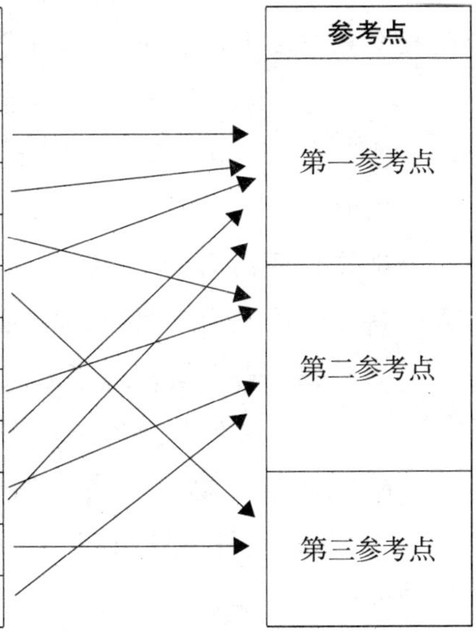

二　点、线、面、体和形状系统

（一）空间范围的形状有“点”、“线”、“面”、“体”的区分

形状系统是指句子中的某个物体所占有的空间范围的形状显示出来的空间特点。物体所占有的空间范围的形状，如同数学中的几何图形一样，也有“点”、“线”、“面”、“体”等的区分。

1. 点

把物体所占有的空间范围看成是一个“点”，即不考虑这个范围在长、宽、高三个维度上的特征。如：

① 城墙上插着一面红旗。

② 院子里有一棵大树。

2. 线

把物体所占有的空间范围看成是一条“线”，即只考虑这个范围在长度上的特征，而不考虑其在宽度和高度上的特征。如：

③ 球场的端线上竖着许多广告牌。

④ 岸边种满了杨柳。

3. 面

把物体所占有的空间范围看成是一个“表面”，即只考虑这个范围在长度和宽度上的特征，而不考虑其在高度上的特征。如：

⑤ 大厅的地面上铺着进口的地毯。

⑥ 黑板上写着一行大字。

4. 体

把物体所占有的空间范围看成是一个“体积”，即考虑这个范围在长、宽、高三个维度上的特征。如：

⑦ 箱子里装满了衣服。

⑧ 他在水里游了一个小时。

除此之外，物体所占有的空间范围还可以是四处都有边界的一种“面”形状，这种形状可以称为“面积”，以与表示“表面”的“面”形状加以区分。如：

⑨ 房间里摆满了家具。

⑩ 她在公园里打拳。

（二）空间范围形状的汉语表达特点

1. 汉语方位词语表达空间范围形状的方式

（1）一般名词＋方位词语

⑪ 羽毛球落在白线外。（“线”空间范围）

⑫ 桌子上放了两本书。（“面”空间范围）

⑬ 箱子里塞满了衣服。（“体”空间范围）

⑭ 黑板前面站着三位监考老师。（“体”空间范围）

（2）处所词＋方位词语

⑮ 她呆在家里。（“点”空间范围）

⑯ 飞机场上停着五架波音707飞机。（“面”空间范围）

⑰ 院子里盖了一幢楼。（“体”空间范围）

2. 汉语方位词语表达空间范围形状时的语义限制条件

有时，处所词不加方位词语也能表达一定的空间范围。如：

他家住在县城里——他家住在县城

山腰上有个女人正哭哭啼啼往山下走来——山腰有个女人正哭哭啼啼往山下走来

方位词语在空间范畴中，除了指称物体留存的处所外，还有两个作用：一是表示参考点，一是确认空间范围。这两种表达作用是统一在一个形式中的，无论是表示参考点，还是确认空间范围，名词或处所词后的方位词语一般都不能省略。

3. 确认空间范围不加方位词语的情况

确认空间范围不加方位词语的情况很少见，主要原因是以下两个方面：

（1）搭配关系的制约。“住在县城里”和“住在县城”都能说，是因为“住”这个动词语义上的限制。“住”表示“居住”、“住宿”，要求“居住”、“住宿”的处所是一个四周有界限的空间范围。因此“住”后面带上的处所词都隐含着指示“四周有界限”的空间范围的方位词语“里”。如：

住在空军大院＝住在空军大院里

住在学校＝住在学校里

有时，动词“住”带上宾语后不能加“里”。如：

住在徐汇区≠*住在徐汇区里

住在西郊≠*住在西郊里

在人们的理解中，“徐汇区”和“西郊”都是四周有界限的空间范围。

（2）处所词本身意义上的制约。像“山腰”一类指示处所的词语，本身就指示一种“表面”的空间范围，隐含着指示“表面”这种空间范围的方位词语“上”。因为“山”是一个实体，在一般情况下，物体只能存在于“山”的表面，所以“山顶”=“山顶上”。

（三）汉语方位词语表达空间范围形状时的其他限制条件

1. 音节搭配规律的影响

“县城”可以等于“县城里”，“山腰”可以等于“山腰上”，但是如果方位词语前面的名词或处所词是单音节词语的话，则一定要加上方位词语，尽管这个名词或处所词本身已隐含着指示空间范围的方位词语。如：

他家住在城里≠*他家住在城

山上有个女人正哭哭啼啼往山下走来≠*山有个女人正哭哭啼啼往山下走来

2. 习惯用法的影响

一些表示人体器官的名词，加上方位词语后，很难说一定是指示什么样的空间范围。如：

这句话牢牢记在心中=这句话牢牢记在心里≠*这句话牢牢记在心上

心中很不平静=心里很不平静≠*心上很不平静

心中泛起一股淡淡的忧愁≠*心里泛起一股淡淡的忧愁≠*心上泛起一股淡淡的忧愁

心中的偶像≠*心里的偶像≠*心上的偶像

*心中人≠*心里人≠心上人

腰里扎了根武装带=腰上扎了根武装带

腰里别了把刀=腰上别了把刀

这种区别很难从事理上加以说明，有些用法还会受到方言的影响。

三　汉语、英语空间范围形状表达的异同

（一）英语空间范围形状表达上的特点

1. 英语中介词的标记作用

英语中，表达空间范围形状的职责通常由介词担任。“选用什么介词，

常常取决于怎样去看待某样东西”（利奇、斯瓦特威克 1987）。常用的介词有“at”、“on”和“in”三个。例如：

I met her at Gai Lin Road. （“点”形状）

（我在盖林大街遇见她。）

The ball rolled on to the goal-line.（“线”形状）

（球滚出了终线。）

He fell on to the floor. （“表面”形状）

（他倒在地板上。）

The food is in the cupboard. （“体”形状）

（碗橱里有一些食品。）

2. 英语中空间范围形状的区分

根据英语表示空间范围形状的标志介词的不同，从英语的特点出发，利奇等在《交际英语语法》中，将空间范围分成“空间的一点”（由介词 at 表示）、“一条线”、“表面”（均由介词 on 表示）、“面积”、“体积”（均由介词 in 表示）五种。

（二）汉语空间范围形状表达上的特殊性

1. 形状概念表达的形式

汉语表达空间范围的形状必须用“NP + F”的形式，用方位词语确定名词所具有的形状特点。这是因为抽象的“点”、“线”、“面”、“体”是不存在的，形状概念要与具体的事物联系在一起。根据方位词表达上的特点，汉语中的空间范围可以分为“非三维空间范围”和“三维空间范围”两种。非三维空间范围包括“点”空间范围、“线”空间范围和“表面”空间范围，三维空间范围包括“面积”空间范围和“体”空间范围。

2. 形状概念的理解要与具体的事物联系在一起

用“NP + F”表示空间范围的形状，有时较难做到精确与客观。如：

① 城墙上插着红旗。

“城墙上”可以有两种理解：

（1）可以把“城墙上”理解为不考虑长、宽、高三个维度的一个“点”。

（2）可以把“城墙上”看成是只具有长度特征而无宽度、高度特征的一条“线”。

上述不同的理解，固然与人们对“NP + F”组合中“NP”的认识经验有关，也和句子中与这个“NP + F”有联系的表示物体的“N”的性质有关。因此，倘若是“城墙上插着一面红旗”，那么“一面红旗”所处的空间范围的形状当然只能理解为一个“点”；倘若是“城墙上插着一排红旗”，那么“一排红旗”所处的空间范围的形状当然只能理解为一条“线”。我们可以认为，“NP + F”表示形状时是不自足的，这种不自足要靠与这个组合有关的物体的性质来加以弥补。

3. 汉语中与空间范围形状表达相关的方位词语

汉语中与空间范围形状表达相关的方位词语是“上、下、里、内、中”等。这几个方位词基本上可以分成两组:“上、下”一组（可简称为“上”型方位词），“里、内、中”一组（可简称为“里”型方位词）。前者主要表示“点”、“线”、“表面”等具有非三维空间特征的形状；后者主要表示“面积”、“体积”等具有三维空间特征的形状。如上面所举各例。不过，这里有两个问题值得注意：

（1）“上”型方位词和“里”型方位词表示“点”、“线”、“面”、“体”时的分工是不明确的，有时“上”、“下”也可以表示“体”形状。如：

② 河面上弥漫着浓雾。

③ 桌子下放了张凳子。

“里”可以表达“点”形状。如：

④ 她留在家里。

（2）“上”型方位词和“里”型方位词都可以加上“边、面、头、方”等组成双音节方位词。双音节方位词与单音节方位词在表达形状时是有所差别的，例如“上方”一般只表示“体”形状，不能表示“点”形状：

⑤ 飞机从大桥的上方通过。

⑥ 大草坪的上方悬挂着气球。

（三）英语和汉语在表达空间范围形状上的对立关系

1. 对“面积”空间范围形状的不同理解

英语里所说的“面积”，是指“四周有边界围住的一块土地或疆土”，如以下例句：

We went for a walk in the park.

（我们出去在公园散步。）

I have a house in the city.（利奇、斯瓦特维克 1987）

（在城里我有一所房子。）

这种“面积”空间范围，在英语中与“体”空间范围一样，都是用“in”型介词表达的。在汉语中，“面积”与“体”两种空间范围似乎更无原则上的区别。因此汉语中将这两种空间范围归在一起，作为同样的“体”范围看待，应该是可行的。

2. 对立关系的归纳

英语和汉语在表达空间范围形状上的对立关系可以用表 2-2 表示：

表 2-2

	英　语	汉　语
词类	前置词（prepositions）	后置词（postpositions）
形式	P + NP	NP + F
形状	点（at）…………………………	非三维形状（上）：点
	线（on）…………………………	非三维形状（上）：线
	表面（on）…………………………	非三维形状（上）：表面
	面积（in）…………………………	三维形状（里）：面积
	体（in）…………………………	三维形状（里）：体

（四）汉语空间范围形状的其他分类方法

1. 汉语形状系统的三分

汉语与英语相比，在空间范围形状的表达上，还有一个明显的特点，就是说汉语的人经常从另一个角度观察这个问题。说汉语的人不太关心空间范围到底是不是“点”、“线”、“面”、“体”这些形状，而更多地把注意力放在物体在不在空间范围这个问题上。如果从这个角度出发的话，汉语的形状系统应该分成下面三个部分：

（1）物体在这个空间范围内（简称“内”形状），可以用“内、里、中”等方位词表示。

（2）物体在这个空间范围的表面（简称“上”形状），可以用“上、下”等方位词表示。

（3）物体在这个空间范围的外面（简称“外”形状），可以用“外、间、旁、前、后、左、右、东、南、西、北”等方位词表示。

2. 形状系统三分的依据

汉语的形状系统的表达之所以有这样“三分”的特点，显然与上述所说的情况有关。因为汉语表达“点”、“线”、“面”、“体”概念，只是集中在少数几个方位词上，又不像英语介词那样有严格的分工，因此常带来表义上的不明确。同时，这种形状概念的表达又常要依靠占据空间范围中的物体的性质来加以补充说明，方位词表义上的不明确性和用词汇手段表达的不自足性，是形成“三分”这种结果的原因之一。将空间范围的性质分成“内”形状、“上”形状和“外”形状，要比“点”、“线”、“面”、“体”更加精确，更加直观。另外，汉族人的思维习惯也可能造成“三分”这样的结果。“古代中国人不善于抽象的理论思维，而善于凭经验直觉行事”，这种文化传统“在汉语的表达上和词法上都有所反映”①。而“点”、“线”、“面”、“体”恰恰是抽象的几何图形的概括。说汉语的人选择“三分”的形状系统是一个复杂的问题，但这不能说明说汉语的人没有“点”、“线”、“面”、“体”的概念，也不能说明汉语无法表示“点”、“线”、“面”、“体”的概念。

四　汉语空间范围的两种类型

（一）“上”型空间和“里”型空间

1. “上”型方位词和“里”型方位词

汉语中表达空间范围的职务主要由方位词担任，我们把“上”型

---

① 游汝杰（1993:177）认为“在口语中一些较抽象的概念常常用具体的词来表达，例如‘面积—大小’、‘长度—长短’……等等”。

方位词表示的“点”、“线”、“表面”等非三维空间范围称为“上”型空间。如：

① 城墙上插着一面红旗。

② 海岸线上有一支远近闻名的缉私队。

③ 墙上挂着一幅画。

可以把“里”型方位词表示的“体”空间范围称为“里”型空间，因为表示“体”空间范围的，包括“四周有边界围住的一块土地或疆土”的面积范围，大多数情况下，要加上方位词“里”，如：

④ 柜子里乱七八糟地塞着衣服。

⑤ 教室里挂着充满节日气氛的彩灯。

⑥ 院子里堆着木材。

⑦ 花园里有许多游客。

2. 其他方位词表示的空间范围形状

“上”和“里”是单音节方位词中结合能力最强的两个，但并不是说除了“上”和“里”之外的方位词都不能表示空间范围，这里有几种情况：

（1）落实到事物上的方位词，本身都能直接表示一种空间范围，除“上”、“里”外，还有：

⑧ 办公楼内有一间可供五十人开会的会议室。（“体”空间范围）

⑨ 广场中间矗立着一座纪念碑。（“体”空间范围，表示四周有边界围住的一块地方）

（2）落实到事物外的方位词，表示的空间范围要根据方位词前面的名词所指的事物的性质来定，如：

⑩ 亚洲的东部是太平洋。（“体”空间范围，四周有边界的疆土）

⑪ 教室前站了三位监考老师。（“体”空间范围）

⑫ 羽毛球正好落在白线外。（“线”空间范围）

（二）两种空间范围的对立

1. 对称用法

（1）“上”型空间范围和“里”型空间范围有较明显的对立，首先表现在对称用法上。方位词大都以成对或成组的方式出现，如："上、下"，"前、后"，"左、右"，"东、南、西、北"等，这是由方位词这个词类本身的特点所决定的。不过，在空间范围的表达上，"上"型空间和"里"型空间在有无对称用法上呈对立状态："上"型空间常无对称用法，"里"型空间常有对称用法。如：

我巡逻在边境线上→＊我巡逻在边境线下

火车从大桥上通过→＊轮船从大桥下通过

桌子上放了只台灯→＊桌子下放了张凳子

"上"型空间无论是"线"空间范围，或者是"面"空间范围，用了"上"之后，都有一种"表面"的意思："边境线上"是"边境线的表面"，"大桥上"是"大桥的表面"。而与"上"相对应的"下"，"表面"意思的用法比较少见。因此，"轮船从大桥下通过"中的"下"，是表示"体"空间范围的，这里的"下"，不是紧贴于大桥的"下表面"，而是指"大桥下方"至"水位实际高度"间的空间范围。同样，"桌子下放了张凳子"中的"下"也是表示"体"空间范围的，是指"桌子下方"至"地平面"的空间范围。

不过，倘若表示"线"、"面"范围时不用方位词"上"，而用其他不落实到事物上的方位词，则"上"型空间范围也能有对称用法。如：

羽毛球正好落在白线外→羽毛球正好落在白线内（"线"空间范围）

阅报栏前有一排白杨树→阅报栏后有一排白杨树（"面"空间范围）

（2）"里"型空间范围有对称用法，如：

屋里烤着火→屋外下着雪

有很多教师住在学校里→有很多教师住在学校外

"上"表示"上方"时，也表示"体"空间范围，同样，表示"体"空间范围的"上"也可以有对称用法，如：

飞机从桥上通过→轮船从桥下通过

2. 组合式和黏合式

"上"可以用"上面"代替，"里"可以用"里面"代替，这样，方位词“上面”、“里面”在指示空间范围时便有两种组合方式：一种是黏合式，例如“桌子上面、大桥上面、屋子里面、学校里面”等；一种是组合式，例如“桌子的上面、大桥的上面、屋子的里面、学校的里面”等。通过观察，我们可以发现，“上”型空间范围一般不能有组合式的用法，如果用了组合式的方式，就有可能由表示“线”、“面”等非三维空间范围转而成为表示“体”空间范围了。如：

桌子上面放了盏台灯→桌子的上面放了盏台灯（？）

火车从大桥上面通过→火车从大桥的上面通过（？）

“里”型空间用黏合式还是组合式，是比较自由的：

屋子外面下着雪→屋子的外面下着雪

飞机从大桥上面通过→飞机从大桥的上面通过

一般认为，黏合式词组内部结构比较紧密，“上”型空间范围只能有黏合式的组合方式，说明“上”型空间范围中名词与方位词的结合要比“里”型空间范围紧密一些。

（三）“上”型空间范围的语义类别

1.“上”型空间范围的多义性

方位词“上”或“下”所表示的空间范围，主要由它们依附的名词所指称的物体的物理形状和几何形状来决定。物体的使用面和使用部位的不同，造成方位词所表示的空间范围的意义的不同。由方位词“上”构成的方位短语一般都具有多元性，可以表示“上面、上方、下面、里面、表层、深层、部位”等空间位置和词汇意义。方位词“下”相对比较简单，可以表示“下方、下部、下面”等意义（杨云 2001）。作为单纯方位词的“上”和“下”，它们的空间定位是明确的。当它们被单独使用在句子中的时候，所表示的空间位置和词汇意义由语言环境决定。方位词“上”和“下”与其他词语组合构成的方位短语所表示的空间范围往往是多元的，在使用中常常呈现多义性。

（1）装载类方位短语所表示的空间范围

装载类方位短语由表示具有装载特性物体的词语与方位词“上”组

合而成。装载类物体一般具有外表面、外表层、内表层、内表面、内部空间等结构，所以，由表示此类物体的词语与“上”构成的短语在表示方位时具有多义性。如：

⑬ 火车上有很多乘客。（火车内部空间）

⑭ 火车上很干净。（火车内表面、地面）

⑮ 火车上挂着锦旗。（火车的内壁）

⑯ 火车上印着“北京——南京”的字样。（火车的外表面）

⑰ 火车上积了厚厚的一层雪。（火车的上表面）

（2）显示类方位短语所表示的空间范围

显示类方位短语由表示具有显示功能的物体的词语同方位词“上”组成。如：

⑱ 电脑上的全部资料都保存完好。（电脑硬盘里面）

⑲ 笔记本上有详细的记录。（媒介物）

⑳ 光有书本上的知识是不够的。（媒介物）

（3）表面类方位短语所表示的空间范围

表面类方位短语由表示使用面为平面的物体的词语与方位词“上”组成，物体使用面有的为垂直面，有的为水平面，所构成的方位短语的特性也有所不同。如：

㉑ 把小狗拴在桌子上。（桌脚，桌子整体的一部分）

㉒ 墙上打通了一个洞。（墙身）

㉓ 这座山上埋藏着丰富的矿藏。（山的内部，表层或深层）

㉔ 产品的包装上没有生产日期。（外表面）

㉕ 天花板上吊着一盏日光灯。（天花板的下表面）

（4）部位类方位短语所表示的空间范围

部位类方位短语由表示人体或其他物体的某一部位的词语同方位词“上”组成。如：

㉖ 身上带有好几种病。（全身，身体内部）

㉗ 脸上全是烟灰。（脸上面，外表面）

㉘ 手上扎进了一根刺。（手内，由表及里）

㉙ 肺上没有什么问题。(整个肺的范围内)

2. 由“下”构成的方位短语所表示的空间范围

由“下”构成的方位短语相对比较简单,可以表示“下方、下部、下面”等意义。如:

㉚ 天下没有不散的宴席。(普天之下,地面之上)

㉛ 树下站着一个人。(树冠之下,地面之上)

㉜ 山下旌旗在望,山头鼓角相闻。(山脚,山下地面)

㉝ 水下是一个五彩缤纷的世界。(海水的下部)

(四)“里”所表示的空间范围①

1.“里”单独使用时常与“外”并举

(1)作为单纯方位词使用时,在熟语中必须与“外”对举。如:

吃里扒外　　里应外合　　里三层,外三层

里外不是人　里里外外一把手

(2)用在单音节名词或语素前面,在意思上与“外”相对,但“外”不必出现,如:

里圈　　里屋　　里院

2.“里”型空间所表示的意义

由方位词“里”构成的方位短语,从空间范围来说,大多与三维“体”形状、四周有边界的“面积”形状相关,只是有的比较实在,有的比较虚。

(1)用在指物体或处所的名词或语素后面,表示在一定的界限内。如:

㉞ 他从口袋里掏出一把硬币。

㉟ 锅里正熬着小米粥。

㊱ 树林里突然钻出两只兔子来。

(2)用在指称机构的名词后面,表示机构所在的处所,或表示机构本身。如:

㊲ 这几天他都在所里上班。

---

① 参看张斌主编(2001)。

㊳ 学校里给了他好几个科研项目。

（3）用在可计数的指人或事物的名词后面，表示“当中”。如：

㊴ 在我的同学里数他最用功。

㊵ 他写的文章里这篇最精彩。

（4）用在行政或军事单位后面来标志单位，表示在一定范围之内，但其本身的意思较虚。如：

㊶ 他的同学现在省里工作。

㊷ 昨天上午从县里来了不少人。

㊸ 团里有命令，晚上一律不准外出。

（5）用在某些名词后面，表示在一定的范围内，有时意思比较抽象。如：

㊹ 他的文章里有许多佳句。

㊺ 他脑海里闪出了一件留下深刻记忆的往事。

（6）用在指称人体部位的名词后面，意思有时实，有时虚。如：

㊻ 人人手里还摇着纸扇，但仍都汗流浃背，满面赤红。

㊼ 心里有事，晚上睡不实。

五　方向系统、形状系统和位置系统之间的关系

（一）方位词在方向系统、形状系统中的不同表现

1. 汉语中方向系统和形状系统都可以用方位词表达

上述方向系统和形状系统，现代汉语中都是通过方位词来表达的，但方位词在两个系统中的表现是不一致的。在方向系统中，方位词可以单独使用，用词或者短语就可以表达一个“方向”，所以方向系统可以认为是一种静态的语言表达。在形状系统中，单个方位词不能表示一个形状，必须以短语的形式来表示；而且，有时这个短语表示形状还是不充足的，要用其他词语加以补充。也就是说，有时要在一个完整的句子中，才能正确地表示出一个空间范围的形状。这说明形状系统并非是一种静态的语言表达，而是一种“准动态”的语言表达。

2. 汉语和英语的方向系统、形状系统以及位置系统在表达上的差异

在英语中，方向系统和形状系统的表达是有分工的。介词“at”、“on”、“in”只表示形状，表示方向则用属于其他词类的词。如表示“上”，可以用副词“up”，如“look up”（往上看）；表示“前”，可以用副词“forward”，如“going forward”（向前走），也可以用名词“front”，如“the front of a building”（大楼前面）等。可见在英语中无论是方向系统还是形状系统，都只是用词或短语来表示，在静态的语言表达中，方向的概念和形状的概念就可以揭示出来。

汉语和英语的方向系统、形状系统以及位置系统在表达上的差异，大致可以用图 2-3 表示：

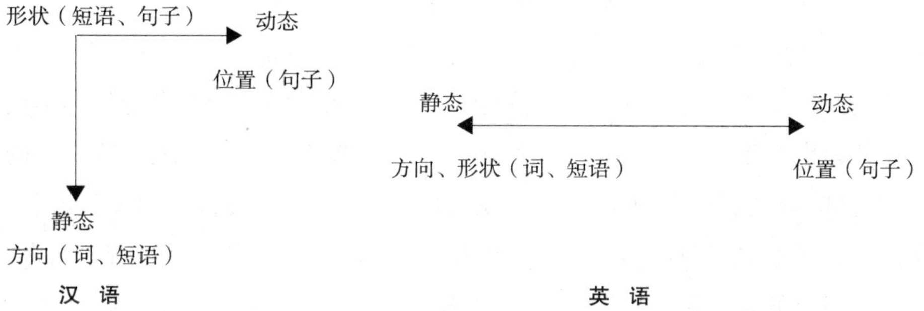

图 2-3

（二）三个系统之间的联系

空间系统的三个子系统之间既是互相独立的，又是互有联系的，这种联系表现在以下几个方面。

1. 方向系统和句式的联系

方向系统主要和表示绝对静止的空间位置的一些句式有一定的联系。例如，当动词是关系动词，动词前后的名词都是处所词时，方向就变成一个十分重要的概念了。下面例句中如果要变换动词前后的处所词的位置，就要相应地更换表示方向的方位词。如：

亚洲的东边是太平洋→太平洋的西边是亚洲

电影院的前边有邮局→邮局的后边有电影院

大院的里面是屋子→屋子的外面是大院

但是，如果是互为关系的方位词，如“旁边”等，则变换后不需更换方位词。如：

柴达木盆地的边缘是中国的核试验场→中国的核试验场的边缘是柴达木盆地

方向系统中的方向与动态位置中物体位移的方向并不相同，决定位移方向的是动词或趋向动词，而非方位词。

2. 形状系统对表达的影响

形状系统对位置系统中静态位置的表达具有一定的影响。如下面例句：

马路上走着一群人→＊马路上走了一群人

学校里走了一群人→＊学校里走着一群人

天空中飞着一只鸟→＊天空中飞了一只鸟

树枝上飞了一只鸟→＊树枝上飞着一只鸟

上述变换之所以不能成立，除了在于“走”、“飞”两个动词本身具有不同意义外，也在于“马路上”、“天空中”和“学校里”、“树枝上”所表示的空间范围的形状是不同的。前者表示的是一种“线”形状和“体”形状，在这个形状的空间范围内，可以允许出现表示动作持续的“V＋着”组合；而后者表示的是一种“点”形状，只能与一些表示“离开”义的瞬间动词搭配。

形状系统与动态位置的表达缺乏一种直接的联系，这是因为讨论物体的位移时，要引出源点和终点的概念。这样，任何一种形状的空间范围在广义上都被看成是一个“点”了。“桌子上掉下一只茶杯”中的“桌子上”是“面”形状，但从物体“茶杯”的移动来看，“桌子上”又可被看作是移动的源点，“茶杯”是从“桌子上”这一“点”往下掉的。

3. 方位词承担着既表示方向又表示形状的职能

方向系统与形状系统之间没有必然的联系。但是，现代汉语中对方向的表示和对形状的表示都由方位词担任，因此，在一个句子中，“NP＋F”常常担负着双重的指示功能，既指示方向，又指示形状。例如“桌子上方吊着一盏电灯”中的“桌子上方”，既表示方向，即以“桌子”为参考点，高于桌子的那个部位；同时又指示形状，“桌子上方”表示一种“体”形状。

4. 空间系统的三个子系统之间的关系

方向系统和形状系统主要同位置系统中的静态位置发生关系，但并不是说在表示动态位置的句子中，就不存在方向概念和形状概念了。我们认为，人类对物体的空间认识先从方向和形状开始，这是初级的认识。有了初级的认识以后，才有可能对位置有所认识，这也许可以从语言的表达方式的不同上得到反证。而在空间位置中，静态位置则是一种基本的空间位置，随着物体、物体运动的方式、物体运动的处所三种参入因素的不断增加，静态位置可以发展为动态位置。

空间系统的三个子系统之间的关系如图 2-4：

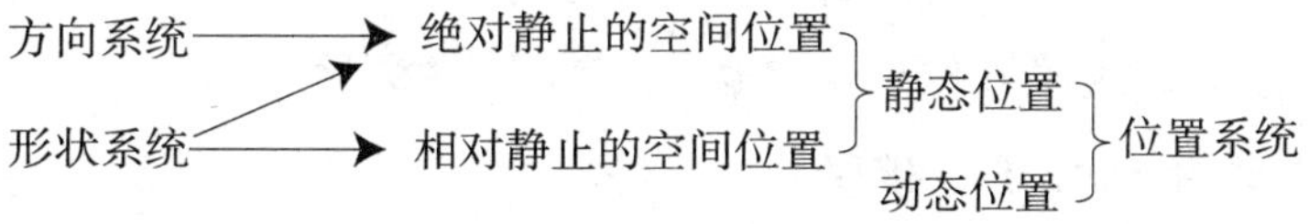

图 2-4

第二节　指示参考点的方位短语的认知规则

一　方位短语是绝对参考位置的一种形式标志

（一）绝对参考位置和相对参考位置

参考位置的存在是客观的，但人们对参考位置的认识却可以是客观的，也可以是主观的。客观的一种认识，可以称为绝对参考位置；主观的一种认识，则可以称为相对参考位置。绝对参考位置可以出现在静态位置中，也可以出现在动态位置中（如“他走出教室”、“他回到学校”中的参考位置是以事物处所为依据的“教室”、“学校”）。反映静态位置的句子中出现的,都是绝对参考位置。绝对参考位置在语言表达中是必须出现的。

位置句中指示参考位置的职务是由方位短语担任的，这里所说的方位短语,乃是一种广义上的“名词＋方位词”和“方位词＋‘边’、‘面’、‘头’”。如：

① 长江上一排雪白的船帆。

② 上海的西南角是上海师范大学。

③ 墙上挂着一幅画。

④ 村子里头死了一个人。

⑤ 胸中卷起一阵风暴。

句首的方位短语都表示一种参考位置。

（二）参考位置中的参考点

位置句中的方位短语大多由“名词＋方位词”组成，前面的名词我们称之为参考位置中的参考点，后面的方位词具有指示参考点的作用。方位短语表示参考位置时，必须要有参考点，这里有两种情况：一种参考点是显性的，如上面所举各例；一种参考点是隐性的，即不出现名词，直接出现方位词或“方位词＋‘边’、‘面’、‘头’”。如：

⑥ 上面挂了一排照片。

⑦ 前头围着好多人。

⑧ 东边是学校新开设的学生餐厅。

上面几例中的参考点在篇章表达中省略了，但说话人和听话人都不会发生误解。下面几例：

⑨ 上有父母，下有子女。

⑩ 前怕狼，后怕虎。

⑪ 东一榔头，西一棒子。

这些例子中的方位词不是指称空间位置的，也就无须有参考点，自然，这些用法也不在本节的讨论范围之内了。

（三）指示参考点的方位词的内部分类

传统的对方位词的分类，可以从音节多寡的角度，也可以从内部结构的角度，一般把方位词分为单纯的和合成的两种。如“上、下、前、后、左、右、东、西……”是单纯的；通过“前加”、“对举”等方式构成的，如“以上、以下、之前、之后、左右、内外”等是合成的。我们对方位词的内部分类方法，是从方位词在表示参考位置时具有指示参考点的作用这一点出发的。同时，为论述方便，我们将“方位词＋‘边’、‘面’、‘头’”和一些与方位词同样性质的习惯用法，如“跟前、背后”等，也作为一般的方位词看待，分出来的类别如下：

1. 表示落实到参考点上，即落实到事物上的

$上_1$；$下_1$；$上_1$（$下_1$）＋边（面、头）；里；里＋边（面、头）；内；中；中间；当中。如：

⑫ 桌子上有一本书。

⑬ 院子里种了不少树。

⑭ 大海下面有许多水生植物。

⑮ 办公室内摆了许多柜子。

2. 表示落实到参考点外，即落实到事物外的

前；后；外；旁；左；右；东；南；西；北；$上_2$；$下_2$；前（后、外、旁、左、右、东、南、西、北、$上_2$、$下_2$）＋边（面、头）（除“左头、右头”外）；面前；跟前；背后；两侧。如：

⑯ 黑板前放了一个讲台。

⑰ 小张的面前挤了很多人。

⑱ 窗子上面可以安一个窗帘盒。

⑲ 乌鲁木齐的南部是塔里木盆地。

3. 其他情况

除了上述两类外，“之（以）＋上（下、前、后、内、中、外、东、南、西、北）”（除“以中”外）是有歧义的，因为既可以理解为落实到参考点上的，也可以理解为落实到参考点外的。如：

⑳ 三十层楼以上是工作人员居住的地方。

“三十层楼以上”既可以指包括三十层楼在内的（即落实到参考点上的），也可以从三十一层楼算起，而不包括三十层楼的（即落实到参考点外的）。

二　影响参考位置理解和使用的各种因素

方位词虽然具有指示参考点的作用，但是由于方位词本身的复杂，会影响到参考位置的理解，我们分别从语义、句法、语用三个方面进行考察。

（一）语义上的因素

从方位词的语义上加以考察，影响参考位置理解的因素有下面两个：

1. 单义和多义

单义的方位词，在指示参考点上是不会产生歧义的，下面这些方位词都是单义方位词：

（1）东、南、西、北；东（南、西、北）＋边（面、头）；之（以）＋东（南、西、北）。

（2）里、外、中、内、旁；里面、中间、旁边；之（以）＋内（外）；之＋中。

（3）左、右。

多义方位词主要有下面几组：

（1）前/后。以“前”为例，“前”指示参考点时，起码有三种解释：

A. 参考点本身头部或面部所对的方向；

B. 说话人面对着参考点的方向；

C. 越过参考点的方向。

廖秋忠（1989）把“前”的语义归纳为下面三点：（1）参考点面对的方位；（2）参考点头对着的方位；（3）参考点运动时对着的方位。我们以“车子前有一个凳子”为例，“凳子”所处的位置就可以有下面三种解释：

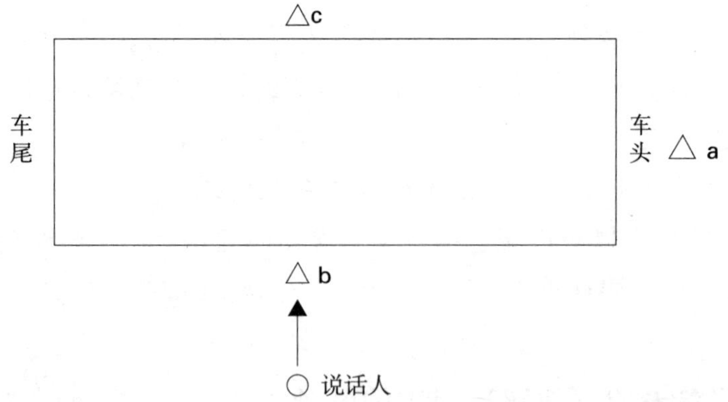

（a. 车子本身的前部；b. 说话人面对的方向；c. 越过车子的那一边。）

图 2-5

所以，图 2–5 中带“△”处都可以称为“前”。

（2）左 / 右。“左 / 右”本身是单义的，取决于说话人对“前”的解释。说话人认准了参考点的“前”之后，“左”和“右”也就表示出来了。有学者认为“左 / 右”是多义的（方经民 1987a），其实这种多义是由“前”的多义带来的，与“左 / 右”本身的意义并无关系。例如我们看一张风景画：

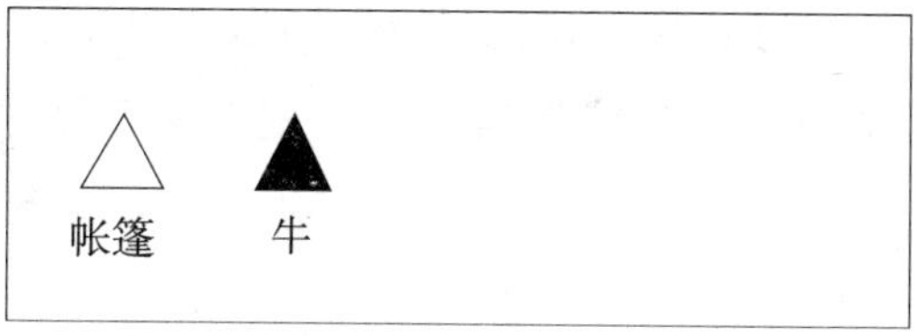

图 2–6

我们说“画的左边是一头牛”、“牛的右边有一顶帐篷”。“画的左边”是以说话人面对照片的方向作为“前”，然后决定“牛”的位置在画的左边的。“牛的右边”则是以参考点即照片面部所对的方向为“前”，然后定下“帐篷”的位置在牛的右边。事实上，“牛”和“帐篷”都在一个方向。

（3）上 / 下。以“上”为例，“上”指称参考点时，也可以有三种解释：

A. 参考点的水平表面，是参考点的一部分。如：“桌子上有一本书”，这里的“上”是指桌子的表面，指水平表面上的某一位置。

B. 参考点的垂直表面，也是参考点的一部分。如：“墙上挂着一幅画”，这里的“上”是指墙的表面，因为“墙”是垂直于水平面——地面的，所以这里的“上”是指垂直表面上的某一位置。

C. 参考点的上方，不是参考点上的一部分。如“窗子上可以安一个窗帘盒”，这里的“上”是指“窗子”的上方，这个“上方”不是窗子的某一部位。

（4）中。“中”指示参考点时，有两种解释：

A. 与“外”相对，相当于“里”。如“笼子中关了一只小鸟”，等于“笼子里关了一只小鸟”。

B. 指一参考点的中心位置，相当于“中间”。如：“马路中站着一位民警”。

2. 不对称现象

方位词通常以成组或成对的形式出现，理解参考位置时，就会产生由此推彼的情况。由于有些成组或成对的方位词在语义上有不对称的现象，很可能在由此推彼的过程中发生误解。不对称现象主要表现在下列方位词中：

（1）上 / 下。“下”只有“上”的 A、C 两种相反的意义，即：参考点水平表面之下，如“张开的翅膀下长满了黄黄的绒毛”；参考点的下方，如“窗子下可以放张书桌”，“上”有表示垂直表面的意思，“下”是不具备的。

（2）前 / 后。“后”与“前”相比，只有 A、C 两种意思，即：参考点本身尾部所对的方向和越过参考点的方向。如图 2-5 中带“□”的两处都可以称为“后”。但与“前”B 种意思相反的用法，“后”却不具备。“说话人背对的方向”，这时的参考点变成“说话人”了。

（3）里。“里”一般与“外”相对。但在一些由表示人身上器官的“名词＋方位词‘里’”中，就没有相对的“外”的用法。如：“嘴里、耳里、手里、心里、眼睛里”，就不能说成“嘴外、耳外、手外、心外、眼睛外”。这种不对称有时还能扩展到一些处所名词加“里”的组合里，如：家里——* 家外、小河里——* 小河外、地里——* 地外。

（二）句法上的因素

从方位词的句法功能的角度加以考察，影响参考位置理解的因素有下面两个。

1. 有关方位词单用的问题

方位词是后缀词，在参考位置中具有指示参考点的作用，这种作用通常用“参考点＋方位词”的形式表示。参考点一般由普通名词或处所名词担任。但有时在篇章表达中，由于在句外有照应，这时的参考点就能省略，直接用方位词表示整个参考位置。如：

① 上面挂了一排照片。（床的上面）

② 东边是学校新开设的学生餐厅。（学校大门的东边）

我们将这种省略了参考点的情况称为方位词的单用。下列方位词就不能单用。

（1）单音节方位词。单音节方位词都要后附在名词之后，表示参考位置。如：

③ 桥东有一家小吃店。

④ 村前新开了三亩荒地。

⑤ 店外挂着一块招牌。

⑥ 台左放着道具沙发。

单用的例子都不能成立，单音节方位词的单用，只有在特殊的情况下，在对举的句式中出现。如：

⑦ 小桥的两头，东有一家小吃店，西有一家杂货店，他们隔桥相望，天天在招徕顾客的竞争中“和平共处”。

⑧ 五里屯是滨州线上的一个三等车站，前不连村，后不挨店，孤零零的三间平房，立在白皑皑的雪中，特别显眼。

（2）之＋上（下、前、后、内、外、中、东、南、西、北）。“之”是文言文“的”的意思，表示空间方位时，一般都不单用，只有少数的如“之前”、“之后”在表时间方位时，可以单用，“之外”在表示除空间范围之外的范围时可以单用。

能够单用的最多的是“单音节方位词＋边（面、头）”以及“面前、跟前、头里、背后、底下、中间、当中、旁边”等。“以＋上（下、前、后、内、外、东、南、西、北）”中，能够单用的是“以＋东（南、西、北）”。如：

⑨ 杨高路是浦东的外环线，以西是陆家嘴金融区，以东是外高桥保税区。

而“以＋上（下、前、后、内、外）”很少单用。

2. 有关名词和方位词的组合问题

名词和方位词的组合，要受到两个因素的限制，即音节上的限制和意义上的限制。

（1）有关音节上限制的问题，吕叔湘（1965）、邹韶华（1984）等人的文章中有所揭示，认为名词与方位词搭配上的不自由主要是指单音节名词加双音节方位词的组合，如：

*河以南——小河以南

*村前边——村前 村子前

*楼旁边——楼旁 楼的旁边 大楼旁

（2）意义上的限制主要是针对一些多义方位词来说的，在理解使用时要注意如下现象：

“上/上边”、“上面”、“上头”都可以表示：（1）事物的表面；（2）事物的上方。如果是“名词＋单音节‘上’”结构，无法在形式上加以判断，但如果是“名词＋双音节‘上边’、‘上面’、‘上头’”结构，一般用加助词“的”的方式，来区别这几个方位词的不同意义。如：

桌子上面（桌子的表面） 桌子的上面（桌子的上方）

城墙上面（城墙的表面） 城墙的上面（城墙的上方）

带“的”与不带“的”有区别意义的作用。这种情况在“名词＋前边（前面/前头）”的组合中也有所表现：

A. 事物本身头部或面部所对的方向，以及说话人面对的方向，一般不加“的”。如：

车子前头、车子前面（指车子的前部，即车头，是事物本身头部所对的方向）

舞台前头、舞台前面（说话人面对的方向）

B. 越过参考物的方向，一般加“的”。如：

树林的前边、学校的前头（指越过树林、越过学校的方向）

可以这么认为，不带“的”的，参考点与方位词联系较紧，这包括两层意思：（1）是参考点上的一部分；（2）离说话人较近。而带上“的”的，参考点与方位词联系松散，大多指远离说话人的方向，不是参考点上的一部分。这种由于带“的”引起的意义上的差别，过去较少为人注意。

（三）语用上的因素

从语用的角度考虑，方位词在影响参考位置的理解时，有两个问题值得重视。

1. 省略参考点的问题

方位词前面的名词有时可以省略，在前面我们已经涉及这个问题。

表示参考位置时参考点的省略有下面两种情况：

（1）结构省略。也叫句法省略。这里的参考点都在上下文里出现过，当方位词单独表示参考位置时，是一种承上省或者蒙下省。如：

⑩ 舞台上农家田园的气氛。左边是新盖的江南农村常见的二层楼房，右边是一条通往其他农家的石板路。

⑪ 北京在亚洲的东部，西部的安卡拉，虽然处在同一大陆，又是同一纬度，时差却要差六个小时。

⑫ 北边还在瑞雪纷飞，南边已是春芽初发了。我这才真正了解到为什么要把秦岭作为我国气候的分界线。

第⑩、⑪例都是承上省。第⑩例承上主语“舞台上”省略，第⑪例承上定语“亚洲”省略。第⑫例是蒙后省，蒙后面的“秦岭”省略。

（2）语境省略。廖秋忠（1983）和方经民（1987a）都提到过语境省略的问题，认为“在说话的语境里是明确的，而这个语境又是交谈双方共有的背景信息和交谈环境，这种时候，说话的人参考点是可以不用提的”。并认为：

⑬ 开慢一点，前面有人。

⑭ 吃饭时不要把饭掉在外面。

例子中参考点的省略，是因为交际双方处在同一语境条件下，交谈时是不会因为有了省略而产生歧义的。

廖文、方文中未提及的是一种习惯用法，在这种习惯用法中，方位词前省略掉的名词参考点，有时很难合适地补上。这种省略也可看作是语境省略。如：

⑮ 坐上这个位置，就不得不天天周旋于上下左右之间。

“上下左右”前的名词一般难以补上，一些成语中方位词的用法也是一种习惯上的省略。如“内外有别”、“东食西宿”等。

2. 已知信息和未知信息

静态位置中的参考位置，在句子中出现时，常常作为已知信息，出现在句子的前面，这就是我们前面讨论过的许多句式。如：

⑯ 桌子上有一本书。

⑰ 床上躺着一个人。

⑱ 窗子上碎了一块玻璃。

⑲ 胸中卷起一阵风暴。

作为未知信息出现在宾语位置上的，是静态句中的一些变式句。如：

⑳ 北京在亚洲的东部。

㉑ 一个人躺在床上。

已知信息与未知信息的区别，对表达中的重点突出是有帮助的。

上述影响参考位置理解和使用的三个因素，有时还会交叉在一起，这是我们在表达和理解时需要加以重视的。

三 有关指示词“这儿”、“那儿”的问题

语法学界通常把“这儿”、“那儿”看作是指示代词。赵元任却把这两个词归入到方位词中加以讨论，这是因为这两个词在句子中也经常起到表示空间位置的作用。

七十年代起，话语语言学逐渐成为一门独立的语言学分支学科，七十年代传入我国并引起广大语言工作者的重视，在介绍和引用的过程中，不少专家都提到了“这儿”、“那儿”在话语结构中具有指示空间位置的作用，例如何自然（1988）、黄国文（1989）、汤廷池（1988）等。这些著作的分析对象虽然是英语，但对汉语的研究却不乏启迪作用。从汉语的实际运用出发，我们认为，讨论静态位置中的参考位置，指示词“这儿”、“那儿”在这个位置中所起的作用是不容忽视的。汉语普通话中与“这儿”、“那儿”相同意思的还有“这里”、“那里”、“这地方”、“那地方”等，我们一般不做区别，放在一起讨论。

（一）“这儿”、“那儿”表示参考位置时的作用

1.“这儿”、“那儿”的替代作用

“这儿”、“那儿”在表示参考位置时，能替代“名词＋方位词”，例如：

① 我的书就堆在这儿。

② 那里挂着一幅郑板桥的画,是我五十年前从琉璃厂觅来的。

“我的书”所占据的空间位置,是相对于参考位置“这儿”而言的。“这儿”可以是说话人和听话人都知道的一个特指的“名词+方位词”组合,如“书架上、床上、床下”等。同样,“一幅郑板桥的画”所占据的空间位置,也是相对于参考位置“那里”而言,“那里”也可以是说话人和听话人双方都知道的一个特指的“名词+方位词”组合,如“我住的房间里”、“卧室的墙上”等等。

2.“这”、“那”的替代作用

有时似乎能用“这/那+名词”来代替“名词+方位词”的用法。如:

箱子里放着冬天穿的衣服→这箱子放着冬天穿的衣服

院子里种了不少花→那院子种了不少花

屋子中间放了一张桌子→那屋子放了一张桌子

其实,“箱子里”、“院子里”等和“这箱子”、“那院子”等是有区别的,后者更多地表现出一种“事物”的特征,而非“位置”的特征:

这箱子要卖五十元→箱子里(?)

那院子圈了好多年了→院子里(?)

同时,要指出的是,能代替“名词+方位词”的方位词必须要落实到参考点上,即事物上的那一类,也就是我们在前文所说的第一类方位词[①]。如果落实到参考点之外的,就根本不能代替。

(二)“这儿”、“那儿”的“境外照应”用法

“这儿”、“那儿”指示空间中参考位置的用法有两种,一种是“境外照应”用法,一种是“境内照应”用法。这两种不同的用法反映了“这儿”、“那儿”在语体上的差别。

“境外照应”是指“这儿”、“那儿”所指示的对象在上下文里是找不到的,必须到语言之外的情景里去找。这种用法往往在口语语体里使用。在口语中运用“这儿”、“那儿”来表示参考位置时,必须满足下面

---

① 见第105页。

两个条件中的一个。

1. 所指示的对象在交际场合中出现

所指示的对象在交际场合中出现，即出现在说话人和听话人目光所及的地方。如：

> ③“呵，多好的住房啊！”秀芳喃喃低语，脸上泛出兴奋的红光，脚下踩着的新工房惯常见到的那种粗糙的水泥地似乎也飘腾起来。好长时间，才听到亚坤在她旁边已经说了好长一会儿了。
>
> “你看，这里放上一张床，那边呢，正好放得下咱们新做的两个书架，我已经算过的。那边最好是一对沙发，写累了，可以在上面坐坐，歇歇。”亚坤比秀芳更快地回到现实中来。显然，下午在学校时他已经把房间的平面图研究过了。
>
> ④“来来来，王玲坐这儿，小李坐张永华旁边，你呢，坐那儿，对对对，那儿早给你留下一个空位啦！”才早到一步的祝红心，俨然又进入七五年咱们上大学他当班长的角色中去了，给大伙儿安排起座次来。

上面两例中的“这儿”、“那儿”是说话人或用手势、或用目光向听话人指示的空间位置，这个位置是以说话人说话时所处的位置为基准的：离说话人近的，用“这儿”；离说话人远的，用“那儿”。

2. 所指示的对象在交际场合中未出现

所指示的对象在交际场合中未出现，但是是交际双方都知道的一个地方。如：

> ⑤“有什么变化吧？”林远远才进门就嚷开了。
>
> “变化，什么变化？”秦云中一脸困惑，被林远远的话搞得莫名其妙，一下午的休息还未洗尽旅途的疲惫，大脑的反应看来是慢了半拍。过了一会儿，才慢慢地说道：
>
> “噢——那里盖了几幢新大楼，校园的变化倒不大，你去了也保管认识。变化大的是咱们的同学”。
>
> ⑥“同学们，这儿是一所培养过许多著名学者的一流学校，

是一所有八十年校龄的老学校，你们身上的期望不少呵！”

第⑩例中，林远远和秦云中中午通过电话，知道秦云中才从南方出差回来，出差时去过他们的母校。林想知道的是母校的情况，所以，秦说的“那里”，是说话人、听话人都知道的“母校”。第⑪例是校长在迎新会上的报告，所说的“这儿”当然是指这所学校，听话人也是知道的。

在国外，把用“那儿”指称的称为“前照应用法”，而把用“这儿”指称的称为“象征用法”。不过，从指称对象在交际场合中都不出现这一点看，放在一起讨论也是可以的。

（三）“这儿”、“那儿”的“境内照应”用法

“境内照应”是指“这儿”、“那儿”所指示的对象在句子中虽然不曾出现，但在篇章结构中可以在上下文里可以找到。“境内照应”通常用在叙述一个事件的场合，大多在书面语体中出现。如：

⑦ 太和殿建筑在紫禁城的中轴线上。这里也是北京城的中轴线，向南从午门到天安门延伸到永定门，向北从神武门到地安门一直到钟鼓楼。

⑧ 在天安门右前方，巍然耸立着一座雄伟壮丽的大厦，这就是人民大会堂，全国各族人民的代表在这里共商国策。

⑨ 卢沟桥在我国人民反抗帝国主义侵略战争的历史上，也是值得纪念的。在那里，一九三七年日本帝国主义发动了对我国的侵略战争。

“这儿”、“那儿”的“境内照应”用法，有几个现象是值得注意的：

1.“境内照应”的用法，多用在游记、访问记一类的记叙文中，其他文体中出现的频率很低。

2. 汤廷池（1988）以英语作为分析对象，认为英语中的“this”的“境内照应”是“后向照应”（即尚未出现的下文），“that”的“境内照应”是“前向照应”（指已经出现的上文）。汉语表示空间位置的“这儿”、“那儿”都只有“前向照应”的用法。“这儿”、“那儿”所指称的对象都是在上文出现过的。

3. 说话人用“这儿”、“那儿”，表现出了说话人说话时（或写文章时）处所的不同位置。说话人以自己游览、访问某处的某一位置作为自己说话的空间参考位置时，用“这儿”指称前面出现过的某一处所；当说话人站在听话人即读者的立场上，与读者同站在一个位置上进行叙述时，用“那儿”指称前面出现过的某一处所。

4. “这儿”、“那儿”除了指称静态位置中的参考位置外，还能指称动态位置中的参考位置。如：

⑩ 我在上海住过五年，去年又去了那儿。

⑪ 八八年毕业离开学校已经三年了。今天，我又来到了这里，重新开始三年的学习生活。

可见，“这儿”、“那儿”指称动态位置中的参考位置时，与动作的方向性有关，也与说话人说话时所处的位置有关。

四　参考位置中某些方位表达的理解策略

下面讨论的是一些容易引起不同理解的方位表达，即非单义的方位词，主要是“前 / 后”、“上 / 下”。我们曾论述方位词“前”语义上的三种理解，事实上已经反映出在方位词所表示的静态位置的参考位置这一点上，存在着三种不同的理解策略。这三种理解策略是：

（一）顺向策略（aligned-strategy）

把参照物的位置与说话人的位置看作是一个顺向排列的整体，以说话人面对的方向为正方向，排列在前的则为前，排列在后的则为后。如下面句子中参考位置的理解，都必须遵照顺向策略的原则：

① 群众队伍前是一支由四十八人组成的方队。

② 身后跟着好几个人。

如果是垂直方向，则把说话人头所对的方向看作为“上”，脚所对的方向看作“下”，如：

③ 山上有一座寺庙。

④ 飞机下边是一片云海。

因此，根据顺向策略的原则，图 2–7 里的“△ c”为前，“△ b”则为后。

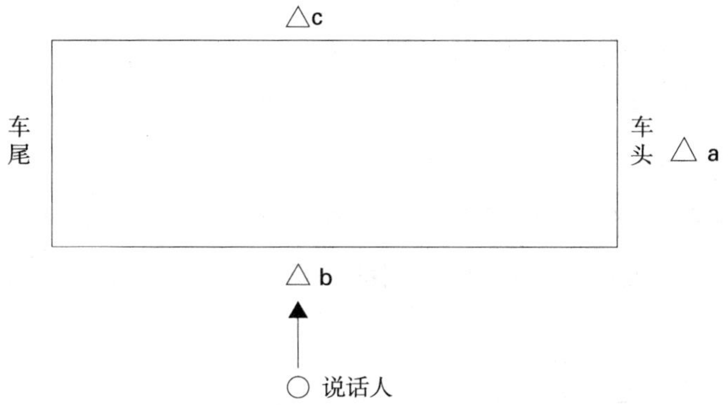

图 2–7

（二）镜像策略（mirror–strategy）

把说话人的方位角度镜像投射到参照物上，就像一个人照镜子，左右不变，上下不变，但前后正好颠倒过来。反过来说，也就是把参照物当作一面镜子，把面向说话人的方位叫“前”，背向说话人的方位叫“后”。如图 2–7 中的“△ b”可以看作为“前”，那么“△ c”则为“后”。下列句子中的参考位置的理解，必须遵照镜像策略的原则。如：

⑤ 靠墙放了张桌子，桌子前是一把红木太师椅。

⑥ 屋子后面又盖了一幢小洋房。

镜像策略不能运用于对方位词“上 / 下”的理解上，因为在镜子中，“上 / 下”的位置是不会改变的。

（三）原向策略（original–strategy）

把参照物的自身方位角度作为观察的视点，这包括：

1. 水平方向的参照物把参照物头部或面部所对的方向看作“前”，相反的方向看作“后”；

2. 垂直方向的参照物把参照物不着地的方向看作“上”，着地的方向看作“下”；

3. 无水平方向的参照物，倘若处在运动的状态，也就获得了水平方向性，将运动着的方向看作“前”，有了“前”之后，也就有了“后”和“左”、“右”。图 2–7 中的“△ a”看作“前”，即根据原向策略原则。下列句子中参考位置的理解，也应以原向策略为主。

⑦ 飞奔的火车前突然出现一团黑影。

⑧ 铁塔上竖起一面红旗。

上述三种策略在具体的理解过程中不是同时起到作用的，有的时候采用其中一种策略，有的时候采用的是另一种策略，采取何种策略，大致受如下因素的制约：

（1）参照物是否处于运动状态；

（2）参照物是否具有方向性（水平方向或垂直方向）；

（3）说话人与参照物之间位置的不同关系。

这个问题有人曾加以注意，并提出过一定的见解。本节对这个问题未做更深入的探讨，但可以认为，语义上的不同表现，其实与认知上的不同理解是有着紧密联系的。

第三节　方位词“上”、“下”的不对称分布与义项解释

“上”、“下”是汉族人民最早用来表示方位概念的词语之一。早在甲骨文里就有“上”和“下”了。从造字情况看，“上”、“下”是指事字，属于传统文字学中所谓的“初文”。从历史文献看，“上”、“下”最初的句法功能都是体词性的。

现代汉语中，作为方位词的“上”、“下”其基本意义是表示位置。所谓位置，是指物体在三维空间中的包含顺序和距离等要素的一种相对空间关系。因此“上”、“下”在表示空间位置时，必须有实体名词才能表示一个具体的位置。在句法上，这一实体名词可以在句中出现，也可以不出现。我们分别称其为显性位置和隐性位置。

一 方位词“上”、“下”的基本意义

（一）表显性位置的“上”、“下”的意义

1. 表显性位置的“上”的意义

如前文所述，汉语的位置系统主要由“目的物（focal object）”、“参照物（reference object）”和“位置（location）”三个要素构成。例如：

① 箱子放在柜子上（面）。

② 桌子上有本书。

其中，“箱子”、“书”是目的物；“柜子”、“桌子”是参照物；“上”则表示两物体相互间的位置。

（1）目的物在这一系统中有存在状态的差异，即有“静态位置”和“动态位置”的分别，目的物的这一存在状态的差异主要是由句中谓语动词决定的。从存在方式上看，目的物大都是已知的。所以在句子中，目的物的存在形状一般被忽视而成为一维的点。

（2）参照物的存在状态相对单一，一般都是静止的。但参照物本身在空间中的存在形状却对汉语空间位置的表达有很大的制约。我们常说的“里”型空间和“上”型空间的差别，主要是参照物在空间中的存在形状的不同造成的。同样用“柜子”做参照物，我们可以说“箱子在柜子上”也可以说“箱子在柜子里”，就是因为在把同一个“柜子”做参照物时，人们既可以把“柜子”抽象为一个“容器”，也可以抽象为一个只具有垂直高度的物体。

（3）最后一个要素就是位置。所谓位置，其实就是上面所说的目的物和参照物在空间上的一种相对关系。这种相对关系包含了两个要素：一是目的物和参照物的相对空间顺序，另一个就是目的物和参照物之间的距离。汉语中对这种关系主要是用“上、下、前、后、左、右……”等一组封闭的词语，也就是我们常说的方位词表达。

2. 汉语“上”、“下”在表示物体的空间位置时所显现出的意义和用法

由于“上”、“下”表示的是“位置”。因此，我们的着眼点将主

要放在参照物及其空间形状以及“上”、“下”表示的具体空间位置上。对目的物的存在状态则不加考虑，即把所有由“上”、“下”表示的位置都看作静态位置，不去详细讨论这些句子中各个动词对空间位置带来的影响。

另外，语言所描述的事实实际上是人们对客观事物概念化了的事实，所以汉语在表达空间位置时，往往要受到主观作用的影响。这种影响主要表现在对同一种客观物体间的位置可以用不同的语言方式表示上。对目的物的存在状态、参照物的存在形状等的认定也都有很强的主观性，因此，我们在讨论“上”、“下”表示位置的意义时，不能不考虑说话人（即观察者）对位置系统中各个要素的主观认定。

3.“上”、“下”在表示显性位置时的典型用法

“上”、“下”在表示显性位置时，典型的用法是跟在一个名词（参照物）后面表示位置。“名词＋上/下”结构所表示的空间位置关系是由“参照物”的性质和“上”、“下”的意义共同决定的，同时还受到观察者主观认识的影响。

（1）“上”表示显性位置的第一种用法是：观察者主观认为参照物和目的物在一个三维空间内；参照物和目的物分别处于一个垂直坐标的高、低两端；目的物位于坐标的高点，参照物位于坐标的低点，目的物与参照物互不接触。如：“飞机从桥上飞过”、“桌子上吊了盏灯”。我们把“上”的这种意义称作“$上_1$”。“$上_1$”的意义是汉语“上”在表示空间位置时的最初始的意义。我们从“上”字的古文字形式的表意性上就不难发现这一点。

（2）“上”表示显性位置的第二种用法是：观察者主观认为参照物和目的物在一个三维空间内；参照物本身占据一垂直坐标的高、低两端；目的物位于这一坐标的高点，目的物和参照物接触，并存在承载和被承载关系。如：“树上有只鸟”、“城墙上站着一个人”。我们把“上”的这种意义称作“$上_2$”。

（3）“上”表示显性位置的第三种用法是：观察者主观认为参照物本身是一个一维的线或是一个二维的面；目的物和参照物接触，并存在承载和被承载关系。如:“我巡逻在边境线上”、“手上写满了字”、“墙上贴了一幅画”。我们把“上”的这种意义称作“$上_3$”。

(二)“上”、“下”在表示显性位置时的客观认定

以上在谈论“$上_1$”、“$上_2$”的意义时,所涉及的参照物、目的物等都是主观概念化的产物,事物本身并不存在这些属性。虽然参照物、目的物等概念以及它们的一些属性有一定的客观基础,但我们还是能将某些并不存在上面所谈到的各种属性的客观事物主观认定为参照物和目的物,并且用“上”、“下”标示它们的空间位置关系时也不一定和客观情况完全一致。比如一幅地图上的任意一个坐标点,我们都可以把它主观认为是一个具备了维度属性的参照物和目的物。我们可以说“北京在上海的上面”,也可以说“上海下面是杭州”,而不论该地图究竟是垂直悬挂还是水平放置。这两句中的“上面”、“下面”的意义还是在“$上_1$”意义范围内的。即廖秋忠(1989)所说的“如果参考点与地面平行,那么‘上’与‘下’所指的位置是可以假设该参考点直立于地面来定的”。

1.“$上_2$”和“$上_1$”的意义之间的不同有着客观的经验基础

(1)在客观世界中,由于受地心引力的影响,物体在一个空间中的存在总是要有一个支撑物的。当一个目的物的位置是在另一个参照物的垂直上方时,作为该目的物的支撑物要么是除了目的物和参照物以外的第三物体,要么就是参照物本身。从几何学角度来看,这两种位置是不一样的。认知语言学认为人们在感知某一客观情景时常常选择一个特定的透视域,只有进入透视域的事物才会在认知的层面上被人们加以凸显(salience)。对于说汉语的人来说,在述说一个目的物和参照物处于一个垂直坐标的两端这一客观事实时,主观上有两种认知取向:一是凸显目的物和参照物的垂直距离;一是凸显目的物的支撑点。且一般不能同时凸显这两点,即凸显垂直距离时就忽视支撑点,反之亦然。这是“$上_1$”、“$上_2$”之间意义差别的认知基础。

(2)在汉语里极端忽视支撑点的是以下这类句子:

③ 雷雨过后,天上出现了一道美丽的彩虹。

④ 王教授家住楼上。

③、④两句中的“上”所表示的准确位置就很难确定。比如“楼上”既不是“楼的顶上”，更不是“楼的上空”。因此从这一点看，上述两句的“上”无论是归入“$上_1$”还是“$上_2$”都不十分贴切。这类句子中“上”所表示的位置之所以不能确定的主要原因就是目的物的支撑点被极端忽视。但无论是③句还是④句，其参照物“天”和“楼”都是具有垂直高度的物体，仅就这一点上说，它们和“$上_2$”的意义基本是一致的。

2.“$上_3$”意义的产生

当目的物的支撑点被极端凸显、目的物与参照物之间及参照物自身的垂直高度被极端忽视时，直接导致了“$上_3$”意义的产生。

“$上_3$”的意义有两个方面，一个是“表面”，一个是“附着”。这两方面的意义在含有“$上_3$”的不同句子里也各有侧重。

（1）有的是侧重“表面”的。如：

⑤ 西墙上有一块黑板。

⑥ 在黑板上写字。

⑦ 你召集大家到操场上集合。

⑧ 他正坐在草地上点烟。

⑨ 衣领上佩戴着国会议员的徽章。

⑩ 包装袋上没有标明出厂日期。

⑤、⑥句中，参照物本身虽然是一具有垂直高度的物体，但“上”在表示目的物和参照物之间的位置时，这种垂直高度却不是表达的重点。重点是参照物的一个垂直表面。⑦、⑧句中，参照物都是本身没有垂直高度的平面物体，“上”所表示的是目的物和参照物水平表面之间的位置关系。⑨、⑩句中“上”则表示目的物与参照物整个表面之间的位置关系。这里的“表面”既不是垂直面也不是水平面。

（2）有的则侧重“附着”。如：

⑪ 天花板上吊着一盏日光灯。

⑫ 他的脚底上磨出了个大水泡。

⑬ 一条狗被拴在树上。

例⑬中，目的物和参照物之间的位置关系很难用垂直或水平来确定。在这里“上”只表示两者之间存在“附着”关系。例⑪、⑫中，目的物和参照物之间虽然存在着垂直位置关系，但目的物（日光灯、大水泡）却位于这一垂直坐标的低端，参照物（天花板、脚底）位于垂直坐标的高端。这和我们前面归纳的“上”的意义正好相反，而和我们将要谈及的“下”的意义相同。事实上，例⑪、⑫中的“上”都可以用“下”替换而句子意思基本不变。如：

天花板上吊着一盏日光灯＝天花板下吊着一盏日光灯

他的脚底上磨出了个大水泡＝他的脚底下磨出了个大水泡

上述两个“上”、“下”互换的例子说明，表显性位置的“上”除了具有表示目的物和参照物之间的垂直距离这一意义外，还可以表示目的物和参照物存在“附着表面”的意义。当然“附着表面”实际上也是一种位置关系，只不过是参照物的支撑点被极端凸显罢了。如果说当目的物正好位于参照物的上方时，由于受到两者垂直距离的干扰，“上”具有的“附着表面”的意义有时不是很明显，那么像例⑪、⑫这样目的物位于参照物的下方本应用“下”表示位置的句子，仍然可以用“上”来表达“附着表面”的意义，就足以说明“$上_3$”的意义是完全有别于“$上_1$”和“$上_2$”的。

3.“上”构成一个意义连续统

“$上_2$”的意义介于“$上_1$”和“$上_3$”之间。一般认为“$上_2$”和“$上_1$”的意义可以归为一类，“$上_2$”和“$上_3$”中表示水平表面的意义也很接近，“$上_1$”和“$上_3$”的意义的区别则是可以接受的。我们之所以认为“$上_2$”是“上”表示显性位置时的一类独立的意义是基于这样的考虑：“$上_3$”意义和“$上_1$”意义之间不是完全割裂开来的。这三种“上”的意义构成一个意义连续统：

$$上_1 > 上_2 > 上_3$$

在这个连续统中，一是“上”所表示的“位置高、低”义递减，而“附着表面”义递增；二是凸显目的物的支撑点意义递增，而凸显目的物和参照物之间的垂直距离意义递减。

4.“$上_1$”、“$上_2$”、“$上_3$”的句法标记

“$上_1$”、“$上_2$”、“$上_3$”的意义差异在现代汉语中是有句法标志的。

虽然这些句法标志还不能够算作是规律，但至少是一种倾向性。这些句法标志是，“上$_1$”、“上$_2$”可以用“上”的双音化形式“上头、上边、上面”等表示，而“上$_3$”一般不用“上头、上边、上面”表示。“上$_1$”和“上$_2$”的意义在用“上”的双音节形式表示时，“上$_1$”的双音节形式和名词之间可以加“的”，“上$_2$”的双音节形式和名词之间一般不加“的”。如：

上$_1$：飞机从大桥上飞过→飞机从大桥上面飞过→飞机从大桥的上面飞过

上$_2$：城墙上站着一个人→城墙上面站着一个人→＊城墙的上面站着一个人

上$_3$：黑板上贴了一幅画＊黑板上面贴了一幅画→＊黑板的上面贴了一幅画

我们之所以认为以上的语法现象是一种倾向性，是因为在汉语里并不是一定不能用“上”的双音节形式来表示“上$_3$”，但是，用“上”的双音化形式表示“上$_3$”是有条件的，这一条件就是一般要让“上”的双音节形式轻声化。

（三）“下”表示显性位置的两个意义

1.“下”表示显性位置的第一种用法

“下”表示显性位置的第一种用法是：观察者主观认为参照物和目的物在一个三维空间内；参照物和目的物分别处于一个垂直坐标的高、低两端；目的物位于坐标的低点，参照物位于坐标的高点，目的物与参照物不接触。如：“我坐在窗下”、“机下一片云海”。我们把“下”的这种意义称作“下$_1$”。

2.“下”表示显性位置的第二种用法

“下”表示显性位置的第二种用法是：观察者主观认为参照物和目的物在一个三维空间内；参照物本身占据一个垂直坐标的高、低两端；目的物位于这一坐标的低点或低点附近，目的物可以和参照物的最低点接触，也可以不接触。如：“树下有群羊”、“枕头下有封信”。我们把“下”的这种意义称作“下$_2$”。

3.“下”不存在和“上$_3$”相对应的意义

（1）“下”虽然不存在和“上$_3$”相对应的意义，但像“枕头下有封信”这样的句子中的“下”似乎是可以与“上$_3$”相对应的，因为目的物接触参照物的表面。我们认为“上$_3$”意义的重心有两个：一是在于“观察者主观认为参照物本身是一个一维的线或是一个二维的面”，即不管客观世界里该参照物是否是一具有垂直坐标的“体”，观察者都主观地把它看成是一个“线”或“面”；二是说话者所凸显的是目的物“附着”于这个表面。而“下”在这一点上和“上$_3$”是不对应的。当说汉语的人看到“桌子下有十块钱”这一句子时，总是理解成“在桌子下部的地面上有十块钱”，而一般不会理解成“在桌子的下表面粘着十块钱”。同样在理解“枕头下有封信”时，也不会有“枕头下表面”这样的概念形成。

（2）从语言对称的角度来看，本应该存在和“上$_3$”相对应的“下$_3$”的意义。“上$_3$”意义的形成有一个很重要的客观基础，那就是目的物的“支撑点”落在参照物上。汉语中用“下”表示位置时也有着客观现实的基础，由于地心引力的存在，绝大多数情况下，位于垂直坐标低端的物体不可能被位于垂直坐标高端的物体支撑。同时，位于垂直坐标低端的物体的支撑点在很多情况下是同一个物体，那就是“大地”。因此，当用“下”表示位置时，由于目的物的支撑点的唯一性和不变性使得没有必要再被凸显了。现在让我们假设一种情况，就是让目的物（比如说“一张纸”）的支撑点恰好就是这个唯一的、不变的“大地”，并且还要凸显这个支撑点，用汉语如何表达？毫无疑问，我们可以说：“地上有一张纸”，这里用的是“上$_3$”的意义。但我们还可以换一句说成：“地下有一张纸。”很显然“地下有一张纸”中被凸显的不会是参照物和目的物之间的垂直距离，否则这句话的意思就是“地底下有一张纸”了。可见“下”也是有和“上$_3$”相对应的凸显“附着表面”的意义的。但由于这种意义只能在特定的条件下才被使用，并且和“上$_3$”在意思上没有区别，我们将其看作特例，而不把它看作是“下”的一项基本意义。

（四）表隐性位置的“上”、“下”的意义

1.“上”、“下”的基本意义是表示位置

位置的一个很重要的特点就是有参照物存在，因此“上”、“下”表

示位置时一定有一个参照物。汉语的“上”、“下”有时可以单独做主、宾语，这时，在句法上就没有一个表示参照物的名词出现。这个参照物虽然没有出现，但在意义上总是隐含一个参照的。参照物被隐含的原因主要有两个：一是参照物是说话人和听话人双方都明了的，不说出来也不会影响位置的确定；二是某些位置中参照物往往是一个抽象处所，一般不太好用一个具体的名词来称说，我们把这一类位置称作隐性位置。在汉语中，“上”、“下”主要有以下几种表示隐性位置的类型。

2. 绝对隐性位置

所谓绝对隐性位置是指参照物是说话人和听话人双方共同默认的。一般情况下这个参照物是说话时说话人、听话人自身或者所在的处所，也可以是双方都明白的任何一个物体或处所。如：

⑭ 上面有人！

⑮ 老王家住在下面。

⑯ 离东皇庙不远了，再往上走几十米就到了。

⑰ 这画挂高了，朝下挪挪。

例⑭—⑯的参照物是说话人或听话人自己所处的地方，例⑰的参照物就是“画”原来所处的地方。

对于以上介词后加“上”、“下”的句子，很多人认为“上”、“下”表示方向。廖秋忠（1989）便持这样的观点：“方位词是一组能表示方向又能表示位置的体词。”但在同篇文章中论及位置和方向的概念时说：“位置与方向是两个有密切联系的概念。位置是占有一定空间的点、线、面或体，而方向是面对的某一位置。”这段论述给我们的感觉是方向就是位置，只不过是一种“特殊”的位置罢了，事实上还是没有讲清楚位置和方向的区别。位置和方向的区别究竟是什么呢？首先，位置和处所是存在区别的。处所是指被物体占据了的空间，这个空间是绝对的。而位置则是指两个物体之间的空间关系，是一个相对的概念。打个比方，某一个物体（目的物）占据的空间是处所，另一个物体（参照物）占据的空间是另一个处所。现在我们给这两个处所之间赋值，也就是说使这两个点连成一个线段，这时位置便形成了。进而，我们可以再给这一线段赋极，也就是加上起始端和终止端，这样便形成了方向。如图 2–8 所示：

位置：参照物————目的物 方向：参照物◀————▶目的物

图 2–8

在汉语里，“上”、“下”的基本意义就是给两个处所之间赋值，表示两个处所之间存在垂直距离。而赋予这一垂直距离以极性的不是方位词“上”、“下”，而是一些所谓的表方向的介词。这些介词主要有“自”、“从”、“往”、“向”、“朝”等。如：

⑱ a 到上面去。 b 到山上去。 c（在）上面 / 山上。

⑲ a 从下面上来。b 从山下上来。c（在）下面 / 山下。

在上面的例子中，⑱ a、⑲ a 和⑱ b、⑲ b 由于有介词的存在，因而表示的是方向。它们之间的差别只是参照物在句法层面的隐现①。汉语中，给位置赋极的介词有两组。如果我们假设位置的起始端为负极，位置的终止端为正极，那么，一组介词的功用是赋予参照物以正极、目的物以负极。这组介词主要有“到”、“往”、“向”、“朝”等。另一组的功用是赋予参照物以负极，目的物以正极。主要有“从”、“自”等。⑱ c、⑲ c 和其他几组句子的差别就在于加介词“在”和不加任何介词都不能够给位置之间的距离赋极，因此这两句不表示方向。而以上所有句子中的“上面”、“下面”、“上”、“下”的意义是完全一致的，都只能是表示垂直位置。

3. 相对隐性位置及准隐性位置

相对隐性位置的含义是，两个处在垂直坐标两端的物体或处所互为参照。即当其中一个物体或处所是目的物时，另一个物体或处所就是参照物，反之亦然。由于是互为参照，所以相对隐性位置中的“上”、“下”一定是对举出现的。如：

⑳ 一个在上面、一个在下面。

㉑ 你刷墙得从上往下刷，不能从下往上刷。

还有一类隐性位置比较特殊，在这类句子中，“上”、“下”的参照

---

① 方经民（1999a）认为⑳ a、㉑ a 是方向参照，⑳ b、㉑ b 是位置参照。

物不像显性位置那样直接加在“上”、“下”之前，也不像上述两种隐性位置那样是完全隐含的，而是在上文中出现的。由于参照物是在句子中出现的，但又不和“上”、“下”紧挨着，我们姑且称之为准隐性位置。如：

㉒ 旁边一张大茶几，上有水果、瓜子等吃食。

㉓ 不远处有个黄土岗，上面有一些树，几间土屋。

㉔ 他盘着两腿，下面垫了一个蒲包。

正因为这类隐性位置是在上文出现的，所以有时可以在“上”、“下”前加指示代词复指前文出现的参照物。如：

㉕ 壶上头原来有牛郎织女渡鹊桥的图画，可是我拿张白纸往这上面一糊，就连这点四旧也没有了。

㉖ 院里有棵桧柏树，夏天那上面总有许多蚂蚁。

二 方位词“上”、“下”的虚化意义

（一）“X 上 / 下”格式中“X”的意义和意义演变的考察

1.“X 上 / 下”格式中“X”的意义

通过上述考察，我们可以看到“上”、“下”表示位置时所呈现出来的各个不同的意义和参照物本身的状态有着直接的联系。在句法形式上，参照物总是由名词充当，因此要全面了解方位名词“上”、“下”的意义和用法就必须对“X 上 / 下”格式中“X”的意义有充分的了解。储泽祥（1995）曾经从名词和方位名词相互选择和限制的角度谈论过这个问题。他认为，名词一般具有性质和状态两种意义，“一个名词，在句子中有时状态意义占主导（强状态），有时性质意义占主导（强性质）；有的名词，常常以性质为主出现，有的名词，常常以状态为主出现……”。并认为强状态的名词要比强性质名词有更强的和方位名词结合的能力。“这些强性质名词主要是人名、动物名、衔位名等，强状态名词主要是植物名、人和动物的肢体名、工具材料名、地名、建筑物名等。”

2.“X 上 / 下”格式中“X”不一定都符合“强状态”名词的特点

从“上”、“下”前出现的名词来看，大多数是符合上述“强状态”名词的特点的。其实所谓的“强状态”就是指这类名词所指称的事物在

客观世界中，总是以一种离散的状态存在于一个具有维度的空间中，这些事物与其他的和它们具有相同物理属性的事物发生各种空间关系。这就是方位词和名词一起表达空间位置关系的客观基础。语言虽然反映客观世界但毕竟不等于客观世界。汉语中普遍存在这样的句子：

① 新春音乐会作品将全部选自中国传统的经典作品曲目和新创作的优秀曲目，形式上以交响乐演奏为主。（人民日报.1995.01.25）

② 在专业设置上、课程安排和办学形式上，都能从实际出发。（同上.1995.01.08）

③ 在对13个行业基本建设贷款取消差别利率，执行统一的基本建设贷款利率后，在同等条件下，银行对上述行业贷款继续采取优先支持的政策。（同上.1995.01.02）

④ 在武警大哥哥的帮助下，我一个台阶一个台阶走了上去。（同上.1995.03.13）

这些句子中，"上"、"下"前面的名词都是一些抽象的事物甚至行为，和具有强离散性的实体名词相比，显然不具有"强状态"意义。

3. 历时考察"上"、"下"发展的意义

"上"用在非实体名词后面表示方面、范围等意义。以往有很多语法论著都对这一语言现象做过论述。吕叔湘（1965）称之为"上"的"泛向性"用法，而没有提及"下"用在非实体名词后面表示范围、条件等意义的用法（吴之翰 1965）。丁声树等（1961:76–77）及胡裕树（1981:341–342）把"上"、"下"的这两种意义都看成是"上"、"下"的引申意义。但对于"上"、"下"这种意义的产生途径以及其相互之间的异同没有做更深入地探讨。我们将用历时的眼光来考察"上"、"下"跟在非实体名词后面所表示的意义的发展和演变。

（二）先秦至两汉时期的"上"、"下"

1. "上"、"下"表示显性位置

（1）先秦、两汉时期的"上"、"下"在表示空间位置关系时，同样

可以根据参照物是否在句子中出现分为显性和隐性两种用法。如表示显性位置的：

⑤ 子在川上曰："逝者如斯夫！"（论语·子罕）

⑥ 孟子见梁惠王，王立于沼上。（孟子·梁惠王上）

⑦ 从台上弹人，而观其辟丸也。（左传·宣公二年）

⑧ 于是民皆巢居以避之，昼拾橡栗，暮栖木上，故命之曰有巢氏之民。（庄子·盗跖）

⑨ 楚人坐其北门，而覆诸山下。（左传·桓公十二年）

⑩ 射其左，越于车下。（左传·成公二年）

⑪ 寡君将帅诸侯以见于城下。（左传·襄公八年）

⑫ 皆衿甲而缚，坐于中军之鼓下。（左传·襄公十八年）

2."上"、"下"表示隐性位置

先秦、两汉时期"上""下"表示隐性位置时，多用对举形式：

⑬ 夫蚓上食槁壤，下饮黄泉。（孟子·滕文公下）

⑭ 上可以坐万人，下可以建五丈旗。（史记·秦始皇本纪）

从上面我们所引的例句可以看到，"上"在先秦表示位置时，其参照物基本上都是本身具有垂直高度的事物。目的物都在垂直坐标的高端，有的和参照物不存在支撑和被支撑关系，如例⑤、⑥；有的则存在这种位置关系，如例⑦、⑧。"下"在先秦表示位置时，参照物和目的物分别处在一个垂直坐标的高、低两个端点上。

3."上"用在河流名称后面

先秦、两汉时期"上"还经常放在一些河流名称后面。如：

⑮ 郑人恶高克，使帅师次于河上。（左传·闵公二年）

⑯ 晋韩厥、荀偃帅诸侯之师伐郑，入其郛，败其徒兵于洧上。（左传·襄公元年）

⑰ 晋侯使荀会逆吴子于淮上，吴子不至。（左传·襄公三年）

⑱ 昭王南巡狩不返，卒于江上。（史记·周本纪）

⑲ 婴身生得左司马一人，所将卒斩其小将十人，追北至淮上。（史记·樊郦滕灌列传）

先秦、两汉的“上”用在河流名称前表示的位置有两种。一种是表示在高于水面的岸上或水面上空，这里一般用河流的通名。如“子在川上曰：‘逝者如斯夫！’”（论语・子罕）、“象曰：风行水上，涣”（周易）等。一种位置是表示河流的上游，一般都是河流的专名。

4.“X＋上/下”结构表示显性位置时的两种形式

从先秦的语言材料看，“上”、“下”和一个名词构成“X＋上/下”结构表示显性位置，有两种形式：

（1）“上”、“下”直接跟在名词后头构成“X上”；

（2）“上”、“下”和名词之间插入助词“之”构成“X之上”。

其中，“X上/下”中的“X”大多是单音节名词，“X之上/下”中的“X”大多是双音节名词或双音节的名词短语。在汉代，虽然已经有双音节的名词不带“之”直接加“上”、“下”的句子，如：“始皇之上泰山，中阪遇暴风雨，休于大树下”（史记・封禅书），但出现的例子很少，在两汉典籍里还不占优势地位。从“之”的使用情况来看，主要起着和谐音节的作用。如例⑦中“上”前面是单音节的“台”，例㉒中双音节的“鹿台”则跟“之上”组合，两例都构成偶数音节的方位短语。如：

⑳ 西方有木焉，名曰射干，茎长四寸，生于高山之上，而临百仞之渊。（荀子・劝学）

㉑ 覆杯水于坳堂之上，则芥为之舟。（庄子・逍遥游）

㉒ 纣走，反入登于鹿台之上。（史记・周本纪）

㉓ 是故知命者，不立乎岩墙之下。（孟子・尽心上）

㉔ 文夫人敛而葬之郐城之下。（左传・僖公三十三年）

㉕ 民相连而从之，遂成国于岐山之下。（庄子・让王）

5.“上”、“下”在表示显性位置时的两个特点

先秦、两汉时期“上”、“下”在表示显性位置时主要有两个特点：

（1）在用“上”表示的位置系统中，参照物都是具有垂直维度的实体名词，并且目的物位于垂直坐标的高端，或者和参照物接触或者不接触。也即在先秦两汉时期“上”还没有获得“表面附着”的意义。

（2）先秦、两汉时期表示位置意义的“上”基本上都可以归入前面所说的"上$_1$"和"上$_2$"。我们注意到在先秦时期有一种语言现象，先秦汉语中不用方位词而对译成现代汉语时必须要加方位词。但凡是可以用"上"对译的，一般都是"上$_3$"的意义。这就更证明了"上$_3$"意义在先秦还没有完全发展起来。如：（此例引自刘丹青 2002）

㉖ 豕人立而啼。公惧，队于车。伤足，丧屦。反，诛屦于徒人费。弗得，鞭之，见血。走出，遇贼于门。劫而束之。费曰："我奚御哉？"袒而示之背。信之。费请先入。伏公而出，斗，死于门中。石之纷如死于阶下。遂入，杀孟阳于床。曰："非君也，不类。"见公之足于户下，遂弑之，而立无知。（左传·庄公八年）

例中的"队于车"、"杀孟阳于床"译成现代汉语就是"从车上掉下来"和"把孟阳杀死在床上"，而同文中的"下"则无一省略。

先秦、两汉时期可以直接在"上"、"下"和作为参照物的名词之间插入助词"之"构成"X之上/下"形式的方位短语。我们曾尝试对加"之"和不加"之"两种结构在先秦、两汉语言材料中出现的频率做一粗略统计，虽然结果显示"X之上/下"要比"X上/下"结构少得多，但如果结合先秦、两汉时期单音节名词和双音节名词的出现频率，则这一结果就没有多少统计学价值了。因此我们完全可以认定这两种结构形式的方位短语在先秦、两汉时期是不分优劣势的。这就说明先秦、两汉时期的"上"、"下"和作为参照物的名词结合构成方位短语在结合度上要比现代汉语低得多。

（三）魏晋至唐、宋时期的"上"、"下"

1."上$_3$"的意义的出现

魏晋至唐、宋时期，"上"在保留了先秦、两汉时期的意义和用法的基础上，又有了一些变化。从魏晋开始，"上$_3$"的意义逐渐在各语料中出现，这种演变趋势一直延续到唐、宋。

㉗ 既还，蓝田爱念文度，虽长大，犹抱着膝上。（世说新语·方正）

㉘ 向夜，举家作粥糜，食余一瓯，因泻葛汁著中，置于几上，以盆覆之。（搜神后记·卷六）

㉙ 往取，乃一老雄狐，脚上带绛绫香囊。（搜神后记·卷九）

㉚ 便举左手拍其腹上而喝一声，象兵倒地，不复更起。（祖堂集·卷二）

㉛ 夜至三更，不令人见，遂向南下中间壁上题作呈心偈，欲求于法。（六祖坛经·敦煌本）

㉜ 昔有一老宿，住庵，于门上书心字，于窗上书心字，于壁上书心字。（五灯会元·卷六）

在这些句子中，目的物和参照物之间的垂直距离关系都被主观忽视，而目的物和参照物的水平表面（例㉗、㉘）、整个表面（例㉙、㉚）和垂直表面（例㉛、㉜）之间的“附着”关系被凸显。

2.“上”的意义演变为标记处所的虚化意义

大约从唐代开始，“上”前面所带的名词出现了变化。一些空间离散性很弱的人名、“东、南、西、北”等方位词开始和“上”组合成方位短语。在这种含有“上”的句子中，目的物和参照物之间的垂直距离已经不单单是被忽视，而是完全消失了，“上”只是和一个不表示处所的名词构成一个纯粹表示某个处所的短语。这时“上”的意义已经从表示垂直空间的基本意义演变为标记处所的虚化意义了。如：

㉝ 仆射闻吐浑王反乱，即乃点兵，鏨凶门而出，取西南上把疾路进军。（敦煌变文·张义潮变文）

㉞ 一头在北上，是为北极，居中不动，众星环向也。（朱子语类·卷二十三）

㉟ 过失推向将军上，汉家兵法任交虏。（敦煌变文·李陵变文）

“上”表示纯粹处所的用法在现代汉语普通话中已经消失，但在现代部分方言中还保留着。如成都话中，要表示“城的东（南、西、北）边”的意思时，往往说“东（南、西、北）门上”。另外，山西忻州话、上海崇明话中都有类似的说法[①]。

---

① 详见《成都方言词典》、《忻州方言词典》、《崇明方言词典》。（李荣主编《现代汉语方言大词典·分卷》，江苏教育出版社，1996 年）

3. “上”的意义演变为表示范围、方面等

唐代以后，“上”除了可以跟在离散性很弱的人名、方位词等后面表示纯粹的处所以外，还可以跟在许多不具有离散特性的非实体名词之后，表示意义更加空灵的范围、方面等意义。这种用法始见于唐代典籍，宋代以后则更是多见。

㊱ 此三身佛，从性上生。（六祖坛经·敦煌本·卷一）

㊲ 此法门中一切无碍，外于一切境界上念不起为座，见本性不乱为禅。（六祖坛经·敦煌本·卷一）

㊳ 自心地上觉性如来，放大光明。（六祖坛经·流通本·决疑品）

㊴ 如今诸官大众，各须体取好，莫全推过师僧分上。（五灯会元·卷八）

㊵ 有是理便有是气，但理是本，而今且从理上说气。（朱子语类·卷一）

㊶ 但民心归向处，只在德上，不在事上。（朱子语类·卷二十三）

㊷ 心有所之谓之志，志学，则其心专一向这个道理上去。（同上）

4. “下”的意义的变化

和“上”相比，“下”的意义在魏晋至唐、五代时期没有以上变化。江蓝生先生认为，在汉代时“下”就已经意义虚化了（江蓝生 1998）。其证据是汉魏时期有“处所词＋下”的用法。如：“遂破骑劫于墨下”（史记·乐毅列传）。我们认为这并不足以说明“下”的意义已经虚化了。首先，这里的处所词主要是指地名，而地名在汉语里是“强状态”名词，和方位词的结合度很高。在先秦时期，地名除了和“下”外，也可和“上”构成方位短语。如：“二十九年，春，介葛卢来朝，舍于昌衍之上”（左传·僖公二十九年）。在现代汉语里也有“上海在杭州上面”之类的说法。其实质是用表示垂直位置的“上”、“下”表示平面位置的用法。再者，即使是到了唐、宋时期，“下”和人名一起构成方位短语的例子也很少。江蓝生的文章中曾举有唐诗中的“有钱石上好，无钱刘下好，士大夫张下好”一例。但此句中“上”、“下”对举，比附的痕迹明显，也不足以说明“下”在唐代时能普遍和人名结合表处所。文章中举的南宋《朱子语类》中的例子倒是可以理解成“下”表处所：“东边见不得，西边须见得；这下见不得，那下须见得”（朱子语类·卷七），但在同一时期其他典籍中却不见“下”有同样的用法。我们觉得《朱子语类》中“这下”的用法明显带有地域方言的色彩。今考察朱熹的家乡及其经常讲学的赣东北地区的方言，发现也有用“这下”的情况。但这些方言中的“这下”多表示时间，相当于普通话中的“眼下”、“时下”等义。如今江西上饶话中就有：

㊸ 阿这下没有空。（我现在没空）

㊹ 这下个后生晓不得有几□□ [dĩ^{13}tã^{0}]。（眼下的年轻人不知道有多能干）

事实上，在《朱子语类》中，有些“这下”解释成“眼下”、“时下”等表示时间的词也是可以的。如：

㊺ 这下又不知其狼狈如是。（朱子语类·卷一百三十一）

㊻ 且如当时覆军败将，这下方且失利，他之势甚张。（同上）

另外，我们很难在唐、宋典籍中找到“下”和非实体名词组合构成方位短语的例子，而“上”和非实体名词组合已经很常见了。由此看来，“下”的意义并没有和“上”一样虚化。

5.“上”、“下”句法形式上的发展

这一时期的“上”、“下”除了在意义上有很大的变化外，在句法形式和功能上也有了新的发展。

（1）前面我们谈到，在先秦、两汉时期名词和“上”、“下”构成的方位短语之间可以加助词“之”，其中双音节名词和“上”、“下”结合更是以加“之”为常见。自魏晋始，这一先秦时期的优势结构开始转变，双音节名词和“上”、“下”构成的方位短语以不加“之”为常见。

㊼ 庾小征西尝出未还，妇母阮是刘万安妻，与女上安陵城楼上。（世说新语·雅量）

㊽ 顾彦先平生好琴，及丧，家人常以琴置灵床上。（世说新

语·伤逝）

㊾ 夜照见一白鹿，射中之明寻踪，血既尽，不知所在，且已饥困，便卧一梓树下。（搜神后记·卷八）

㊿ 主人欲杀一羊，羊绝绳便走，来投入此道人膝中，穿头向袈裟下。（搜神后记·卷九）

（2）“X上/下”短语的句法功能在魏晋时期也出现了变化。在先秦时期“X上/下”短语多做介词的宾语，而魏晋时期“X上/下”短语除了做介词宾语外，还可以做动词的宾语，甚至做句子的主语。这种用法从汉代开始，经魏晋一直持续发展至隋唐（何乐士1992）。如：

51 庾时颓然已醉，帻堕几上，以头就穿取。（世说新语·雅量）

52 文帝兄弟每造其门，皆独拜床下。（世说新语·方正）

53 既入户，鬼便持斧行棺墙上。（搜神后记·卷二）

54 县西山下有一鬼，长三丈。（搜神后记·卷六）

（四）元、明时期的“上”、“下”

1.“上”的意义变化的两个特点

元、明时期，“上”、“下”的意义又有了新的变化，尤其是“上”。金元时期，处于我国北部的阿尔泰各语言与汉语接触频繁，相互影响、相互渗透，使元代时期的汉语北方方言发生了许多巨大的变化。这一时期方位词“上”的意义变化主要有两个特点：

（1）在直译蒙古语典籍时，经常使用方位词“上”和蒙古语中的格助词对译；

（2）在当时的汉语口语语料中，汉语方位词“上”本身因为受蒙古语影响而出现了一些新的用法和意义。

2.“上”对译蒙古语中格助词带来意义上的变化

对于“上”用来翻译蒙古语中的格助词的情况，余志鸿（1987）、祖生利（2000）分别就《蒙古秘史》及元代的白话碑文两种蒙汉对译语料做过详细的研究，他们的研究结果基本上是一致的。在元代的对译语料中，经常用汉语里的方位词“上”来对译的蒙古语格助词，这些格助词主要包括宾格助词、予格助词、位格助词、离格助词、属格助词等等（余志鸿 1987）。

元代时期的这种用汉语的“上”对译蒙古语的格助词的情况和一般的词汇对译有不同之处。首先，以上所列的几种蒙古语格助词中，没有一个和汉语的“上”的读音相同或相似，这种对译不是音译。其次，这些格助词的意义也没有一个是表示方位的，因此也不是习惯上所称的意译。蒙古语中的格助词并没有实在的词汇意义，是用来实现名词“格”范畴的语法手段，它们只具有语法意义。汉语中由于没有格范畴，自然没有和蒙古语中格助词完全一致的语法手段。但为了追求完美的直译，便只好用汉语中和蒙古语格助词“貌似神离”的方位词“上”来对译了。所谓的“貌似”主要有两点：第一，蒙古语中的格助词是后置词，它们的句法特点是紧跟在名词的后面。这和汉语中“上”表示显性位置时的“名词＋方位词”结构在表层句法形式上很相似；第二，经过长期的演变，有一部分“上”的意义已经虚化了，特别是隋唐之际“上”有了跟在人名后头表示处所的用法，这使得“上”和蒙古语中的格助词在语义上也有相似之处。加上方位词“上”在汉语里的高使用频率，使得“上”成为对译蒙古语格助词的“最佳选择”。后置词“行”是蒙古语格助词的译词，即在汉语中对译为“上”。

虽然用“上”对译格助词不十分符合语言规律，但这种对译关系一经形成并长期存在，势必会对现实的语言造成一定的影响。这种影响的具体表现就是，在元、明时期汉语方位词“上”出现了新的意义和用法，具体如下：

（1）表示动作对象。如：

㊺ 双亲行先报喜，都为这一纸登科记。（元杂剧·倩女离魂·第三折）

㊻ 大师行深深拜了，启朱唇语言得当。（元杂剧·西厢记·第一本·第二折）

㊼ 明日病痊痌了时，太医上重重的酬谢。（老乞大谚解）

㊳ 做满月，老娘上赏银子段匹。（朴通事谚解）

元明时期“上”的这种用法和隋唐时期“人名＋上”的用法很相似，但隋唐时的“人名＋上”结构只能跟在介词之后表示处所。而以上各例中的“上”表示的是名词和动词之间具有“对象”这种“格”关系，构成的“人名＋上”结构都直接充当句子的主语，明显是从阿尔泰语言中借来的语法手段。

（2）表示结果。如：

㊴ 所以上与他家做女婿，我满意的则是图他家私。（元杂剧·老生儿）

㊵ 我家里称了一百二十斤，你这称大。因此上折了十斤。（老乞大谚解）

（3）表示领属。如：

㊶ 谁是舅舅上孩儿，谁是姑姑上孩儿？（老乞大谚解）

三　方位词“上”、“下”的虚化

（一）“上”的虚化过程及原因

1.“上”的虚化途径

通过对“上”的意义和用法的历时考察，我们大致上可以勾勒出其基本意义向虚化意义演变的虚化途径：

$上_1$、$上_2$意义 > $上_3$意义 > 表处所意义 > 表范围、方面意义

在整个虚化过程中，第一步是“上”获得表一维、二维“面”范畴的“附着表面”义，使得“上”的基本意义中的核心部分“垂直距离”这一义素逐步消失。由于“附着表面”义具有“弱处所”的语义特征，因此在隋唐时期“上”出现了跟在人名之后表单纯处所的用法。表示处所意义的“上”在泛化（generalization）机制的作用下，进一步虚化为表示意义更加虚化的方面、范围意义，即我们所说的“上”的虚化意义。

2. 可以进入“X上”格式的“X”的范围扩大

“上”的意义虚化的同时也使得“X上”结构内部的“X”的性质和

意义随之发生变化，在宋代时期发展出“非实体名词＋上”的用法。到现代汉语里，“上”的意义进一步虚化，这表现在当“上”表示范围、方面等虚化意义时，可以进入“X上”格式的“X”的范围扩大了。这些“X”主要有下面两类：

（1）非实体名词。如：

> 报纸、表格、电视、广播、广告、会议、课堂、书本、杂志等。

“上”跟在这些词之后表示“范围”意义。

> 根本、经济、经验、精神、社会、生活、水平、思想、实际、事实、体制、文化、文学、形式、业务、政策、政治、职称、作风等。

“上”跟在这些词之后表示“方面”意义。

（2）动词。如：

> 安排、比赛、表达、处理、创作、搭配、发展、防守、分配、改革、管理、建设、教育、经营、决策、认识、生产、生活、实行、推广、写作、学习、准备、作战等。

“上”跟在这些词之后表示“方面”意义。

（二）“上”在语音上的弱化

1. 词义虚化的同时语音上的弱化

“上”的虚化不仅仅表现在词义上。在词义虚化的同时，“上”的语音也随之“弱化”（reduce）。“上”语音的弱化在汉语里有两种表现形式。在现代汉语普通话及大部分方言中，“上”的语音弱化表现在声调上，即虚化的“上”都读轻声。《现代汉语词典》（第5版）中，方位词“上”有两个读音，一个读去声 shàng；一个读轻声 shang。念去声的“上”词条下有五个义项，分别是：①位置在高处的；②等级或品质高的；③次序或时间在前的；④旧时指皇帝；⑤向上面。这些都属于我们前面谈到的“上”表显性位置意义时的“$上_1$”、“$上_2$”意义，“上”的隐性位置意义及下章将要谈到的引申意义。念轻声的“上”词条下有三个义项，分别是：①表示物体的表面；②表示在某种事物的范围以内；③表示某一方面。这些义项属于“$上_3$”及“上”的虚化意义。

2. 北方方言中“上”的弱化

在现代汉语一些方言中，“上”的语音弱化则表现在声母的变化上，这种声母的变化也有两种。一种是今山东、山西及我国西北很多地区的方言中，“上”在表示虚化意义时，都读作 [xaŋ]（江蓝生 1998）。“上”的这种弱化形式产生的年代比较早，在元代便有了这种弱化形式。由于“上”的这种弱化形式的读音和表“排行”的“行”的读音相同，所以在元明典籍中，这种“上”的弱化形式便用训读词“行”表示（见第 137 页例㊺、㊻）。另外，在这些汉语方言中，这种语音的弱化还经常伴随着语音的促化（glottlization），即韵母由音程较长的复韵母变成较短的单韵母。如今西安话中表虚化意义的“上”就读作 [xɑ ^{0}]。和普通话中念轻声的“上”一样，这些方言中的“行”也都表示“上$_{3}$”及方面、范围意义。此外，“行”在这些方言中还有另一个用法，就是放在人称代词或指人名词之后表处所。如“到俺行来吧”、“这家行买了挂自行车”。在有些方言中，还用不同的读音来区分“上”的处所意义及“上”的虚化意义。如山西灵石方言中（赵秉璇 1993），“上”表示处所意义时读作 [xei^{53}]，而表示表面、方面及范围意义时读作 [xɔ ^{53}]。总之，这些方言中“上”在表示各种虚化意义时的读音有别于“上”表示位置时的读音。

3. 北部吴语中“上”的弱化

“上”读音弱化还有另一种形式。在今北部吴语中，当“上”表示虚化意义时，其读音常常边音化（lateralization），即“上”的声母由原来的浊擦音 [z] 变成边音 [l]。如上海话中，方位词“上”有两个读音：[zɑ̃^{13}] 和 [lɑ̃^{0}]，[lɑ̃^{0}] 常写成训读词“浪”。上海话在用“上”表示表面、方面及范围等虚化意义时，都读作 [lɑ̃^{0}]。如“地浪、床浪、电视浪、实际浪”等等。而 [zɑ̃^{13}] 边音化是北部吴语中常见的语音弱化形式。除了“上”弱化时声母 [z] 变成 [l] 外，另一个词“在”虚化时读音也由 [zei^{13}] 变成 [lei^{0}]（钱乃荣 1997）。由此可见，[z] 弱化成 [l] 在北部吴语的音系中是一种成系统的弱化规律，并不只表现在“上”的弱化上。

（三）“上”在句法上的泛化

“上”意义的虚化不仅造成语音的弱化，还使“上”的句法功能产生变化，这种变化主要有两方面的表现。

1.“上”表示虚化意义时不能单用

“上”在表示位置时，除了跟在实体名词之后表显性位置外，还可以单独使用表示各种隐性位置。而“上”表示处所、范围及方面等虚化意义时，“上”绝对不能单用而只能运用在“X上”格式中。

2.“上”表示虚化意义时“X上”之间不能加任何助词

“上”在上古汉语中表示显性位置时，可以在“上”和参照物名词之间插入结构助词“之”。随着“上”意义的虚化，“上”的这一句法功能逐步丧失。在魏晋时期“X之上”格式在数量上就少于“X上”格式了。在现代汉语中，“上”在表示各虚化意义时，“上”和前面的词语之间不能加任何助词。在表示位置时，“上”和参照物名词之间加助词这一句法上的特点，由“上”的双音节形式继承，即“上边、上面、上头”等词可以在参照物名词和它们之间加助词“的”，而“上”则不允许。

以上两点都说明，“上”意义的虚化导致“上”在句法功能上由自由变成黏着。

（四）“上”的虚化机制

1.“上”的虚化过程中起作用的两个因素

在“上”的虚化过程中，主要有两个因素在起作用。一个是人类认知的心理因素，另一个是语言接触的社会因素，其中起关键作用的是认知因素。在“上”表示位置时，由于主观忽视目的物和参照物之间的距离而凸显支撑点，导致“上”具有了弱处所意义，这使得“上”的进一步虚化成为可能。在元代时期发生的语言接触也在一定程度上影响了“上”的虚化。用汉语中的“上”对译蒙古语中的格助词，汉语“上”的后附性进一步增强。“上”和蒙古语格助词的对译是在“上”的意义已经虚化后才发生的，因此语言接触因素在“上”的虚化过程中只是起到了辅助的作用。

2.“上”的两个虚化机制

“上”虚化的机制也有两个，一是推理（inference），二是泛化

(generalization)。“推理就是在一定的语境中，通过类推或推导，使得一些词语的隐含义逐渐明确化、伴随义逐步独立化、联想义渐趋固定化”(张谊生 2000b:362)。“上$_3$”意义的产生是忽视目的物和参照物之间垂直距离的结果，但忽视距离不等于没有距离。事实上，“上$_3$”表示的是一种零位置，“零”有两个意思，一个表示数值“0”，一个表示“没有”，一般情况下，人们总是倾向于把“零”理解为后一种意思。因此，从“上$_3$”意义到“上”表示纯处所意义的转变就是把“零距离”类推成“没有距离”的结果。泛化是将词义抽象化的一种机制，将处所意义抽象成范围、方面意义便是这一机制在起作用。我们认为，这两种虚化机制不是发生在“上”虚化的全过程中，而是发生在“上”虚化的不同阶段。具体如下图：

“上$_3$”意义　　“上”表处所意义　　“上”表范围意义

——— 推理 ———

——— 泛化 ———→

图 2-9

(五)“下”的意义的虚化问题

1.“下”的意义没有虚化

从历史语料上看，“下”的意义始终停留在表示位置的初始意义上，并没有一个完整的虚化过程。在现代汉语里，虽然“下”也和“上”一样可以跟在非实体名词的后面表示范围、条件等意思，但并不表示“下”也和“上”一样意义虚化了。“下”用在非实体名词后头在表层形式上和“上”表示范围、方面的用法很相似，但两者有着本质的差异。这种差异至少表现在以下三个方面：

(1)“下”在非实体名词后头读音不弱化。语音弱化和意义淡化是词义虚化的两种基本形式，它们相互作用，互为因果。

(2)非实体名词可以和“上”、“下”构成“X 上 / 下”的结构。其中，“X 上”结构和“X 下”结构的句法功能有很大不同。“X 下”结构在充当句法成分上没有“X 上”结构自由，一般只能做介词“在”的宾语。如：

① 在传统的产权制度下，国有资本在条条和块块的分割之中

形成超稳定的结构，不能流动，长期在低效状态中运行。（人民日报.2000.11.13）

而“X上”结构可以做“在”的宾语，也可以做介词“到”、“从”的宾语。如：

② 我们按照江泽民同志提出的“集体领导、民主集中、个别酝酿、会议决定”的要求，逐步形成并建立相应的工作规范和工作制度，在制度上保证地方党委按照民主集中制原则来更好地发挥总揽全局、协调各方的领导核心作用。（同上.2000.07.01）

③ 反映到干部人事制度上，除了离退休年龄的硬杠杠外，缺乏干部“下”的评判标准、政策依据和具体途径，什么情况该下，往什么地方下，以什么形式下，没有科学的、配套的、操作性强的实施办法。（同上.2000.08.29）

④ 逐步建立领导干部任期制、任职试用期制、部分领导职务聘任制等制度，从制度上进一步解决好干部能上能下问题。（同上.2000.08.23）

除了做介词宾语外，“X上”结构还能够充当句子的主语和定语。

⑤《生死抉择》这部电影中，中阳纺织厂领导班子为什么烂了？那位省委副书记为什么从一位本来可能不坏的干部堕落成为一个犯罪分子？说明我们的制度上还有漏洞，还有产生腐败现象的条件。（同上.2000.08.25）

⑥ 推行政务公开，建立起一套有约束力的权力运行规范和运行机制，提高权力运行的透明度，为广大群众直接对政府权力进行最广泛的监督开通了一条渠道，有利于对领导干部的监督，为防止“暗箱操作”，防止滥用权力提供了制度上的保证。（同上.2000.07.28）

（3）上面我们谈到，“上”在表示范围、方面意义时构成的“X上”结构和“下”在表示范围、条件意义时构成的“X下”结构在整体句法功能上存在着差异。另一方面，在这些“X上”和“X下”结构的内部，对可以进入“X上/下”结构的“X”的选择，两者也有很大的差异。

虽然说“上”、“下”前面都可以跟一个非实体名词，但我们在实际语料中发现，“X 上”中的“X”可以是个光杆名词，也可以是个以名词为中心语的偏正短语。而“X 下”中的“X”只能是个以名词为中心语的偏正短语。如：

⑦ a. 为了增强这些银行的资金实力和竞争力，中国人民银行采取了从政策上支持其分批上市的做法。（人民日报.2000.12.11）

b. 两省可以在优惠的政策下发展符合本地特色的项目，比如改善高原生态环境、开发北部旅游资源等等。（同上.2000.03.23）

⑧ a. 根据农业和农村经济发展新阶段的需要和农民增收致富的要求，“双学双比”活动必须立足创新，努力做到在内容上有新发展，在领域上有新开拓，在方式上有新创造。（同上.1999.10.28）

b. 过去的结构调整，大多是在粗放型经济增长方式下由于片面追求增长速度和数量扩张，造成经济过热或比例严重失调时进行的。（同上.2000.11.07）

2.“下”的用法与“上”不同

“上”在表示范围、方面意义时，还可以跟光杆动词构成“V 上”结构。而“下”表示范围、条件意义时，前面就不允许跟光杆动词，只能跟“N ＋ V”格式的短语。如：

⑨ a. 他说，利民工程数额不大，最有效的方式就是用在教育上。（同上 . 2001.06.19）

b. 这个出生在无量山脉一个哈尼寨子的山娃子，在党的培养教育下，成长为一名共产党员、一个国有企业的厂长。（同上 . 2000.04.20）

3. 本节的结论

从上面的论述可以看到，“上”表示范围、方面意义的产生有一个历时的过程。在这种意义形成和固定的同时，不仅伴随着语音的弱化，也存在着句法泛化的情况，这些都是词义虚化的基本形式，因此把“上”表示范围、方面的意义理解成引申意义是不准确的。另一方面，所谓“下”表示范围、条件的意义和“上”的虚化意义相比，既不存在语音的弱化也不存在句法的泛化，所以也不能把它们看成是和“上”的虚化意义相对应的“下”的虚化意义。我们认为它们只是“下”的引申意义。

四 方位词“上”、“下”的引申意义

（一）“上”、“下”引申意义的两个特点

前面我们已经谈论了方位词“上”、“下”的基本意义，以及在基本意义上虚化而来的虚化意义，但还有许多意义和用法我们还未提及，如：“上午、下午、上级、下级”等词语中的“上”、“下”。这些“上”、“下”的意义显然不是其基本意义，也不能理解成“上”、“下”的虚化意义。我们将在下面的论述中，把这些意义统称作“上”、“下”的引申意义。“上”、“下”的引申意义有两个特点：

（1）它们有的不表示位置，而表示品质、等级等非空间概念；有的虽然表示位置，但这些位置可以不是垂直空间位置。

（2）它们和“上”、“下”表示位置的意义又都有着一定的意义上的联系。

（二）隐喻机制带来了“上”、“下”的各种引申意义

1. 隐喻是词义引申的主要机制

认知语言学认为，隐喻（metaphor）是词义引申的主要机制。和在各种虚化机制作用下的词义渐变不同，隐喻机制可以在语言发展的任何一个时期使词义发生突然变化，“上”、“下”的各种引申意义的产生也是如此。

隐喻一直被看作是修辞学范畴的一种特殊的修辞手段，长期以来不被主流的语言学家所重视。Lakoff & Johnson（1980）在 *Metaphors We Live By* 中首次提出了概念隐喻（conceptual metaphor），从而把隐喻从

修辞学范畴带入了认知语言学范畴。认知语言学所认为的隐喻不仅仅表现在语言中，其具有人类认知模式上的普遍性，而语言中所表现出的各种隐喻现象只不过是整个隐喻概念系统的外在表现。隐喻是人们概念化认识世界的一种基本模式，也就是指人们通过具象的、内部结构清晰的概念去理解和其有一定相似性的抽象、内部结构不明了的概念。这里所说的概念不是某个单一的概念，而是指人们认识事物的概念或范畴领域，即认知域（congnitive domain）。具体的理解过程是通过在不同的认知域之间进行投射（mapping）而完成的。

2. 汉语中的空间隐喻投射

"上"、"下"在汉语里属于认知的空间范畴域，空间范畴是不可再分解的原始认知结构，人类认知的许多其他范畴都可以通过空间这一源（source）范畴经投射产生。如 Lakoff & Johnson（1980）曾列举的"高兴是上，难过是下"、"有意识是上，无意识是下"、"健康、存活是上，疾病、死亡是下"、"施控、施力是上，受控、受力是下"、"多是上，少是下"、"地位高是上，地位低是下"、"好是上，坏是下"、"有道德是上，道德败坏是下"、"理性是上，感性是下"等等。由于以空间为原始域的隐喻投射受人类共有经验和特定社会文化经验的双重制约，汉语中的空间隐喻投射的情况非常复杂。我们下面将要讨论的内容，不是去探求在汉语里究竟有多少目标（target）域是经由"上"、"下"表示的空间域投射而来的，也不准备对各种隐喻的结构做详细剖解。我们的目标是弄清楚"上"、"下"各种引申意义的产生途径。因此，下面将从隐喻类型的角度对现代汉语"上"、"下"的各引申意义的产生原因和过程进行讨论。

（三）由方位隐喻造成的引申义

1. 由方位隐喻产生的"上"、"下"的引申意义

方位隐喻（orientational metaphor）是与空间方位有关的一种隐喻，这种隐喻是用空间方位来描绘所要表现的事物的。方位隐喻"不是用一个概念构造另一个，而是在同一个概念系统内部，参照上下、内外、前后、深浅和中心—边缘之类的空间方位自相组织起来的"。（张敏 1998）

在这种隐喻中，常用表示方位的词来体现不同的实践经验和文化经验。也就是说，方位隐喻给予目标概念一个空间方位，把本来不具有方位性语义特征的概念描绘成具有方位性的概念。在汉语中，因方位隐喻而产生的“上”、“下”的引申意义主要有以下两种。

2. 表示等级、品质

汉语中可以将等级、品质等这些本不具有空间含义的概念赋予空间意义。通常是将等级高的、品质好的看做“上”，而把等级低的、品质坏的看作“下”。如：

① 更让人难以忍受的是，一些恶劣的习气却被一些节目主持人当成了妙招绝技乐用不疲，硬要幽默风趣，却不过是彼此浅薄地造些拙劣的噱头胡调乱侃，一台节目下来废话差不多占去一半时间，弄得“画虎不成反类犬”，堕入下下乘。（人民日报.1996.11.17）

② 宣纸为我国独创，有“纸寿千年”之说，为古籍藏书用纸首选，而手工宣纸更是其中的上乘之品。（同上.2000.12.23）

③ 今天的辩论一结束，路透社记者随即采访了 6 位政治分析家，其中 5 位不约而同地认为，戈尔在辩论中略占上风。（同上.2000.10.20）

④ 在消费者当中，农村消费者更占下风，由于信息渠道狭窄，商品知识缺乏，商品鉴别能力通常更低，所以假药假酒老是在农村药死人和毒死人。（同上.1998.04.08）

除此之外，表示类似意义的还有“上等、上策、上品、上流，下等、下策、下品、下流、下贱”等词语。

3. 表示社会地位

在人类社会中，人与人之间也有社会等级和阶层的差异，如统治者与被统治者、领导者与被领导者、长辈与晚辈之间普遍存在着尊卑、长幼等关系。在汉语中，也经常用“上”、“下”来表示这些社会关系，一般把尊者、长者等地位称作“上”，把卑者、幼者等地位称作“下”。如：

⑤ 因为他对国家的一项事业有特殊贡献，上面有人替他说了

几句话，所以就没杀他，判了无期徒刑，从六五年到现在——他今年有70了吧？（王朔文集·过把瘾就死）

⑥ 我自己说的话我记着一些残句："我给他们领导看守招呼……"，"人不在职，下面就怠慢得多……"这好像应该是我们后来在地铁等车时说的。（同上·玩的就是心跳）

同样的词语还包括"上峰、上级、上司、上层、上宾、上流，下级、下人、下层、下头、下属、手下、下三烂"等等。

4. 方位隐喻与其他类型隐喻的差别

（1）"上"、"下"的这些引申意义和它们的基本意义几乎是同时产生的，在上古便有了"上帝、上苍、上天、皇上"等表达方式。因此这些意义和"上"、"下"的基本意义关系最为密切。

"上"、"下"表示具体的空间位置时，有意义和形式两方面的属性。意义上，"上"、"下"表示的位置关系是个垂直的位置关系。形式上，"上"、"下"必须在"目的物（参照物）、方位词"这样一个框架里才能表示确切位置。而上述各种"上"、"下"的引申意义只具有第一种属性，即由垂直坐标所显现出来的"高"和"低"。也就是说作为源概念的"上"、"下"并没有完整地被投射到作为目标概念的"高低、好坏、尊卑、长幼"上。这便是我们所说的方位隐喻。

（2）方位隐喻不同于其他类型的隐喻的最重要的一点就在于"不是用一个概念构造另一个概念"。因此虽然在这里用了"上"和"下"，但仍然是原来的"高低、好坏、尊卑、长幼"的意义。不仅概念意义没有变，就连这些概念在语言中的句法功能也没有变。表示等级、品质、社会地位这些概念的"高低、好坏、尊卑、长幼"等词语在汉语中经常放在名词的前边做定语。"上"、"下"在表示等级、品质、社会地位等意义时也大多放在名词之前，和"上"、"下"表示具体位置时的句法功能完全不相同。赵元任（1979：279）先生就认为这种"上"、"下"是兼属于方位词和区别词两类的。

5. 由方位隐喻产生的"上"、"下"引申意义的特殊用法

由方位隐喻而产生的"上"、"下"的引申意义还有一种特殊的用法。如：

⑦ 还对国债项目的选择和国债投资计划的上报、编制、下达等各个环节进行了规范，确保投资的操作有章可循。（人民日报.2000.12.31）

⑧ 近年来，一些工人集体上访就多是这样引发的。（同上.2000.12.26）

⑨ 进入九十年代后，随着电影体制改革的深化，多数地区电影票的定价权已逐步下放到电影企业。（同上.2000.12.08）

类似的词语还包括“上调、上供、上告、上述、上交、上缴、上行，下达、下行”等。

以上例子中的“上”、“下”都用在动词性语素之前。首先，我们认为这些句子中的“上”、“下”是体词性的，因为在它们的前面加上介词“朝、向、往”等介词时意义不变。其次，它们和表示绝对隐性位置时“向上、朝上、往上”等不同，表示绝对隐性位置时“向上、朝上、往上”后面跟的动词可以是一些具有位移性质的动词，如“来、去、走”等。而上述例子中的动词语素一般都不具有位移性。并且这些“上”和“下”都带有很强的指称性，表示的仍然是“上级”等意义。

（四）由结构隐喻造成的引申义

1. 由结构隐喻产生的“上”、“下”的引申意义

结构隐喻（structural metaphor）是用一种概念对另一种概念进行比拟阐述，即目标概念是通过源概念构成的。这种由源概念来理解或构成目标概念的隐喻即为结构隐喻。结构隐喻的构成必须有两个条件：一个是目标概念和源概念应当属于不同的认知域，有质的差异；另一个是两者之间又必须要有某种相似之点。这种隐喻正是通过抓住不同概念的相似之点，用源概念理解和认识目标概念的。在汉语中，因结构隐喻而产生的“上”、“下”引申意义也有两种。如：

2. 表示时间、次序

汉语常用“上”、“下”表示时间概念。如：

⑩ 上世纪80年代以来，发现在比较大的尺度上，星系的分

布呈泡状分布。（人民日报.2000.06.19）

⑪ 环顾全球，国际形势相对平稳却不平静，下世纪的世界格局仍会出现重大变化与调整。（同上.2000.12.14）

⑫ 有人给张晓路开玩笑说，你名“路”又修路，干了铁路干公路，不知上辈子是不是也是修路的？（同上.2000.09.02）

⑬ 或许，下辈子他也与黄河分不开了。（同上. 2000.02.13）

用“上”、“下”表示时间的用法在汉语里是很普遍的。除上面例子外，常用的还有“上半年、上季度、上个月、上旬、上星期、上周、上午、上半夜、上次、上回，下半年、下季度、下个月、下旬、下星期、下周、下午、下半夜、下次、下回”等。

3. 表示其他位置

“上”、“下”的基本意义是表示垂直位置的，但在汉语里却可以看到“上”、“下”表示其他位置的情况。

（1）用“上”、“下”来表示“北”和“南”。最常见的例子是我们常常把“到北方去”说成“北上”，而把“到南方去”说成“南下”。

（2）用“上”、“下”表示左右位置。如把一副对联的左边一联称作“上联”，右边一联称作“下联”。在牌局中左边的位置叫“上手”，右边的位置叫“下手”等。

（3）用“上”、“下”表示前后位置。如“上线”、“下线”、“上手”、“下手”等。

以上由结构隐喻造成的“上”、“下”引申义和由方位隐喻造成的引申义不同。这些“上”、“下”中已经没有了其表示空间位置意义时的概念意义：垂直坐标的高低两端。但是，“上”、“下”在表示位置时的“目的物（参照物）、方位词”结构模式却保留着。如“上”、“下”表示时间时，总是存在着一个参照物。这个参照物或者是“现在”，如“上星期、下星期”；或者是“上”、“下”所表示的具体时间之间的某个时间点，如“上午—中午—下午”。不过这一参照物已经是时间参照物而不是空间参照物了。

（五）由本体隐喻造成的引申义

1. 由本体隐喻产生的“上”、“下”的引申意义

本体隐喻（ontological metaphor）视日常生活中的非物质性或超然的体验为实体。我们之所以称其为本体隐喻是因为这种隐喻的源概念往往是我们日常生活中最熟悉的物体，这些物体是我们能看得见、摸得着的，对它们的性能和功用也非常了解，通过这些物体，我们比较容易实现认识目标概念和了解目标概念的目的。

在汉语中，将一些抽象的经验，如事件、行为、感觉、观念等当作一个离散的、具有形状的实体来表达的现象很常见。如：

⑭ 他惟有苦练，每天百分之百地完成训练计划，练得厚实一点、再厚实一点，心下才感宽慰。（人民日报.2000.09.23）

⑮ 但是，今年8月中旬，当地法院在商业城四处张贴的公告，在他的心上蒙上了一层阴影。（同上.2000.09.07）

⑭、⑮中的“心”原本表示的是思想、感情等抽象的概念。但人们往往通过本体隐喻赋予这些抽象概念以具体的形状，即将其理解为“思想的器官”。同时，两个抽象概念之间的抽象关系也可以通过本体隐喻而成为一种实体之间的具体关系，这便导致了“上”、“下”引申意义的产生。

2.“下”的一种由本体隐喻产生的引申意义

前面我们在讨论“上”的虚化意义时，曾用来做对比的跟在非实体名词后头的“下”的意义便是由本体隐喻造成的。如：“……情况下、……目标下、……背景下、……制度下、……场合下、……环境下、……气氛下、……前提下、……情况下、……状况下”等等。

在使用以上这些“X下”时，主要表达的是主体与这些“X”之间的一种关系。这种关系从本质上看是一种制约与被制约、控制与被控制的关系。其中“X”是制约与控制的一方，而主体是被制约与被控制的一方。这种抽象的关系被具体化后，便用有“处在参照物低端”意义的方位词“下”来表示。在这种“X下”结构中，“X”还可以是“照料、吹拂、防范、专政、建议、提议、动员……”等动词，从其语义特征来看，这些动词都具有控制义。可见“下”的这一意义符合“施控、施力是上；受控、受力是下”这一人类共通的认知取向。

第三章

与静态位置相关的句法形式的认知研究

第一节 表示静态位置的零动词句结构类型和认知语义

本节着重讨论的是下面这类句子：

① 山下一片好风光。

② 山顶上一块不大的平地。

③ 地板上一块块依稀可见的血迹。

④ 窗外一阵阵时隐时现的歌声。

在空间位置系统中讨论这类句子，可以明显地发现这种句子中，只有物体的本身和物体运动的处所，不用动词表示运动的方式。由于这种句式中少了相关的动词，处于谓语位置上的名词短语在表达空间位置这一点上，将显得特别重要。本节将这类句式称为零动词句。本节首先讨论零动词句中处于谓语位置的名词短语的结构特点，然后在讨论的基础上，揭示这种句式在空间位置系统中表示出来的意义，最后再讨论与零动词句有关的语用问题。

一 零动词句中陈述部分的结构特点

（一）指称转变为陈述的条件

零动词句中缺乏动词，陈述部分都是由一个名词性偏正短语担任。

名词具有指称功能，在零动词句中转变为陈述功能，这样的转变必须具备下列两个条件：

1. 陈述部分不能是一个“光杆名词”

从形式上看，零动词句中陈述部分不能是一个“光杆名词”，前面必须要有数量词加以修饰。尽管以处所词引介出来的表示静态位置的句子，句尾大多也以“数量词＋名词”的形式出现，如“宿舍前是一个网球场”、“屋子里有不少客人”、“墙上挂着一幅画”等①，但零动词句中数量词修饰语的出现是带有强制性的。强制性表现在是否成句上。零动词句陈述部分倘若缺少数量词的修饰，这个句子一般来说是不成立的，如一般不能说“山顶上不大的平地”、“地板上依稀可见的血迹”、“窗外时隐时现的歌声”等等。而在其他句式中，都缺乏这种强制性。

2. 陈述部分的名词大多具有［－有生］的语义特征

这样的名词可以分成两类：

A. 窗子外面一片黄昏景色。
山下一派好风光。
小镇上一派繁荣景象。
长城外一派萧瑟秋色。

B. 山坡上一层层错落的梯田。
四周一座座才盖好的高楼大厦。
客厅里一套柚木家具。
山脚下一片广阔的平原。

A 组是抽象名词，B 组是具体名词，但都是表示无生命的物体。表示有生命物体的名词，很少出现在零动词句中，如果出现，这些句子将是不完整的。试比较：

① 山脚下一条新修的公路。

② 山脚下一队才参军的士兵。

前一句表达了一个完整的意思，而后一句则应该添补上相应的动词

---

① 如“宿舍前是网球场”、“屋子里有客人”、“墙上挂着画”等都是可以说的，是不需要任何语用条件帮助的。

后才觉得完整，如添上“行进着”一类的词语，除非在一种特殊的对举或排比列举的句式中[①]。因为“处所＋无生名词”中，处所是指称对象；在“处所＋有生名词”中，处所成为谈话的一种背景，而名词则成为指称的对象。在一般情况下，指称后面有了陈述，才会觉得这种表达是完整的。

（二）数量词修饰语的结构特点

同其他句式相比，零动词句中名词前的数量词修饰语比较特殊，具体表现在下面两点：

1. 非计量性

非计量性常用的表达形式是：

（1）“一＋量词重叠”，如：

③ 地板上一块块依稀可见的血迹。

④ 山坡上一层层错落的梯田。

⑤ 窗外一阵阵时隐时现的歌声。

“一块块”是“一块一块”去除后一个“一”后的省略式，“一层层”、“一阵阵”也是省略式。数量词的叠用，表示后面修饰的名词在计数上不仅不止“一个”，而且是无法计数的。

（2）“一＋片”，如：

⑥ 山脚下一片广阔的平原。

⑦ 舷窗外一片绿色的大海。

⑧ 山坡下面一片汪洋。

这种句子中的名词大多表示“水面，地面”的意思，只能用“一片”加以修饰。这儿的“一片”不能用计量的“一块”等来代替。“一片”表示后面名词在计量上的“多”和不可计量。受非计量性数量词修饰的常是具体名词。

---

① 如“山脚下一条新修的公路，公路上一队才参军的士兵”、“山顶上一座香雾氤氲的寺庙，山脚下一群等着进香的香客”等句子。这种时候，“处所＋有生名词”可以构成一个表述。

2. 虚指性

即名词前的数量词不表示明确的数量概念，只起到单纯的修饰作用，主要用在“一片（派）+抽象名词”中，如：

⑨ 山下一片好风光。

⑩ 窗子外面一片黄昏景色。

⑪ 长城外一派萧瑟秋色。

“一片（派）”的虚指性表现在：（1）前面的数词只能用“一”；（2）“风光、景色、气象、心情”等抽象事物的存在是只能通过人感觉出来的，不是一种实体，很难用具体的数量词来加以修饰。“一片好风光”中的“一片”和“一片绿色的大海”中的“一片”并不相同，前者是虚指的，后者是实指。“一片绿色的大海”中的数词虽然也只能用“一”，但“一片”保持着原有的“平而薄的东西”的意思，而前句中的“一片好风光”的“一片”已没有“平而薄”的意思了。

（三）陈述部分前动词省略的问题

范方莲（1963）认为：“缺少 B 段的存在句可以说是省略了一个适当的动词，也可以说是省略了一个‘有’字。”范开泰（1988）也认为“有时把存在动词隐略掉，仍能表单纯的存在静态义，如‘树上许多彩灯’”。但是，零动词句并不能都看成是一种省略了动词的句式，两位先生所说的情况，只是零动词句中的一部分。

1. 可以补上的适当的动词并非是“有”字

一部分零动词句确实可以看作在名词性短语前省略了一个适当的词，但这个“适当的动词”并非都是如范方莲先生所说的“有”字，还可以是或者必须是其他的动词。如下面句子：

山顶上一块不大的平地→山顶上是一块不大的平地

窗外一阵阵时隐时现的歌声→窗外传来一阵阵时隐时现的歌声

舷窗外一片绿色的大海→舷窗外是一片绿色的大海

脸上一团和气→脸上显出一团和气

2. 陈述部分由“一片＋抽象名词”组成的大都不能补上“有”字

零动词句中陈述部分由“一片＋抽象名词”组成的，大都不能在名词性短语前补上动词“有”，如：

山下一片好风光→＊山下有一片好风光

小镇上一派欣欣向荣的景象→＊小镇上有一派欣欣向荣的景象

这些句子有时可以在名词性短语前添上动词“是”，如：“小镇上一派欣欣向荣的景象”可以变换成“小镇上是一派欣欣向荣的景象”，但这儿的“是”已不是表示“存在”的“是”，而应该看成是表示“关系判断”的“是”。“小镇上”也不再是指称处所，转而指称事物了。有的句子则连这样的“是”也不能添加，如“山下一片好风光”就不能说成“山下是一片好风光”。

可见，零动词句在结构上有其不同于其他句式的地方，不应该看成“是”字句或“有”字句的省略[①]。

（四）一种较为特殊的零动词句

还有一种零动词句，它的陈述部分是由“数量词‘一片’＋双音节形容词／动词”组成的，如下面例句：

⑫ 小镇上一片繁荣。

⑬ 会议室里一片寂静。

⑭ 被抄了家的卧室里一片混乱。

⑮ 病房里一片沉寂。

“繁荣、寂静、混乱、沉寂”都是形容词或动词，但我们仍然认为这样的句子与上述讨论的“山顶上一块不大的平地”相仿，理由是：

1.“一片＋形容词”省略了名词中心语

这些形容词或动词在句子中本身都含有“景象、气氛、局面”等意思，“繁荣”等于是“繁荣气氛、繁荣景象”，“寂静”等于是“寂静的气氛”

---

① 这儿的“是”字句、“有”字句也是表示静态位置的，如“宿舍前是一个网球场”、“屋子里有很多客人”。

等等。中心词去除后，在理解时仍然与中心词未去除一样。所以，我们可以把这些“一片＋形容词”看作是省略了名词中心语后的特殊用法。

这些形容词或动词前面只能用表示虚指的“一片（派）”修饰，而“一片（派）”所修饰的也只能是“景象、气象、风景”等抽象事物。因此，受“一片（派）”数量修饰语语义上的限制，后面的“繁荣、寂静、混乱”等词含有的“景象，气氛”等意思只会加强。试比较：

⑯ 卧室里一片混乱。

⑰ 卧室里一阵混乱。

前一句中的“混乱”作为一种“局面”，一种静止的状态，一种抽象的事物留存在“卧室里”；而后一句中的“一阵混乱”，由于换上了其他数量修饰语，只能理解为一种动作。

2.“一片＋双音节形容词／动词”中的“一片”不能省略

这种特殊的零动词句，陈述部分前面的数量词也带有强制性，不能去掉。因此，“小镇上繁荣”、“会议室里寂静”、“病房里沉寂”等，都是不成句的。这并不如宋玉柱（1982）先生所说的“去掉数量词，这些句子都能成立”。“卧室里混乱”一般也不能说，倘要认为这是合格句，那么这里的“混乱”已是“一阵混乱”的意思，而绝不应该理解为“一片混乱”。

3. 陈述部分不能加“有”

这种特殊的零动词句，也不能加上动词“有”，如不能说“小镇上有一片繁荣”、“病房里有一片沉寂”等。这种现象并不是因为“一片”后面修饰的是形容词或动词，而是因为这种句式所表示的意思和“一次＋抽象名词”句式所表示的意思相同的缘故。

二　零动词句的语义特点

上述对零动词句陈述部分特点的讨论中，归纳出这种句式的语义特点是：在空间位置系统中，零动词句单纯表示某一位置点上的一个物体。至于这个物体以什么方式留存在位置点上，零动词句是无法在形式上做出解释的。零动词句这种语义特点的归纳，在于下面几点：

（一）处所词语引介功能的削弱

以处所词语充当主语的句子，大多是引介句，然而零动词句中的处所词语，一部分具有引介作用，另一部分则只有单纯的指示作用。

1. 具有引介作用的零动词句

在下列零动词句中，处所词语具有引介作用，引出位于位置点上的某个物体。如：

① 客厅里一套红木家具。

② 墙上两幅颜真卿的字。

因为这样的句子都可以做如下的变换：

客厅里一套红木家具→一套红木家具在客厅里

墙上两幅颜真卿的字→两幅颜真卿的字在墙上

2. 不具有引介作用的零动词句

但是，在下列句子中，处所词语却不再有引介作用，处所词语只是起到单纯的指示处所位置的作用，因此下面句子都不能有如同上面那样的变换：

小镇上一派欣欣向荣的景象→*一派欣欣向荣的景象在小镇上

山下一片好风光→*一片好风光在山下

可见，在空间位置系统中，我们只能把零动词句的语义特点看成是单纯表示某一位置点上的一个物体。

（二）陈述部分缺乏表示物体运动方式的动词

零动词句中陈述部分由名词性短语担任，是由指称转为陈述的，缺乏表示位置点上的物体运动方式的动词。而且，如前节中所示，如果要在陈述部分前添加动词的话，并非都能添上表示单纯存在的“有”，有的还不能添加动词。所以，对于位置点上的某个物体的运动方式，零动词句是不能做出回答的。

其实，前节中所说的陈述部分添加动词的不规则性，是受到句首处所词语和陈述部分的名词性短语之间语义关系的影响的，这种影响可以分成三种情况：

1. 前者范围大于后者的

如果处所词语指称的处所范围比名词指称的事物所占据位置的范围大，一般只能加上动词“有”，如：

墙角上一只沙发→墙角上有一只沙发

院子里两棵开着花的芭蕉树→院子里有两棵开着花的芭蕉树

2. 前者范围小于后者的

如果处所词语所指称的处所范围比名词指称的事物所占据位置的范围小，一般只能加上动词“是”，如：

舷窗外一片绿色的大海→舷窗外是一片绿色的大海

山坡下一片平原→山坡下是一片平原

3. 后者不是表示范围的

如果名词指称的是抽象事物，则添加其他动词或不能添加动词，如：

脸上一团和气→脸上显出一团和气

窗外一阵阵时隐时现的歌声→窗外传来一阵阵时隐时现的歌声

小镇上一派欣欣向荣的景象→?

山下一片好风光→?

（三）句末名词有定性的加强

引介句的宾语部分常用“数量词＋名词”组成。“引介句引介无定名词词组在句尾出现”（汤廷池 1988）。零动词句直接以“数量词＋名词”作为句子的陈述部分，因而这儿的名词并非完全是无定的。

“一片＋抽象名词”中的“一片”具有虚指性。“小镇上一派欣欣向荣的景象”、“山下一片好风光”中的“一派”、“一片”与具体的如“一张桌子”、“两棵树”中的“一张”、“两棵”并不相同。

观察如下诸多零动词句句式：

③ 院子里两棵开着花的芭蕉树。

④ 墙上一幅山水画。

⑤ 窗台上一本正翻到三月六日的日历。

⑥ 湖面上一片白莹莹的雾气。

⑦ 舷窗外一片绿色的大海。

⑧ 村西头一间孤零零的土坯房。

这些句子中，数量词都不直接修饰名词，名词前还有其他一些修饰语。在我们所找的例句中，数量词直接修饰名词的零动词句只占很少一部分。我们认为，修饰语的添加使这些名词的外延逐渐缩小，而使它的有定性逐渐增加。因此，零动词句与纯粹的引介句不完全一样，后面的名词只是单纯地表示某一位置上的一个物体。

三　零动词句的语用特点

零动词句主要用在文学作品中，所起的作用是描写，这不同于其他表示静态位置的句式，后者所起的作用是叙述。

（一）话题的无标记性

1. 零动词句的句首处所词语前面不能加“在”

表示静态位置的、以处所词语引介的句子，在句首都可以加上介词“在”，这在一般语法文献中都有论述[①]。不过，零动词句的句首处所词语前面不能加“在”，因此，下列句子都是不合格的：

* 在墙上一幅郑板桥的画。

* 在舷窗外一片绿色的大海。

* 在小镇上一派欣欣向荣的景象。

零动词句中句首处所词语前不能加“在”，是句中缺乏动词的缘故。

2. 零动词句陈述部分有较大的限制

（1）我们把“在+处所词语”看成是介词结构。介词结构没有指称作用，只有一种可以称之为“准陈述”的作用。有准陈述必定要有陈述，

① 尽管汉语的习惯用法通常不在句首加上“在”等介词，但如果用上“在”，句子都是通的，如“在桌子上放着一本书”、“在柜子里有好多衣服”等。

而且这个“陈述”必须是有动词参与的“真陈述”，而不能是由指称转变而来的陈述。零动词句中的陈述部分事实上是由指称转变过来的，因此，不能满足有准陈述必定要有（真）陈述的要求。

（2）在句法上，零动词句属于名词性谓语句。由名词性词组充当谓语成分，成句能力很弱。这除了表现为对主语有所选择，例如主语经常是表示天气、节令、处所、具体的人或事物外，还表现为对名词性谓语本身的修饰语也有一定的限制。就表示空间位置的零动词句来说，作为谓语的“数量词＋名词”前一般不能出现修饰语，如要有修饰语，只能出现在数量词与名词之间。例如，我们一般说“舷窗外一片绿色的大海”，不太说“舷窗外绿色的一片大海”；一般说“小镇上一派欣欣向荣的景象”，不太说“小镇上欣欣向荣的一派景象”。因此，即使不将“在＋处所词语”作为句首话题看，而将其看作一般修饰语也不能出现在“数量词＋名词”的前面。

3. 零动词句句首处所词语是“无标记话题”

位于句首的“在＋处所词语”，因为有介词出现，我们可以称之为“有标记话题”。无标记话题的话题与说明之间结合较松，有较长的停顿。语流中，零动词句的句首处所词语与后面的名词性词组之间有较长停顿。如：

⑨ 小镇上／一派欣欣向荣的景象。

⑩ 舷窗外／一片绿色的大海。

（二）零动词句的焦点和预设

汉语的句子中，焦点一般在句子的末尾，表示说话人在一句话中要强调的交际内容的重点。我们将零动词句与其他表示静态位置的句式比较：

⑪ 墙上一幅郑板桥的画。

⑫ 墙上有一幅郑板桥的画。

⑬ 墙上挂着一幅郑板桥的画。

这三个句子的焦点都可以认为是“一幅郑板桥的画”。但是，预设提供了焦点存在的背景知识，由于这三个相关句式中动词的不同，这三个句子的预设显然也是不同的。如表 3–1：

表 3–1

例　句	焦　点	预　设
墙上一幅郑板桥的画。	一幅郑板桥的画	在墙上的一样东西
墙上有一幅郑板桥的画。	一幅郑板桥的画	墙上存在一样东西
墙上挂着一幅郑板桥的画。	一幅郑板桥的画	墙上挂着一样东西

预设和句子结构形式之间是有联系的，我们可以“根据句子结构去说明预设”（文炼 1986）。反过来，预设的不同也说明句子结构和句子结构所表示的意义之间是有差异的。零动词句与其他相关句式相比，因为缺少动词，只能单纯地表示位置点上的某个物体。

第二节　表示静态位置的“着”字句的句法结构和认知语义

本节讨论的“着”字句，是指与下列句子结构方式和构造层次都相同的句子：

① 台上坐着主席团。

② 台上演着梆子戏。

③ 马路上走着一群人。

主语部分都由处所词（一般处所词或名词加方位词）组成，谓语部分由“动词＋着＋名词”组成。

看下列三组例句：

A. 台上坐着主席团。

床上躺着一个人。

衣架上挂着一件大衣。

B. 台上演着梆子戏。

门外敲着锣鼓。

体育馆里进行着篮球比赛。

C. 马路上走着一群人。

操场上滚着雪球。

沟里流着许多污浊的水。

这三组例句有相同的结构，但内部隐含的语义结构关系却不相同，这可以通过变换加以揭示：

台上坐着主席团→①主席团坐在台上→＊②台上正在坐主席团

台上演着梆子戏→＊①梆子戏演在台上→②台上正在演梆子戏

A组和B组的变换是对立互补的，A组可以变换成①式而不能变换成②式，而B组则可以变换成②式却不能变换成①式，可见A组和B组的语义结构关系是不同的。

C组可以做如下变换：

马路上走着一群人→一群人在马路上走着→③马路上走来一群人

C组都有第③种形式的变换，即将动词后的“着”换成一个趋向动词，构成一个新句式，这是A组和B组例句都不具备的。可见，C组的语义结构关系与A组和B组的也不可能相同。为讨论方便起见，我们将A、B、C三组“着”字句分别记作着$_1$句、着$_2$句和着$_3$句。

本节将讨论着$_1$句、着$_2$句、着$_3$句内部的差异，揭示这三种句式的语义特征和语用特征，考察这三种句式在空间位置系统中的地位，并对与“着”字句有对当关系的、带动态助词“了”的句子进行考察与比较。

一　“着”字句中动词的语义特征

（一）“着”字句中动词的动作性特点

1. 着$_1$句中的动词是非动作动词

着$_1$句中的动词都是非动作动词，整个句子表示的是一种动作之后状态的留存，如下面例句中的动词都是非动作动词：

① 柜子里藏着不少细软。

② 本子里记着许多学习中的心得。

③ 身上盖着三床被。

④ 天空中飘扬着红旗。

⑤ 烈士陵园里埋葬着无数先烈。

但是，着$_1$句中动词的非动作性即状态性，必须在动词后附上“着”后才能表现出来，因为“大多数状态动词都有相对的同形的动作动词”（李临定 1990）。

2. 着$_2$句和着$_3$句中的动词是动作动词

着$_2$句和着$_3$句中的动词都是动作动词，这种动词的动作性是动词本身具有的，加上“着”之后，表示的是一种动作的持续。如下面句子中的动词，A 组的是着$_2$句，B 组的是着$_3$句：

A. 收音机里唱着流行歌曲。

外事办公室里陪着客。

教室里辩论着谁当学生会主席的问题。

灯光下审查着报表。

B. 天空中飞着一群小鸟。

阴沟里爬着许多小虫。

身后跟着一些不明身份的人。

广场上空盘旋着一群白鸽。

因此，着$_1$句中的动词可以描写为 [－动作]，着$_2$句和着$_3$句中的动词则可描写为 [＋动作]。

（二）着字句中动词的持续性特点

1. 着$_1$句中的动词表示状态的持续

着$_1$句中的动词都是状态动词，下面例句中：

⑥ 墙上挂着一幅画。

⑦ 银行里存着一笔钱。

⑧ 床上躺着一个人。

⑨ 门外蹲着两只石狮子。

“挂、存、躺、蹲”都表示一种状态的持续。

2. 着$_2$句中的动词表示动作的持续

因为着$_2$句表示一种动作的持续，所以在着$_2$句中出现的动词不能是瞬间动词。有学者认为“门外敲着锣鼓”中的类似“敲”一类的动词，“表示的动作性较强，较具体，具有重复性”，（戴耀晶 1991）是一种瞬间动词。其实，无论从语义上看，抑或从句子中的分布看，“敲”一类动词和如“死、开始”等纯粹的瞬间动词是有明显区别的。当“敲”类动词与“着”同现，表示一种动作的持续时，与一般的非瞬间动词是无法做出区别的。例如，能出现在着$_2$句里的“敲”类动词与其他动词一样，都可以和时段词同现。如：

台上演着梆子戏→台上演了两小时梆子戏

门外敲着锣鼓→门外敲了半天锣鼓

3. 着$_3$句里的动词必须是持续动词

有时候，看上去着$_3$句动词好像是瞬间动词，如“马路上走着一群人”中的“走”。但是，作为持续动词的“走”和作为瞬间动词的“走”是不同义项的两个“走”：“走”具有“离开”义时，是瞬间动词；具有“行走”义时，是持续动词。“马路上走着一群人”中的“走”，是“行走”的意思，是持续动词，其他的如“飞、爬、盘旋”等都是持续动词。

可见，着$_1$句中的动词表现出来的是[＋状态持续]的语义特点，着$_2$句、着$_3$句中的动词表现出来的是[＋动作持续]的语义特点。

（三）着字句中动词的移动性特点

1. 着$_1$句和着$_2$句中的动词是非移动动词

着字句是表示空间位置的句式，着$_1$句和着$_2$句中的动词具有非移动性的特点：着$_1$句中的动词是非动作动词，当然是不能移动的；着$_2$句中动词是动作动词，但它所表示的动作行为只能在一个“点”上进行，也就是说，这种动作行为只有时间轴上的运动，而在空间轴里不能进行运动。例如“台上演着梆子戏”这个句子，“演”的动作在空间位置中只能在“台上”这个“点”上进行，而在时间位置上，则有“开始——进行——结束”的过程。

2. 着$_3$句中的动词是移动动词

着$_3$句中的动词是移动动词，移动动词的特点是动作行为在空间位置上可以从一个“点”到另一个“点”之间进行，因此，着$_3$句中的动词后面都可以加上趋向动词。着$_2$句中的动词有时也能加趋向动词，如“唱→唱起来”，“审查→审查出来”，但这里的动词加上趋向动词后并不表示具体的移动，用的是趋向动词的引申意义，和着$_3$句中的动词是有区别的。

因此，着$_1$句、着$_2$句中的动词可以描写为 [－移动]，着$_3$句中的动词可以描写为 [＋移动]。

（四）着字句中动词带宾语的情况

1. 着$_2$句的动词要求带受事

如下面例句：

⑩ 菩萨面前磕着头。

⑪ 外事办公室里陪着客。

⑫ 洗衣机里洗着衣服。

⑬ 台上演着梆子戏。

句子中动词后的名词都是动作行为的受事，施事者在句子中都未出现。

2. 着$_3$句中的动词要求不带受事

如下面例句：

⑭ 马路上走着一群人。

⑮ 水沟里流着污浊的水。

句子中动词后的名词，都是动作行为的施事，因为这样的句子都可以变换成“一群人在路上走着”、“污浊的水在水沟里流着”。

3. 着$_1$句中的动词的两可情况

着$_1$句中的动词有的要求带受事，如：

⑯ 墙上挂着一幅画。

⑰ 柜子里藏着不少东西。

有的则不能带受事，如：

⑱ 床上躺着一个人。

⑲ 门外蹲着两只石狮子。

因此，着$_1$句中的动词可以描写为［±受事］，着$_2$句中的动词可以描写为［＋受事］，着$_3$句中的动词可以描写为［－受事］。

综上所述，着$_1$句中的动词的语义特征是［－动作］、［＋状态持续］、［－移动］、［±受事］；着$_2$句中的动词的语义特征是［＋动作］、［＋动作持续］、［－移动］、［＋受事］；着$_3$句中的动词的语义特征是［＋动作］、［＋动作持续］、［＋移动］、［－受事］。

二　“着”字句句式在空间位置系统中表现出来的语义特征

（一）着$_1$句的语义特点

在空间位置系统中，着$_1$句表示某一个位置点上留存着某种持续状态的物体。着$_1$句的这种语义特点，主要在以下两个方面得到体现。

1. 置于动词后的“着”具有持续的特征

持续是状态的一个特征，马希文（1987）认为“动词后边加上‘着’就转而指明状态”。可见，“着”具有静态意义是许多研究者都注意到的问题。尽管我们不认为“着”仅仅只具有静态义而没有动态义，主张把“着”分化成具有静态义的“着”和具有动态义的“着”两种情况，但是，当“着”位于非动作动词之后，所在的句子就会呈现出静态的性质来。这时句子中支配动词的成分和受动词支配的成分，都表现出运动的初始状态来：不仅是时间位移上的静止，也是空间位移上的静止。

2.“着”字前出现的动词都是非动作动词

这种非动作动词，不管是如朱德熙所说的具有“位置义”的如“挂、贴、堆、放”等动词，或者是具有“姿态义”的如“坐、躺、蹲、站”等动词，它们在语义上都表示一种“附着”和“遗留状态”的特征，而且这两种特征在一个动词身上必须同时具备（朱德熙 1982）。但是，“附着”和“遗留状态”这些特征的实现，则只有等到“动词+表示静态义的‘着’”这个组合建立以后才能得到。显然，“某一位置点上留存着某种持续状态的物体”这种着$_1$句的语义特征，也只能在“非动作动词+表示静态义的‘着’”这个组合中才能得到体现。

（二）着$_2$句的语义特点

在空间位置系统中，着$_2$句表示某一位置点上留存有持续动作的物体。着$_2$句的这种语义特点，可以从下面几个方面进行分析。

1.“着”表示一种动作的持续

着$_1$句中的“着”是静态的，表示一种状态的持续；着$_2$句中的“着”具有动态义，表示一种动作的持续。动作的持续具有两层含义：A. 动词表达的事件具有动作性，留存下来的并非是动作后的状态，而仍然是一种动作；B. 表现出来的是动作的过程，而并非是动作的起始、终结。这样，动作的持续就并不一定非得靠“着”才能表示，用相应的时间副词同样能表示这种动作的持续。因此，着$_2$句都可以有这样的变换：

台上演着梆子戏→台上正在演梆子戏

书房里陪着客→书房里正在陪客

从语义上说，变换式两边是等值的。

2. 动作的持续在空间轴上的一个点上进行

着$_2$句中动作的持续虽然不揭示动作的起始终结，但在时间轴上，这种动作的持续表现为有一个起点终点不明的过程，是动态的。表现在空间轴上，这种动作的持续在一个点上进行着，不发生位移。“收音机里唱着流行歌曲”、“书房里陪着客”一类句子里，“唱”这个动作始终在“收音机里”进行，“陪”这个动作都在“书房里”进行。“唱着”、“陪着”虽然没有揭示出时间的起始，但时间上的运动，通俗一点即时间的流逝，在“唱着”、“陪着”上是体现出来的。所以，我们把着$_2$句表现出来的动作持续看成是在一个静态的位置点上进行的，这是从空间位置系统出发得出的结论。

3. “着”字前出现的动词都是非移动动词

着$_2$句表示某一位置点上的动作持续，还可以从着$_2$句中动词的性质中得到体现。着$_2$句中的动词具有非移动性，非移动动词不能表现空间轴上一点到另一点的移动，非移动动词与移动动词后附趋向动词表示的意义是不同的：

唱起来（时间上运动，不体现空间位移）

拿起来（有时间和空间的运动，体现出空间的从下到上的一种位移）

因此，非移动动词即使后附趋向动词，在空间中也只是表现一种抽象的移动，换句话说，非移动动词所进行的动作只能在位置点上进行，而不能在位移点上进行。

（三）着$_3$句的语义特点

在空间位置系统中，着$_3$句表示某一个位置点上有无方向的移动的物体。着$_3$句的这种语义特点，也可以从以下几个方面进行分析。

1. 着$_3$句中处所词事实上指称一个“点”

空间范围的形状可以有“点、线、面、体”之分，在着$_3$句中处所词也可以指称各种不同的范围，如：

① 身后跟着一个人。（点）

② 马路上走着一群人。（线）

③ 操场上滚着雪球。（面）

④ 天空中飞着一群白鸽。（体）

但是从更高一个层次上进行概括，上述的“点、线、面、体”都可以表示一种“点”，这个点可以是“位置点”，也可以是“位移点”。“马路上走着一群人”中的“马路上”表示的是“位置点”，“马路上走来一群人”中的“马路上”表示的是“位移点”。这样，着$_3$句中支配动词的名词性成分所表示的物体，或者受动词支配的名词性成分所表示的物体，所占据的位置始终都在这个高一层次的“点”的范围内。

2. 动词后“着”的作用使“移动性”得到削弱

着$_3$句中的动词虽然是一种移动动词，但是这种空间位置上的“移动性”，由于后附“表示动作持续”的“着”的作用得到削弱，转而成为一种与着$_2$句中非移动动词一样的动作持续保留下来。不过，由于动词的移动性和非移动性的区别，移动动词的动作持续与非移动动词的动作持续在位置点上的表现是不一样的。如图 3–1：

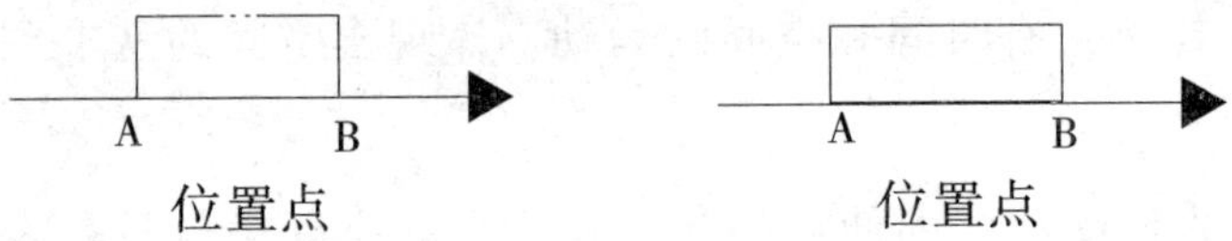

（移动动词的动作持续）　（非移动动词的动作持续）

图 3–1

移动动词和非移动动词的动作持续在空间位置点上的表现分别是“段”结构和“点”结构。

3. 着$_3$句中的移动是无方向的

表现空间位置的位移必须有源点、终点，而且必须有位移的方向。着$_3$句中的移动是无方向的，因为句子中缺乏位移的标志，即表示源点、终点的介词和趋向动词。这样，无方向的移动才有可能形成一种动作的持续。因此，“移动动词＋着”和“移动动词＋趋向动词”是互相排斥的。例如“走着”和“走来”，“走来”是一种有方向的移动，说明发出“走”这个动作的物体正朝着说话人所处的位置“走来”；然而，我们不能说“走来着”，也不能说“走着来”。着$_3$句中的移动既然成为一种持续的动作，那么如例句中的“走着”、“跟着”等动词，也只是在时间轴上有所运动，而在空间轴上，则仍然可以理解为是静止的。

三　“着$_1$”句的内部分类问题

着字句的内部分类，主要是对着$_1$句来说的。因为着$_2$句和着$_3$句的内部结构都比较简单，没有做内部分类的必要。

（一）分类的标准

1. 以往对着$_1$句的分类

对着$_1$句的内部分类，应该以能够揭示出占据某一位置点的物体与留存在这一位置点上的动作状态之间的关系作为标准。过去，已有人注意到了着$_1$句的内部分类并做过尝试，但所做出的分类结果却不甚理想。例如范方莲（1963）根据动词的及物与不及物对着$_1$句进行分类，但因为及物与不及物本身是个界限不分明的概念，如果遇到下列句子：

① 屋子里挤着许多人。

② 牙刷上挤着许多牙膏。

像“挤”这类动词就无法从及物与不及物上做出截然的区别。所以，范方莲只能采取一种比较模糊的说法来进行界划。聂文龙（1989）将着$_1$句分化为“坐”和“贴”句两类，也是以动词的及物与不及物作为区分的主要标准。李临定（1990）在《现代汉语动词》一书中，把着$_1$句中的动词从语义上分为A—G七类，这也可以看作是一种对着$_1$句的内部分类。但李临定的分类方法，无法在形式上找到验证，显然也不能满足我们对着$_1$句内部分类的要求。

2. 从系统功能语法角度对着$_1$句的分类

我们对着$_1$句内部进行分类的方法，是将着$_1$句的各个组成部分作为一个系统的网络来加以考虑的。我们认为，着$_1$句中使动作状态得以留存在某一位置点上的参与者（人或事物）只有一个，但参与者的身份并不是相同的，不同身份的参与者会使着$_1$句产生内部分化。同时，我们还认为，着$_1$句表示某一位置点上留存的动作或状态，主要是由具有静态的持续性质的“着”带来的，“着”前的动词是因为带上“着”后，才在表示空间位置句式中成为非动作性的“状态动词”。由于“着”的必须附着，使着$_1$句的外部形式趋于一致，因此，着$_1$句的内部分类，必要时可以在去掉“着”后的句式中加以考察。从这些原则出发，我们尝试把着$_1$句分为后面三类。这样的分类虽然与以往的分类结果有相似的一面，但分类的依据不同，解释力也就不一样了。

（二）主体着$_1$句

1. 参与者以状态留存主体的身份参与到着$_1$句中

这种着$_1$句中的参与者，都是以状态留存主体的身份参与到着$_1$句中去的。如：

③ 床上躺着一个人。

④ 外面站着几个哨兵。

⑤ 门边蹲着两只石狮。

2. 留存在位置点上的动作状态是由参与者发出的

这一类动词还有“坐、趴、跪、钻、围、卧、住、藏、混”等。上述例句动作的状态“躺着、站着、蹲着”是通过状态动词“躺、站、蹲”加上具有静态的持续性质的“着”表现出来的，这种动作的状态能够留存在位置点“床上、外面、门边”上，是由于参与者“一个人、几个哨兵、两只石狮子”发出该动作而实现的。因此，这一类着$_1$句在下列变换中能体现出参与者的主体身份：

床上躺着一个人→一个人躺在床上

外面站着几个哨兵→几个哨兵站在外面

门边蹲着两只石狮→两只石狮蹲在门边

戴浩一（1988）认为“动词后处所状语的作用在于表示受到动作影响的动作参与者的处所”，这种变换式是最能说明主体着$_1$句中参与者的身份的。

（三）客体着$_1$句

1. 参与者以状态留存客体的身份参与到着$_1$句中

这种着$_1$句中的参与者，都是以状态留存客体的身份参与到着$_1$句中去的，如下面例句：

⑥ 墙上挂着一幅画。

⑦ 竹竿上晾着几件衣服。

⑧ 信封上贴着两张外国邮票。

2. 参与者是动作状态涉及的对象

这一类动词还有“放、摆、摊、铺、吊、盛、架、停、垫、堆、埋、盖、戴、带、穿”等。上述例句中的参与者“一幅画”、“几件衣服”、“两张外国邮票”是动作的状态“挂着”、“晾着”、“贴着”涉及的对象。这种句式表示“挂着”、“晾着”、“贴着”这样的动作状态使得“一幅画”、“几件衣服”、“两张外国邮票”能在位置点“墙上”、“竹竿上”、“信封上”得以留存。因此，客体着$_1$句都能有以下变换：

墙上挂着一幅画→在墙上挂画

竹竿上晾着几件衣服→在竹竿上晾衣服

信封上贴着两张外国邮票→在信封上贴邮票

3. 客体着$_1$句和主体着$_1$句的区别

客体着$_1$句也能如主体着$_1$句变换为：

墙上挂着一幅画→一幅画挂在墙上

竹竿上晾着几件衣服→几件衣服晾在竹竿上

信封上贴着两张外国邮票→两张外国邮票贴在信封上

但这样变换之后并不表示如戴浩一（1988）所说的“动作参与者”的处所，而成为动作目标的处所。所以客体着$_1$句不能变换为：

一幅画挂在墙上→＊一幅画挂

而主体着$_1$句则可变换为：

一个人躺在床上→一个人躺

可见，上文的“屋子里挤着许多人”，可以变换为“许多人挤”，是主体着$_1$句；而“牙刷上挤着许多牙膏”不能变换为“许多牙膏挤”，是客体着$_1$句。

（四）存在体着$_1$句

1. 参与者以状态留存结果的身份参与到着$_1$句中

这种着$_1$句中的参与者，都是以状态留存结果的身份参与到着$_1$句中去的，如下面例句：

⑨ 黑板上写着几行大字。

⑩ 袖口上绣着一朵小花。

⑪ 纸上画着一只小鸭。

2. 动作状态在位置点上留存的结果产生参与者

这一类动词还有“刻、织、印、抄”等。这类句式表示“写着”、“绣着”、“画着”这种动作状态在位置点“黑板上”、“袖口上”、“纸上”留存的结果，产生出“几行大字”、“一朵小花”、“一只小鸭”这些参与者；也就是说，在“写”、“绣”、“画”之后才能出现“几行大字”、“一朵小花”、“一只小鸭”。因此，存在体着$_1$句能做如下变换：

黑板上写着几行大字→黑板上写出几个大字

袖口上绣着一朵小花→袖口上绣出一朵小花

纸上画着一只小鸭→纸上画出一只小鸭

3. 与主体着$_1$句和客体着$_1$句的区别

主体着$_1$句和客体着$_1$句中的参与者都没有“出现”的意思，所以都不能有存在体着$_1$句这样的变换：

床上躺着一个人→＊床上躺出一个人

信封上贴着两张外国邮票→＊信封上贴出两张外国邮票

屋子里挤着许多人→＊屋子里挤出许多人

牙刷上挤着许多牙膏→＊牙刷上挤出许多牙膏

综上，我们把着$_1$句的三个小类列表如下：

表 3–2

参与者	动　词	例　句	变换方式	表示的意义
主　体	躺、坐、站	床上躺着一个人	一个人躺在床上	位置点上留存的动作状态是参与者发出的
客　体	挂、晾、贴	墙上挂着一幅画	在墙上挂画	位置点上的动作状态使参与者得以留存
存在体	写、绣、画	纸上画着一只鸭	纸上画出一只鸭	位置点上的动作状态的结果产生参与者

四　“着”字句的语用功能

（一）“着”字句中的话题

1.“着”字句和它的变换式有不同的话题

李临定（1987）把着$_1$句如“墙上挂着一幅画”、“床上躺着一个人”和它们的变换式“一幅画挂在墙上”、“一幅画在墙上挂着”，“一个人躺在床上”、“一个人在床上躺着”都看成是静态句的基本格式，并认为“它们所表示的基本语义也是相同的”。其实，在空间位置系统中，这三种句式所表示的意义并不相同，最大的差异表现在语用功能上，首先就是话题的不同。

“着”字句和其他诸如上述两种句式，虽然都是对空间位置的一种表达，但充当话题的成分不同。“着”字句的句首，都是一个方位短语，以方位短语指称的处所作为话题；其他句式通常以占据某一静态位置上的物体作为话题。话题可以分为无标记话题和有标记话题两种：一般名词作为话题，都是无标记话题；介词结构做话题，称作有标记话题。无标记话题（topic）和说明（comment）之间，可以出现较大的语音停顿，或插入一些句中语气词。例如：

一幅画在墙上挂着→一幅画哪，在墙上挂着呢

一个人躺在床上→一个人，躺在床上了

2.“着”字句是有标记话题

“着”字句句首的方位短语，前面都可以加上介词“在”，只是在日常的使用中，“同动词‘在’常常可以省略”（李英哲1990）罢了。因此，“着”字句中的话题，都可以看作是有标记话题。有标记话题中话题与说明结合得比较紧密，中间不能停顿或插入其他成分。

另外，在更长的句子中，包括“着”字句在内的引介句，常常能起到谈话的话题的作用。例如：

① 墙上挂着一幅画，这幅画是名画家黄胄画的，黄胄画的牛可有名啦……

（二）“着”字句句尾名词性成分的定指和不定指

1. 着$_1$句和着$_3$句句尾名词性成分的使用

着$_1$句和着$_3$句中的名词性成分作为一种新的信息出现在句尾，通常是不定指的，以“数量词＋名词”的形式出现。但有学者认为“也可以是有定的名词短语”（李临定 1987）。我们认为，“有定”的名词短语的出现，是需要有一定的条件的，这里有几个问题需要说明。

（1）“有定／无定”的概念是与说话人有关的，“定指／不定指”的概念则适合于听话人方面。因此，李临定先生所说的“有定”，从我们给这两组概念所下的定义来看，事实上应该指名词性短语的“定指”。从说话人一边看，“数量词＋名词”如“墙上挂着一幅画”、“马路上走着一群人”中的“一幅画”、“一群人”都是有定的。

（2）句尾的名词性成分如果是定指的，一般是专有名词，如“身旁躺着车长杰”、“墙上挂着‘岁寒四友’”。如果句尾是人称代词，那么这个人称代词在性质上是代表旧的、已知的信息。例如：

> ② 她谈锋甚健地扯着美国的见闻，忽地想起和她一起来的江华怎么好长时间听不见声响了，忙用眼光朝客厅四周扫了一遍，发现靠墙拐的沙发上坐着他。
>
> ③ 王长华与这个女人一路小跑着，只要听喘气声，就知道身后跟着她。

（3）但是，即便是专有名词，习惯上也要在前面加上数量词“一个”、“一位”等，“来冲淡其有定性”（汤廷池 1981）。我们曾以“身旁躺着车长杰”和“身旁躺着一个车长杰”，“身后跟着她”和“身后跟着个她”两组句子进行了一个小范围的抽样测试，大多数人认为带上数量词后，更加符合习惯的说法，测试结果如表 3-3[①]：

表 3-3

	身旁躺着车长杰	身旁躺着一个车长杰	身后跟着她	身后跟着个她
淮河以北方言	2	11	1	3
淮河以南方言	1	10	0	1

① 调查对象为上海师范大学两个年级的在读研究生共 24 人，其中淮河以北方言区 12 人，淮河以南方言区 12 人。

着$_1$句和着$_3$句句尾专有名词的使用不如“是／有”句句尾专有名词的使用那么自由，这是因为出现在“是／有”句句尾的专有名词，大多由处所词担任，而“着”字句句尾的名词不能是处所词。

2. 着$_2$句句尾名词性成分的使用

着$_2$句中的句尾名词性成分，大多数情况下不以“数量词＋名词”的形式出现，但并非说明着$_2$句中的句尾名词性成分就是定指的。“数量词＋名词”是不定指的标志，但单个名词处在宾语的位置上，大多数情况下也是不定指的。例如：

台上演着梆子戏→台上演着一出梆子戏

书房里陪着客→书房里陪着一位客

但是，着$_2$句句尾名词性成分也可以是定指的，是自由的，无需同着$_1$句和着$_3$句那样要有一定的条件。因此，上述例句的变换也可以改成：

台上演着梆子戏→台上演着梆子戏《沙家浜》

书房里陪着客→书房里陪着那位从北京来的客

（三）“着”字句中的预设和焦点

1. 三种不同的“着”字句话语功能是不同的

“着”字句是引介句，它的话语功能在于为谈话的对方引介出人和事物，如：

④ 墙上挂着一幅画。

⑤ 台上演着梆子戏。

⑥ 马路上走着一群人。

在着$_1$句中，说话人为听话人引介出位于“墙上”的“一幅画”；在着$_2$句中，说话人为听话人引介出正在“台上”的“梆子戏”；在着$_3$句中，说话人为听话人引介出位于“马路上”的“一群人”。至于被引介出的人或事物是以什么方式存在于这个位置上的，则是由这些表示人或事物的名词前的动词和“表示持续”的助词“着”所决定的。

2.“着”字句的信息焦点分布在句尾

“着”字句的变换式都不是引介句，而是一种“主题句”。主题句的构成要符合“从旧到新”的原则，即旧信息在前，新信息在后。“着”字句和同样表示空间位置的主题句相同，信息焦点也在句子的尾部。但“着”字句中的焦点是表示占有某一静态位置的人或事物，而表示静态位置的方位短语则成为旧信息；主题句中的焦点却是某个人或事物以一定方式存在的处所，人或事物成了旧信息。“着”字句把主题句中的旧信息移到句尾做“前景”（foregrounding），成为“句尾信息焦点”（endfocusing）。

焦点的不同将带来预设的不同，我们把着$_1$句与它的两种变换式做一比较：

表 3–4

例　　句	焦　　点	预　　设
墙上挂着一幅画	一幅画	墙上挂着一样东西
一幅画挂在墙上	墙上	有一幅画挂在某个地方
一幅画在墙上挂着	挂着	有一幅画以某种方式留在墙上

五　与“着”字句有对当关系的“了”字句

（一）与着$_1$句有对当关系的“了”字句

1.“了”字句的不同形式

“处所词＋动词＋了＋名词”组成的“了”字句有各种不同形式。如：

A. 村子里死了一头牛。

B. 墙上挂了一幅画。

C. 台上演了一小时梆子戏。

D. 床上躺了一个人。

其中与“着”字句有对当关系的，应该是D类“了”字句；而与D类“了”字句有对当关系的，又只是着$_1$句。所以，讨论这个问题，应该集中在D类“了”字句和着$_1$句之间。

2. 主体着$_1$句与“了”字句有对当关系

但是，详细考察着$_1$句和与着$_1$句具有相同意义的“了”字句就会发现，

“方位词＋动词＋着＋名词”能变换成“方位词＋动词＋了＋名词”，且在表示静态位置时能起到相同作用的，只是着$_1$句中的一部分。我们认为，只有主体着$_1$句才与“了”字句有对当关系。如：

床上躺着一个人→床上躺了一个人

门外站着几个哨兵→门外站了几个哨兵

客体着$_1$句和存在体着$_1$句，不能有相应的“了”字句，因此：

墙上挂着一幅画→*墙上挂了一幅画

袖口上绣着一朵花→*袖口上绣了一朵花

另外，下列动词只能构成与着$_1$句具有同样语义结构的“了”字句，一般来说，这种“了”字句也很少有着$_1$句的对当用法，这些动词是“碎、破、留、塌、肿”等。如：

窗上碎了一块玻璃→*窗上碎着一块玻璃

衣服上破了一个洞→*衣服上破着一个洞

小店里留了两位客→*小店里留着两位客

东院里塌了一堵墙→*东院里塌着一堵墙

上述三种情况，可以归纳为表3-5：

表3-5

	变换情况	句中动词	着$_1$句	“了”字句
1	有着$_1$句	挂、绣、贴、写	墙上挂着一幅画 袖口上绣着一朵花	
2	有着$_1$句/ “了”字句	躺、站、坐、蹲	床上躺着一个人 门外站着几个哨兵	床上躺了一个人 门外站了几个哨兵
3	有“了”字句	碎、破、留、塌		窗上碎了一块玻璃 东院里塌了一堵墙

（二）表示留存有动作状态的“了”字句的特点

1. 动词必须同时具有“附着”和“遗留状态”两种特征

朱德熙（1982）先生认为，表示位置点留存有动作状态这种意义的着$_1$句中，句中的动词必须同时具有“附着”和“遗留状态”两种特征。主体着$_1$句变换成“了”字句后，如“躺、站、坐、蹲”这些动词仍然保持着“附着”和“遗留状态”这两种语义特征。例如“床上躺了一个人”中的“躺”这个动作，仍然“附着”于占据位置点上的“一个人”身上，作为一种状态留存在“床上”这个位置点上。但是，客体着$_1$句或存在体着$_1$句如变换成“了”字句后，“附着”和“遗留状态”这两种语义特征就不再具有。“墙上挂了一幅画”中“挂”这个动作已经完成，不再“附着”在位于位置点上的“一幅画”上，“一幅画”成为“挂”这个动作的对象，而并非成为“挂着”这个动作遗留下来的状态；“袖口上绣了一朵花”与“墙上挂了一幅画”是同样的情况。所以，只有主体着$_1$句才有相对应的“了”字句。

2. 不可以加上与“了”的时体特征相关的词语

“床上躺了一个人”、“门外站了几个哨兵”一类句子中的动词仍表示一种动作状态的留存，其中的“了”不表示动作的完成，还可以从句子中能否加上表示时间的词语这一点来得到证明。“墙上挂了一幅画”、“袖口上绣了一朵花”一类句子中可以加上与“了”的时体特征相关的词语。例如：

① 墙上先挂了一幅画，后来又挂了一幅字。

② 袖口上绣完了一朵花，又在领口上绣了起来。

“床上躺了一个人”一类句子，是不能加上与动作完成有关的词语，如不能说“床上先躺了一个人，又躺了另一个人”之类的话。

3. 状态过程的参与者只有一个

从系统功能语法的观点看，表示持续状态留存的着$_1$句，状态过程的参与者只有一个。“床上躺了一个人”、“门外站了几个哨兵”一类句子中，参与者也与着$_1$句一样，只有一个。“一个人”、“几个哨兵”都作为主体参与者，参与到“躺了”、“站了”这个状态过程中去。“墙上挂了一幅画”、“袖口上绣了一朵花”一类句子中，“一幅画”、“一朵花”已不再具备客体或存在体的身份，而成为一种动作的目标。动作过程的特点在于，句子中可以出现一个参与者，也可以出现两个参与者：有两个参与者的话，就是动作发出者和动作过程；如果只有一个参与者，这个参与者就只能是动作发出者。“墙上挂了一幅画”、“袖口上绣了一朵花”

一类句子，虽然只出现一个参与者，但这个参与者是动作的目标，显然还隐含着另一个参与者即动作的发出者。有两个参与者的话，就不可能是表示持续状态的留存了。

4. 不能有被动形式

由于与着$_1$句语义结构关系相同的“了”字句只能有一个参与者，因此，这样的“了”字句不能有被动形式。有些语法词典（如孟琮等1999）里列举了一些“了”字句，认为这些“了”字句也属于存在句，因此也能表示静态位置点上留存有持续状态这种意义。但我们认为，这样的“了”字句因为有被动形式，所以与着$_1$句是不同的，而与“墙上挂了一幅画”、“袖口上绣了一朵花”一类句子相似。如下列句子中都隐含着动作的发出者：

③ 脚上叮了一个包。

④ 墙上掏了一个洞。

⑤ 窗户纸上捅了好几个窟窿。

⑥ 马路中间挖了一条沟。

⑦ 地上糟蹋了好多粮食。

“床上躺了一个人”、“门外站了几个哨兵”一类句子中能具有持续状态留存的意思，主要的原因并非因为这些句子中的动词是不及物动词。范方莲（1963）认为“只要是典型的内动词，不至于误会成一般的动宾关系”，因此从着$_1$句就可以变换成“了”字句，并认为“走”、“飞”也属于这种典型的内动词。其实，像“走”、“飞”这类动词参与的句子，“着”和“了”缺乏对当的关系：

马路上走着一群人→ * 马路上走了一群人

天上飞着一群小鸟→ * 天上飞了一群小鸟

学校里走了一群人→ * 学校里走着一群人

树枝上飞了一群小鸟→ * 树枝上飞着一群小鸟

像“走”、“飞”一类移动动词，都不能构成表示持续状态留存的句子。可见，“床上躺了一个人”这类句子的成立，主要原因不在于动词的及物或不及物上。

(三)有关表示持续状态留存意义"了"字句的两个问题

1."了"字句具有强烈的方言倾向

与着$_1$句有对当关系的"了"字句具有强烈的方言倾向，很多学者已经指出了这一点。范方莲(1963)认为"带'了'这种形式不是地道的北京口语，有方言性，南方作家笔下极多"，胡明扬(1988)和于根元(1983)从浙江海盐方言和上海话的使用情况中也证明了与着$_1$句有对当关系的"了"字句的方言倾向，而且胡文和于文中都证明了在方言里着$_1$句和"了"字句是对立的："着"表示静态，"了"表示动态。因此，方言中这两种句式是对立的这种情况可以反映出，"认为存在句的动词既可以带'着'，也可以带'了'，只是带'了'的话后面的名词一般要带数量词"的这种说法"是有一定问题的"(胡明扬1988)。这是因为用"了"代替"着"的用法具有方言倾向，而方言里的"着"和"了"又是对立的，这样的前提是推不出"存在句的动词既可以带'着'也可以带'了'"这种结论的。我们认为，只有一部分着$_1$句可以变换为具有相同意思的"了"字句，这部分着$_1$句就是主体着$_1$句。

2."了"字句使用上不如着$_1$句多

严格说来，"床上躺了一个人"这类具有与着$_1$句同样语义结构的"了"字句，并不是十分规范的，使用上远远不如着$_1$句多，而且所具有的"位置点上留存有持续状态"的这种意义，在句子中往往不能得到体现，必须扩大到篇章结构中去，依靠上下文来理解。如：

⑧ 石得富朝南走去，忽见十字路口挤了一堆人。

⑨ 玉茹急急跑上楼，心想这父子俩还不知会闹出什么笑话。谁知推门一看，沙发上坐了一个，地板上又趴了一个，正在忙着各自的事呢……

真正具有着$_1$句意义的"了"字句，只是表3-5中第三类如"东院里塌了一堵墙"那一种。但是，能在第三类"了"字句中出现的动词为数很少，《汉语动词用法词典》中只有十余个。这样看来，与着$_1$句有对当关系的"了"字句的合法性，就得重新考虑了。

第三节　表静态位置的状态“在”字句研究

“在＋Np＋Vp”句式引起过语法学界很多学者的注意。朱德熙1978年《“在黑板上写字”及其相关句式》一文发表，引起了一场围绕这一句式的讨论。朱德熙本人后来也对文章中某些观点进行了新的修正，于1981年再一次发表这篇文章。朱德熙的这篇论文和其他有关文章，如施关淦（1981）、王还（1980）、邵敬敏（1982）等，都运用了变换分析的方法，揭示出了与“在黑板上写字”形式相同而意义不同的句式之间的关系。

例如朱德熙认为，“在黑板上写字”有如下的变换式：

在黑板上写字→字写在黑板上→黑板上写着字（呢）

而与这三个句式形式相同的，如：

在汽车上看书／箭射在靶子上／屋里开着会（呢）

在意义上却是有差异的。通过变换式的推导，找出形式相同而语义内容不同的句式的分化方式，从而进一步找出构成这些句式的动词的次范畴的分类。

然而，八十年代初对“在＋Np＋Vp”句式的研究以及讨论的重点，并未放在对这个句式本身特点的探讨上，而是意图以对某一句式的具体分析作为突破口，使汉语语法研究在方法上有所改进。所以，朱先生与其他学者的文章，理论上的贡献在于方法论，为如何运用变换分析的方法来揭示汉语的歧义现象做出了探索。由于研究的重点在于变换方法的运用，所以对“在＋Np＋Vp”这一句式的认识还是不充分的，许多特点在那些文章中并未做出较为透彻的揭示。

本节将从空间系统出发，讨论“在＋Np＋Vp”句式的问题。着重讨论以下几个问题：（1）“在”字句是反映静态位置的一种句式；（2）状态“在”字句的语义特点；（3）状态“在”字句的句法特点；（4）状态“在”字句的语用特点。最后，在上述讨论的基础上，归纳出状态“在”字句在位置系统中所表现出来的句式义。

一 “在”字句是反映静态位置的一种句式

(一)“在”字句在空间位置系统中的地位

1. 范继淹对“在 + Np + Vp”句式的研究

在范继淹对“在 + Np + Vp”句式的研究及其相关句式的讨论过程中，产生出来的一些问题引起了许多学者的重视，对这种句式特点的发掘，成为语法研究中的一个较为敏感的课题，十多年来研究一直没有间断过，这方面的论文已经发表了很多。但是，从将“在 + Np + Vp”句式纳入空间位置系统中加以讨论这点看，对我们最有启发的是范继淹1982年发表在《语言研究》上的论文《论介词短语“在+处所”》。范继淹的文章针对介词短语“在+处所”参与的句式，也包括以前讨论过的“在黑板上写字”这样的句式，从句法形式和语义内容两方面入手，做出了全面且详细的分析，将这种句式又分化成“Pp + Np + Vp”、“Np + Pp + Vp”、“Vp + Pp + Np”三种具体的子句式，对具体的子句式进行了描写，做出了解释。

范继淹的文章对从空间位置系统角度出发研究“在”字句是很有启发作用的：首先，他把这种句式限制在表达处所的范围内进行讨论，从而确定了这种句式在空间位置系统中的地位；其次，论文中的一些结论，是从2700多条语例中归纳和分析出来的，具有很强的解释力，这就可以使后人在研究这一问题时有不少地方能径取定论，少走许多弯路。

2.“在”字句在空间位置系统中的地位

在空间位置系统中，“在”字句是反映静态位置的一种句式，属于位置句，这是因为：

(1)范继淹所归纳的“Pp + Np + Vp”句式，表示事件发生的处所，这和我们讨论过的“墙上一幅画挂着呢”、“床上一个人躺着呢”一类句式相仿，所表示的意义也大致相同[①]。“墙上一幅画挂着呢”、“床上一

① 参见本章第二节的相关论述。

个人躺着呢”一类句式中，句首处所词前都能加上介词“在”字，都属于位置句；反过来说，句首处所词前不能加上介词“在”字的，都属于位移句（参见齐沪扬 1997）。如：

前面一个人走来了→＊在前面一个人走来了

车厢上不少乘客涌了下来→＊在车厢上不少乘客涌了下来

可见，“Pp ＋ Np ＋ Vp”句式应属于位置句。

（2）范继淹所说的“Np ＋ Pp ＋ Vp”、“Vp ＋ Pp ＋ Np”句式，亦即“在黑板上写字”、“字写在黑板上”，这样的句式是否也算作位置句呢？我们认为应该看作是表示静态位置的句式，我们的理由是：

A. 空间位置的确定要考虑时空一致性的特点。空间运动总是伴随着时间运动进行的。虽然空间中的位置移动所参照的是空间中的某一参照物，而时间中的位置移动所参照的是时间中的某一参照物，二者是不同的。但这两种位移的主体是同一物体，对于同一物体来说，空间位移和时间位移是互相关联的。

上面的论述不仅仅是一种理论上的假设，我们用具体的句子进行表达时，也能证明上述论述是成立的：

① 小王从学校回来。

② 在黑板上写字。

前一句中的“小王”，空间的位移是以说话人说话时的处所作为参考位置，“学校”到“说话人说话时的处所”这一段距离就是空间位移的轨迹；而时间上的位移是以“小王”开始“走”作为参考位置，从“学校”到“说话人说话时的处所”所花费的时间是时间位移的轨迹。“小王”在做空间位移的同时，也在做时间位移。“在黑板上写字”这一句中的“字”，在空间位移中是相对静止的，对参照位置“黑板”来说，“字”始终存在于“黑板”上，但在时间位移上，“字”有“开始写”到“写出来”的过程，动作的过程必须经过时间的流逝。可见，对于“字”这个事物来说，空间位移和时间位移也是互相关联的。

B. 我们假设一个物体运动时的初始状态为“0”，运动状态为“1”，再假设物体的运动在时间上的变化表现在横向的 X 轴上，在空间上的变化表现在纵向的Y轴上，那么，“Np + Pp + Vp”句式和“Vp + Pp + Np”句式都可描写为（1,0）。“在”字句只是表现在时间位置上的移动，而在空间位置上是相对静止的，因此，在空间系统中，“在”字句也就应该属于一种反映静态位置的句式，是位置句中的一种。

（二）区分两种不同的“在”字句

1.“Pp + Np + Vp”不是单独的一种句式

本节讨论的“在”字句，是指范继淹所归纳的后面两种句式。前一种句式“Pp + Np + Vp”，我们认为只是一种加上了介词“在”的由处所词语引介的句式。因此，在空间位置系统中，“Pp + Np + Vp”不是单独的一种句式。

但是，我们详细考察了范继淹所归纳的后面两种句式后发现，在空间位移和时间位移这两点上，表现还有不一致的地方。如下面例句：

③ 在墙上挂着一幅画。

④ 在地上搭着积木。

前一例句可以有如下变换：

在墙上挂着一幅画→一幅画挂在墙上→一幅画在墙上挂着

后一例句则不能有和前一例句相仿的变换：

在地上搭着积木→＊积木搭在地上→＊积木在地上搭着

我们在讨论“着”字句的时候，认为着$_1$句在句法上的特点是如同“在墙上挂着一幅画”的变换式。可见，“在墙上挂着一幅画”与两种变换式在表达意义上有相同之处，“在墙上挂着一幅画”与“墙上挂着一幅画”应该是等同的。然而，“在地上搭着积木”中的“在”却不能省略，也没有与“在墙上挂着一幅画”相同的变换式，因此，与着$_1$句也不可能等同。

2.形式标志“在 + Np”会出现在两种句式中

“在＋Np”是一种形式标志，说明在这一空间位置上的物体，从空间位移的角度来说，是相对静止的；但从时间位移的角度考虑，就有可能产生在“在＋Np”这个位置上有相对静止的状态和在“在＋Np”这个位置上伴有动作这两种情况。前一种情况是“一幅画在墙上挂着”、“一幅画挂在墙上”等句式所揭示的；后一种情况就是“在地上搭着积木”（表示动作发生的处所）和“把信递在他手中”（表示动作达到的处所）等句式所揭示的。前一种句式称作状态“在”字句,后一种句式称作动作“在”字句。

（三）状态“在”字句的类型

状态“在”字句主要指下列各组句式：

A. 一幅画在墙上挂着。　　B. 一幅画挂在墙上。
他在床上坐着。　　他坐在床上。
C. 他在北京住。　　D. 他在医院里死了。
他在车站里等候。　　他在马路上摔了。

A组和B组的区别，是介词“在”的位置的不同，A组和B组分属于“Np＋Pp＋Vp”和“Vp＋Pp＋Np”两种不同的句式。A组和C组的不同，在于A组句尾动词的后面必须加上“着”字，不然句子是不通的，如不能说“一幅画在墙上挂”、“他在床上坐”;C组句尾动词后不能加上“着”，不然句子是不通的，如不能说“他在北京住着”、“他在车站里等候着”。C组和D组的不同，在于C组句尾动词后不能加上“了”，不然句子是不通的，如不能说“他在北京住了”、“他在车站里等候了”；而D组句尾动词的后面则必须加上“了”，不然句子是不通的，如不能说“他在医院里死”、“他在马路上摔”。

在空间位置系统中，这四种句式都表示呈现某种状态的物体在某一位置的留存。这里说的“某种状态”，可以指状态的持续，也可以指状态的变化。下面分别从语义、句法、语用三个方面对状态“在”字句进行分析。

二　状态“在”字句的语义特点

（一）留存在空间位置上的物体呈现出一种状态

1. A组句子的语义特点

A组句子中的“着”是不能去除的，“着”是持续义的标记，在这里表示状态的持续，而非动作的持续，因为下面说法是不成立的：

*一幅画在墙上正在挂着。

*他在床上正在坐着。

“一幅画”和“他”正以“挂着”、“坐着”这种持续的状态，留存在空间位置“墙上”和“床上”。对于A组的句子，学者们的认识都是一致的。

2. B组句子的语义特点

B组的句子范继淹（1982）认为是有歧义的。“‘他坐在沙发上’这种形式有歧义。可以表示瞬间的动作，也可以表示持续的状态，只有在一定的语言环境中，才能传输确切的消息”，但范继淹并未回答作为动作过程的参与者“他”与处所位置“沙发”的关系。侯敏（1992）修正了范继淹的观点，认为“在沙发上”这个介词短语“既可表‘坐’这一状态呈现的处所”，“又可表‘他’因‘坐’这一动作影响所居的处所”，把范继淹的“表示瞬时的动作”改正为影响动作参与者的所居的处所，但仍然认为这种句子是有歧义的。其实，从空间位置系统讨论物体以什么形式占据位置点这一点看，这种歧义是可以合一的，即都表示一种状态：既可以作为状态的持续理解，“他坐在沙发上”等于“他在沙发上坐着”；也可以理解为一种状态的变化，“他坐在沙发上”等于“他死在医院”。在这种句式中，瞬时动作的完成和状态的变化都具有“顿变”的性质而无“渐变”的特点。侯敏认为“他坐在沙发上”因“坐”这一动作影响“他”的所居处所。但事实上，“坐”这一动作的开始（亦即停止），就使“他”完成变化在“沙发上”，呈现出一种状态。因此，对表示物体在位置点上呈现出一种状态的句式来说，“他坐在沙发上”不仅与“一幅画挂在墙上”是等价的，而且与其他几组句子相比，表达的意思基本上也是相同的。

3. C组句子的语义特点

C组的句子动词后面虽然不能加上表示持续状态的“着”，但可以加上表示时段的时量词，C组句子可改为：

① 他在北京住了三年。

② 他在车站里等候了好几个小时。

这种现象表明，在时段词所表示的这一段时间内，句子所表示的意义与

A组相同：在“三年”这段时间内，“他”正以持续的状态“住”，留存在空间位置“北京”里，可见，“他在北京住”这一类句子也应该看作是状态“在”字句。戴浩一（1981）认为“‘住’实在是和‘睡’、‘躺’、‘死’等词属于同一类型的动词”，这种观点是值得商榷的。“住”、“等候”之类动词本身就是一种持续动词，所以可以在后面加上表示持续量的时段词，与“死”等动词是不一样的。另外，戴浩一把“他在北京住着”看成是合格句，这也不太符合汉语的习惯。

4. D组句子的语义特点

D组是由一些表示状态变化的动词组成的句式。因此，无论是“他在医院里死了”，还是这个句式的变换式“他死在医院里了”，所表示的都是在“医院里”这个位置点上，留存有呈现“死”这种状态的人“他”。对于D组语义内容的认识，与A组相仿，许多研究者的看法是一致的。

从上述四组不同的情况看，就反映留存在空间位置上的物体呈现出一种状态来说，四组句子却都是相同的。

（二）动作过程参与者只有一个

1. 动作过程参与者只有一个

状态“在”字句动作过程的参与者只有一个，呈现出某种状态的物体必须是占据着这个空间位置的。这和另一种动作“在”字句不同：动作“在”字句中动作过程的参与者可以有两个，因此，留存在空间位置的物体是动作发出者或动作接受者，可以是二者中的一个，也可以是两个都留存在空间位置上；而呈现出某种状态的物体只可能是动作发出者或动作接受者中的一个，是动作的结果使得其中的一个呈现出一种状态，留存在空间位置上，例如：

③ 一幅画在墙上挂着。

④ 他在床上坐着。

“一幅画”是“挂”这个动作的接受者，是“挂”的结果使“一幅画”在空间位置“墙上”呈现出一种“挂着”的持续状态；“他”是“坐”

这个动作的发出者，是“坐”的结果使“他”在空间位置“床上”呈现出一种“坐着”的持续状态。同样：

⑤ 他在北京住。

⑥ 他在医院里死了。

“他”分别是动作“住”和“死”的发出者,“住”和“死”的结果使“他”在空间位置“北京”和“医院里”呈现出“住”的持续状态和“死”的变化状态。

2. 只有一个参与者的语义特点在句法上的反映

状态“在”字句中的动作参与者只有一个这一语义上的特点，在句法形式上能够得到反映，即构成这种句式的动词大多为不及物动词；反过来说，因为不及物动词的缘故，使得动作过程的参与者也只能是一个。

（二）时间特征上的方然性和已然性

1. 时间特征上的方然性和已然性的表现

时间特征主要体现在动词上。既然我们认为“在”字句是一种在空间位移中相对静止，而时间位移中有运动的句式，那么，这种句式中的动词的特点在时间轴上就体现为：状态“在”字句中的动词能表示方然和已然，但不能表示未然。

表示方然的陈述中的动词由表示状态持续的如“挂、坐、拿、放、贴”等动词担任，这类动词后面往往带表示持续态的“着”。“住”、“等候”等动词在状态“在”字句中也常体现出方然性的特点来。如前文分析的一样，在一段时间内，这类动词总是呈现出持续的状态。所以，空间位置上的持续状态，与时间特征上的方然性是联系在一起的。

表示已然的陈述中的动词由表示状态变化的如“死、摔、跌”等瞬间动词担任，这种动词后面往往带有表示完成态的“了”。因此，空间位置上呈现变化的状态，与时间特征上的已然性是联系在一起的。

2. 状态“在”字句不表示未然的原因

状态“在”字句不表示未然，这是因为呈现某种状态的物体不能存在于未然的时间内。有关这一点，A 组、B 组、D 组所表现出来的特征是清楚的，因为这些句子中的“着”、“了”与未然的时间特征是互相排斥的。对于C组，范继淹（1982）认为是可以表示未然的，并举例“你在中山公园门口等（我）”。我们认为，陈述句和祈使句在表示时态上对动词的要求是不同的，主语人称的不同，在表示时态上会显示出差异来。“他在中山公园门口等”，就只具有方然的特征，因为后面可以加上表示时段的词语；而“你在中山公园门口等”后面则不能加上表示时段的词语，例如不能说“你在中山公园门口等了三小时”。所以，我们认为C组的句子还是表示方然的，主语人称的不同，会影响时态表达的强弱程度，不少学者（彭兰玉1992）已经注意到了这个问题。

三　状态“在”字句的句法特点

（一）状态“在”字句中的动词的特点

1. 状态“在”字句中的动词表示状态持续和状态变化

前文讨论时间特征的方然性和已然性，实际上已经涉及了状态“在”字句中动词的类别：出现在这种句式中的动词，是表示状态持续的动词和表示状态变化的动词。这两类动词的共同特点是：

（1）都能出现在“Np + Pp + Vp”和“Np + Vp + Pp”中；

（2）大多数是不及物动词，如“坐、住、死、摔”等，也有一部分是及物动词，如“一幅画挂在墙上”中的“挂”，“包在火车上遗失了”中的“遗失”。

2. 表示状态持续和状态变化动词的不同特点

两类动词的不同特点表现在以下两个方面：

（1）与“着”、“了”的共现。在“Np + Pp + Vp”句式中，表示状态持续的动词总是和“着”共现（除“住”等），如“一幅画在墙上挂着”、“他在床上躺着”；表示状态变化的动词总是和“了”共现，如“他在医院里死了”、“他在马路上摔了”。在“Vp + Pp + Np”句式中，表示状态持续的动词构成的句子末尾不能加上“了”，加上“了”后就会失去状态持续的特点。“一幅画挂在墙上了”等于“一幅画已经挂到了墙上”，表示动作的完成。我们认为，“一幅画挂在墙上”的意思是“‘一幅画挂着’＋‘一幅画在墙上’”。“V在”是“V着”的变体，这是在许多学者的论文中都提到的现象①。“他住在北京”后面也不能加上“了”，加上“了”后也失去了状态持续的意思。“他住在北京”等于“‘他正在住’＋‘他在北京’”，“住”虽然不能加上“着”，但表示的仍然是一种持续状态。表示状态变化的动词构成的句子，末尾可以加上“了”，如“他死在医院里了”、“他摔在马路上了”。“他死在医院里了”的意思等于“‘他死了’＋‘他在医院里’”，“V在”不是“V着”的变体。

（2）与时段词的结合。表示状态持续的动词，在时间特征上表现出“段”的概念。因此，“一幅画在墙上挂着”、“一幅画挂在墙上”可以说成“一幅画在墙上挂了三年”；“他在北京住”、“他住在北京”可以说成“他在北京住了好几个月”、“他住在北京好几个月”。“挂三年”、“住好几个月”都说得通。表示状态变化的动词都是瞬间动词，在时间特征上表现出“点”的概念：“他在医院里死了”、“他死在医院里了”一般不说成“他在医院里死了三年”、“他死在医院里三年”，只能说成“他在医院里死了有三年了”、“他三年前在医院里死了”等等，“死三年”是不通的。李临定（1990）认为这种瞬间动词也能和时段词结合，但所举的例子却是“V了＋时段词”，而不是“V＋时段词”。“V了＋时段词”不表示动作本身或动作遗留下来的状态、结果等的延续时间。如“挂三年”可以理解为“三年里一直挂着”，“死了三年”却不能理解为“三年里一直在死”。

上述出现在状态“在”字句中的两类动词的不同特点见表3–6：

表3–6

	V＋“着”	V＋“了”	V＋时段词
表示状态持续的动词	＋	－	＋
表示状态变化的动词	－	＋	－

① 如：梅祖麟（1988）、马希文（1987）、徐丹（1992）。

（二）不能变换成“把”字句和“被”字句

1. 状态“在”字句不能变换成“把”字句和“被”字句的原因

状态“在”字句中的动作过程的参与者只有一个，语义上的特点表现在句法形式上，就是要求这样的句子不能变换成意义相似的“把”字句和“被”字句。

由不及物动词构成的状态“在”字句，不管是表示空间位置上有呈现持续状态物体的句子，还是表示空间位置上有呈现变化状态物体的句子，都不能变换成“把”字句和“被”字句，例如：

一个人坐在椅子上→＊把一个人坐在椅子上→＊一个人被坐在椅子上

他死在医院里→＊把他死在医院里→＊他被死在医院里

2.“一幅画在墙上挂着”和“在墙上挂画”是不同的两种句式

由及物动词构成的状态“在”字句，可以有相应的“把”字句和“被”字句，不过我们认为这不是状态“在”字句的变换式。如：

一幅画在墙上挂着→墙上挂着一幅画→一幅画挂在墙上→把一幅画挂在墙上→一幅画被（人）挂在墙上

后两种变换式其实是由“在墙上挂画”变换来的。

“一幅画在墙上挂着”和“在墙上挂画”这两种句式是不同的：前者表示位置点上呈现出某种状态的物体，动作已经转变为一种状态；后者表示位置点上有人（或动物）在进行着某种动作。因而，前者属于状态“在”字句，后者属于以后要讨论的动作“在”字句。动作“在”字句中动作过程的参与者必须有两个，而“把”字句和“被”字句则必须由有两个参与者参与的句子变换而来。虽然“把一幅画挂在墙上”和“一幅画被挂在墙上”中只出现一个参与者，但另一个参与者即动作的发出者虽未出现，说话人和听话人却都是清楚的。

（三）合体“在”的问题

1. 反映位置点上有呈现状态持续的物体的句子中的“在”，可以看作是合体“在”

范继淹（1982）和 Chen Chung-yu（1978）都认为“Np + Pp + Vp”

句式中的“在”，是副词“在”与介词“在”的合体，因此：

他在屋子里看书＝他在屋子里＋他在看书

尽管两人归纳合体“在”的方式不同，但得出的结论还是一样的。

合体“在”的问题表现在状态“在”字句上。我们认为，反映位置点上有呈现状态持续的物体的句子中的“在”，理论上都可以看作是合体“在”，因为状态持续本身有延续的意思，与副词“在”表达的意思是一致的：

他在北京住＝他在北京＋他正在住

他在车站上等候＝他在车站＋他正在等候

但是，带“着”的本身具有状态持续的句子，副词“在”所表达的意思由“着”代替，所以：

一幅画在墙上挂着＝一幅画在墙上＋一幅画正在挂着＝一幅画在墙上＋一幅画挂着

“正在”与“着”同义，按照语言表达经济的原则，去除“正在”。

2. 反映位置点上有呈现状态变化的物体的句子中的“在”，不宜看作是合体“在”

反映位置点上有呈现状态变化的物体的句子，因为句中的动词都是瞬间动词，不能表示持续，因此，其中的“在”只是单纯的介词，而不具备副词“在”所表示的“正在”的意思：

他在医院里死了≠他在医院＋他正在死

他在马路上摔了≠他在马路上＋他正在摔

四 状态“在”字句的语用特点

（一）介词结构准陈述作用的体现

状态“在”字句中介词结构“在＋Np”的准陈述作用，体现在下面两点上：

1.“在＋Np”与具有陈述作用的动词相连

状态“在”字句介词结构的位置总是紧靠着动词的，无论是“Np＋

Pp ＋ Vp”句式，还是“Np ＋ Vp ＋ Pp”句式，“在＋ Np”都与具有陈述作用的动词相连。如：

一幅画在墙上挂着／一幅画挂在墙上

他在医院里死了／他死在医院里了

起准陈述作用的“在＋ Np”的格标记的强制性较明显，说明了“在”的重要。“在＋ Np”与动词合在一起，表示一个完整的陈述，这与介词结构位于句首的“Pp ＋ Np ＋ Vp”句式不同，如下面例句：

在墙上挂着一幅画／在医院里他不幸去世了

介词结构与动词的距离拉大，格标记的强制性也不明显，“在”的重要性也随之减弱，所以，这里的“在”往往可以省略。

2. 句首的“在＋ Np”不具有准陈述作用

“在＋ Np”这种介词结构所表示的意义，在状态“在”字句中是与动词联系在一起的。范继淹曾经做过一张图，“状态呈现的处所”位于“动作发生的处所”与“动作达到的处所”这两个圆的交合部分，说明状态的呈现是与动作有联系的。“在＋ Np”在状态“在”字句中是从属于动词而不是从属于名词的。所以，作为“陈述”的从属成员，可以叫它们为“准陈述”。位于句首的“在＋ Np”与动词并无直接的联系，因为它表示的是事件发生的处所，它从属于整个句子而并非从属于动词。句首的“在＋ Np”不具有准陈述作用，它参与构成的句子，也不能算是状态“在”字句。

（二）处所方位的有定性

1.“在＋ Np”所表示的方位处所都是有定的

状态“在”字句中的介词结构无论位于句中位置，还是位于句末位置，“在＋ Np”所表示的方位处所都是有定的。“一幅画挂在墙上”和“一幅画在墙上挂着”中的“墙上”对说话人来说，是有所指的。因此，我们不能说“一幅画挂在一堵墙上”、“一幅画在一堵墙上挂着”，而只能说“一幅画挂在那堵墙上”、“一幅画在那堵墙上挂着”。表示状态变化的句子也是如此，处所名词前一般不能加上表示不定的数量词，如不能说“东西遗失在一辆车子上”、“他在一条马路上摔了”等等。造成这种现象有以下两个原因。

2.“在＋Np”所表方位处所有定性的原因

（1）受语义的影响

状态“在”字句中介词“在”后的处所方位，是物体呈现出某种状态后所占据的空间位置。状态的呈现是动作的结果（如“挂着”），或者动作之后产生的一种变化（如“死了”）。总之，动作表现出来的是方然性和已然性，而决不会是未然的。因此，对于说话人来说，由动作的结果而产生的呈现出的某种状态，在说话前就应该是明确的，动作的时态要求处所名词只能是有定的。

（2）受语气的影响

状态“在”字句的末尾大多数能加上“呢”或“了”。徐丹（1992）认为,“V在”只能与“了”共现,不能与“呢”共现,“V着”只能与“呢”共现，不能与“了”共现。这样，“一幅画挂在墙上”可以加上语气词，成为“一幅画挂在墙上了”;“一幅画在墙上挂着”可以加上语气词，成为“一幅画在墙上挂着呢”。我们又知道“了”和“呢”都是表示已然的语气词。因此，从句子的语气特点可以反映出，在说话之前，说话人对所叙述的事件是已经了解的，句中的处所方位当然也应该是有定的了。

第四节　动作“在”字句的句法分析和语义、语用分析

动作“在”字句是指下面一类句子：

① 他在黑板上写字。

② 他在飞机上看海。

③ 他在火车上遇见朋友。

这类句子与状态“在”字句不同，与“他从北京回来”、“他沿着河边走去”一类位移句也不同。与状态“在”字句的差异，我们在上一节中有所揭示。在空间位置系统中，动作“在”字句表示“动作发生的处所”或“动作达到的处所”（范继淹 1982）。

动作"在"字句与位移句不同。在时间轴和空间轴构成的坐标系中，位移句应该用（1，1）表示，而动作"在"字句则用（1，0）表示。凡是空间轴上表现为"0"的，而不管时间轴上表现是"0"（静止的），或者表现为"1"（运动的），我们都把它们归为位置句。在空间位置系统中，位置句和位移句是两种互相对立的句型。

本节讨论下列几个问题：（1）动作"在"字句的语义特点；（2）动作"在"字句的句法特点；（3）动作"在"字句的语用特点；（4）动作"在"字句中物体的位置和参考位置的关系。最后，在上述讨论的基础上，归纳出动作"在"字句在位置系统中所表现出来的句式义。

一　动作"在"字句的语义特点

（一）两个动作过程的参与者

1. 两个动作过程的参与者：动作的发出者和动作的目标

动作"在"字句与状态"在"字句相比，语义上的不同首先表现在，动作过程的参与者不再是一个，而是有两个参与者。如下面句子：

① 他在黑板上写字。

② 老马在飞机上看海。

在这样的句子中，作为在位置点上的"写"和"看"的动作过程，都牵涉到两个参与者：一个是动作的发出者，即"写"这个动作的发出者"他"，和"看"这个动作的发出者"老马"；一个是动作的目标，即"写"的目标"字"和"看"的目标"海"。

2."在教室里讲课"和"教室里在讲课"的不同之处

有时候，尽管句子中只出现一个参与者，如下面句子：

③ 在教室里讲课。

④ 在地上搭积木。

但这种句子仍应看作有两个参与者的句子，另一个参与者，即动作的发出者虽未出现，但在整个动作过程中，是不能够缺少的。

"在教室里讲课"、"在地上搭积木"前的"在"是不能去除的，"教室里讲课”、“地上搭积木”都是不通的。因此，这样的句子与“教室里在讲课”、“地上在搭积木”一类的句子不同：前者“在教室”、“在地上”是介词结构，无法成为句子的主语；后者“教室里”、“地上”是方位短语，能够成为主语，构成一个指称。根据有陈述必定有指称的原理，“在教室里讲课”、“在地上搭积木”一类句子中缺乏指称，只有陈述部分，显然应该补上一个指称。这个指称不可能是处所指称，只能指称动作的发出者。

“在教室里讲课”、“在地上搭积木”中动词后的名词性成分，不可能成为动作的发出者，只能是动作的接受者。这样的句子与状态“在”字句不同，状态“在”字句中只有一个参与者，这个参与者可能是动作的接受者，但这个接受者可以移到句首，例如：

墙上挂着一幅画→一幅画挂在墙上

动作“在”字句中的动作接受者却不能移到句首，因此，下面句子是不通的：

*课在教室里讲。

*积木在地上搭。

这种现象表明，作为动作的发出者，在这样的句子中是不可缺少的。有时尽管在句中不出现，但就整个动作过程来说，具备两个参与者是这种句子成立的必要条件。

（二）动作“在”字句中动词的语义特点

动作“在”字句中动词具有如下语义特点：

1. 非状态性

状态包括持续的状态和变化的状态。状态“在”字句“一幅画挂在墙上”、“他在床上坐着”中的“挂”、“坐”具有持续状态的性质；“他死在医院里”、“他在马路上摔了”中的“死”、“摔”具有变化状态的性质。但是，动作“在”字句中的动词具有动作性，反映的不是由动作的进行或动作的结果而呈现出某种状态的物体，而是反映进行动作的某种物体，因此，动作“在”字句中的动词不能与表示状态持续的“着”结合，只能与表示动作持续的“着”结合。如：

⑤ 他在教室里讲着课。

⑥ 他在地上搭着积木。

另外，动作“在”字句中的动词，一般不能在后面附加上“了”，不能像“他在医院里死了”、“他在马路上摔了”那样，“了”可以经常附着在表示状态变化的动词后面。所以，“他在教室里讲课了”、“他在地上搭积木了”中的“了”是对整个句子而言的，而并非是对动词“讲”、“搭”来说的。

2. 非移动性

动作“在”字句中的物体虽然并非是相对静止的，而是在进行着某种动作的，但是这种动作只是在时间轴上有所表现，在空间轴上，这种动作只限制在“0”点位置上，是相对静止的。所以，运动只能在位置点上进行。动作“在”字句规定出现在这种句式中的动词只能是非移动动词。如下面句子中的动词：

⑦ 他在黑板上写字。

⑧ 他在飞机上看海。

⑨ 他在书本里找例句。

⑩ 他在教室里讲课。

非移动动词后面都不能加上表示移动方向的趋向动词，如：

他在黑板上写字→＊他在黑板上写出字

他在木盆里搓衣服→＊他在木盆里搓出衣服

有的句子似乎可以加上趋向动词，如：

他在书本里找例句→他在书本里找出例句

但实际上后面这个句子仍然是不合格的，介词“在”应该改为“从”，成为“他从书本里找出例句”。

3. 非持续性

动作“在”字句的动词后面一般都能加上表示动作持续的“着”，如上面所举的例子：

他在教室里讲着课。

他在地上搭着积木。

但是，这并不表明动作“在”字句中的动词具有持续性，因为：

（1）“着”的出现是有条件的。只有在动作过程的两个参与者都出现的情况下，句子中才能加上表示动作持续的“着”。如果句子中缺少动作的发出者，加上“着”后句子是不通的；如果去除了句首的介词“在”，句子就成为与着$_2$句相同的句子（参见齐沪扬1995）。如：

在教室里讲课→＊在教室里讲着课→教室里讲着课

（2）“着”字的出现不是必须的。状态“在”字句中，不是持续的状态，“着”一定要出现，如“一幅画在墙上挂着”中的“着”；着$_2$句中的“着”也一定要出现，如“台上演着梆子戏”等于“台上正在演梆子戏”。上述两种“着”都与时态的表示有一定的关系。然而，动作“在”字句对时态的表示往往是不确定的，可以是方然的，也可以是已然的，还可以是未然的，如：

⑪ 他在教室里讲课，（连下课的铃声也未听见。）——方然

⑫ 他在教室里讲了课，（就去图书馆了。）——已然

⑬（明天，）他将在教室里讲课。——未然

因此，“着”的不出现是不会影响句子的合法性的。

（三）动作过程的参与者与参考位置间的两种关系

1. 其他位置句中的动作参与者只有一个

由动词“是”、“有”构成的位置句中，动作过程的参与者只有一个，参与者所占据的空间位置就是句首处所词语所指示的位置，如“大门外有一张椅子”中，“一张椅子”处在处所词语所指称的空间位置“大门外”。“着”字句中，动作的参与者也只有一个，因此，像“墙上挂着一幅画”中的“一幅画”，也占据着处所词语所指称的空间位置“墙上”。状态“在”字句也只有一个参与者，这个参与者所占据的位置，也是在以介词“在”组成的介词结构所表示的处所位置上，如“一幅画在墙上挂着”中的“一幅画”，所占据的空间位置是“在墙上”这个介词结构所表示的处所位置；“他死在医院里”中的“他”，占据的空间位置就是“在医院里”所揭示

的处所位置。

2. 动作过程的两个参与者与处所位置之间存在着多种关系

动作“在”字句中的动作过程的参与者有两个，这两个参与者与“在”这个介词结构所揭示的处所位置之间存在着多种关系，有关这个问题，语法学界在讨论时多有涉及。王还（1957）认为“我在字典里查不到这个字”中的施事不可能居于句中的处所，戴浩一（1981）、朱德熙（1982）、范继淹（1982）等人也曾对这个问题有过论述，但是，他们只是就具体的句子加以阐述，而并未找出这种“在”字句在反映动作发出者与动作的目标在占据空间位置上的规律。我们认为，动作“在”字句中动作过程两个参与者与空间位置的关系，反映了物体在空间占据的位置与参考位置的关系。我们以（＋）、（－）表示是否居于句中的处所位置，这种关系就可以有下面几种：

（1）动作的发出者（＋），动作的受动者（＋）：

⑭ 他在火车上遇见朋友。

⑮ 他在教室里讲课。

⑯ 我们在全市最高级的饭店里举行结婚仪式。

（2）动作的发出者（＋），动作的受动者（－）：

⑰ 他在飞机上看海。

⑱ 他在床上听流行歌曲。

⑲ 代表团的每个人都静静地坐着，在开往北京的列车上回想才过去的那几天。

（3）动作的发出者（－），动作的受动者（＋）：

⑳ 他在墙上挂画。

㉑ 他在书本里找例句。

㉒ 时间一到，他们就开门见山地在电话里讨论起生意经来。

（4）动作的发出者（－），动作的受动者（－）：

㉓ 他在桌子上写信。

㉔ 他在屋梁上挂灯笼。

㉕ 小林光一沉默了好长时间，终于在五尺长、两尺宽的茶几

上，于星位投下一枚黑子。

上述四种情况，表明了物体所占据的位置与参考位置之间有两种关系：一种是重合关系（+），一种是不重合关系（－）。关于重合与不重合的出现条件，我们将在下面章节中详细展开。另外，还有一种情况是物体所占据的位置与参考位置重合与否不清楚。

（5）动作的发出者（？），动作的受动者（？）：

㉖ 他在人群中发现了她。

（四）动作“在”字句表示物体在某一位置点上有时间轴上的运动

从上面讨论的动作“在”字句表现出来的语义特点可以看出，物体在某一位置点上有时间轴上的运动。由于动作“在”字句中的参与者必定是两个，因此，在位置点上有时间轴上运动的物体，可能是动作的发出者，也可能是动作的受动者，这种情况在前文中已有所揭示。“他在桌子上写信”中，虽然动作的发出者“他”和动作的目标“信”都不处于位置点“桌子上”，但我们把“桌子上”看成是“间接位置点”，虽然与“信”无直接的接触（接触的是“写信用的纸”），却是“写信”这个完整动作所在的处所。所以，这样的句子也在我们的讨论之中，它所反映的语义特点依然可以用“物体在某一位置点”来概括，只是这时的“某一位置点”包括“间接位置点”。

二　动作“在”字句句法上和语用上的特点

（一）动作“在”字句无被动形式

1. 汉语动作“在”字句一般无被动形式

系统功能语法把动词所表达的过程分成六种不同的类型，并认为动作过程有两个参与者，即动作者和目标都出现的句子，有主动式和被动式之分：动作者在过程之前、目标在过程之后的为主动式；目标移到过程之前、动作者在过程之后的为被动式（胡壮麟等 1989）。系统功能语法考察的对象是英语，然而对于汉语来说，并非是有两个参与者就必定会出现主动式和被动式两种形式。具体到我们讨论的动作“在”字句就是如此，有一些这样的“在”字句就没有被动形式。如：

他在飞机上看海→*海被他在飞机上看了

他在书本里找例句→*例句被他在书本里找了

就汉语的情况来说，有主动形式和被动形式并存的句子必定反映了动作过程中有两个参与者出现；反之，动作过程有两个参与者出现的句子，未必有被动形式出现。

2. 动作“在”字句无相应的被动形式的原因

（1）句子所表达的意义。汉语的被动句，一种是没有任何标志的，是意义上的被动句；一般所说的被动句，则是指有形式标志的，即加上介词“被、让、给、叫”等构成的句式。从语义上说，汉语的被动句一般以表示受事的不如意遭遇的居多。近些年来，虽然表示褒义的被动句也有所见，如：“小王被大家选为组长”等，但这一类被动句的数量仍然是很少的。动作“在”字句大多没有贬义的、没有不如意的遭遇的意思，所以，能用被动句的不多。

（2）汉语的表达习惯。英语中的表达形式很多，但汉语的表达是以主动句为主的。“被动式应用范围的广狭，随着语言的不同而不同，也随着时代的不同而不同”，“在汉语中，被动式的使用范围是比较狭窄的”（王力 1980）。从历史发展看，汉语被动式的运用是受了外语语法的影响，但从语言表达的民族性特点考虑，历史因素还是占主要的地位。所以，尽管从理论上说，动作过程中有动作者和目标两个参与者，应该可以有主动式和被动式之分，不过从具体的某种语言的表达习惯来看，并非如系统功能语法学派所归纳的那样一致。

3. 具有“附着义”的动词具有被动式

动作“在”字句中能变换为被动式的，只是由具有“附着义”的动词，如“挂”、“贴”一类构成的动作“在”字句。如：

他在房梁上挂灯笼→灯笼被他挂在房梁上

他在玻璃上贴窗花→？窗花被他贴在玻璃上

尽管可以变换，事实上“被”字句还是很少用，这种“被”字句在表义上很容易与状态“在”字句“灯笼挂在房梁上”混淆。在我们所找的例句中，表示动作“在”字句的被动形式几乎是没有的，包括上面所说的以“挂”“贴”等动词构成的“被”字句。

（二）动作“在”字句中介词结构前移的问题

1.“在＋N”能否移到句首的两种情况

动作“在”字句中有不少句子可以将“在＋N”前移至句首，如下面例子：

他在火车上遇见朋友→在火车上他遇见朋友

我们在全市最高级的饭店里举行婚礼→在全市最高级的饭店里我们举行婚礼

他们在电话里讨论起生意经来→在电话里他们讨论起生意经来

但是，有些动作“在”字句中的“在＋N”却不能移到句首。如：

他在墙上挂画→*在墙上他挂画

他在飞机上看海→*在飞机上他看海

2. John Y Hou 的观点

从语义上看，句首“在＋N”所表示的意思如范继淹所说，是表示事件发生的处所，这在“在火车上他遇见朋友”和“在飞机上他看海”里的表现是一致的。但为什么有的能说，有的不能说，其中的限制条件应该是什么？

美国南加利福尼亚大学 John Y Hou（1977）用关系语法的观点解释汉语的两种处所词语：把背景处所词语定义为“指明动词动作发生的处所”，把结构处所词语定义为“动词动作发生的处所以及动作的承受者作为动作的结果所达及的处所”，并设立了一套规则如“左移位”规则、介词短语移动规则等等，意图对这两种处所词语进行分化。尽管 Hou（侯）先生的努力不甚成功（如两种处所词语的定义是不够严密的，证明两种处所词语的动词缺乏代表性等等，请参看原文），但他论文中所采取的方法却使我们得到启发：第一，动词“在”字句中“在＋N”前移能否成立，与动词“挂”和“遇见”语义上的差别并无多大关系；第二，动作“在”字句中“在＋N”前移能否成立，与Hou（侯）先生所说的“动作的承受者作为动作的结果所达及的处所”无关，也就是与本节所说的受动者是否占据这个空间位置无关。

3.动作“在”字句中介词结构前移的限制条件

我们认为，动作“在”字句中介词结构能否前移是受句法上单双音节结构的影响，以及语用上表达的影响。

凡是单音节动词构成的动作“在”字句，一般不宜将介词移到句首，试比较：

他在书本里找例句→*在书本里他找例句

他在书本里寻找例句→在书本里他寻找例句

“找”和“寻找”的意思一样，“在＋N”前移到句首后句子是否合格，都在音节的单双的区别上了。

单音节动词构成的动作“在”字句，如果介词结构前移到句首，句尾剩下的是三个单音节的词，这三个单音节词的音节结构又是1＋1＋1。从汉语的表达特点看，“四字句的音节结构形式是2＋2，属偶音步的组合。它的特点是稳定、庄重……奇音步活泼、轻快，且富于变化”（文炼1989），刘勰《文心雕龙》中也说过：“偶语易安，奇字难适”的话。所以，“1＋1＋1”这样的音节结构位于句末是不够稳定的，站不住脚的。

三　动作“在”字句中物体占据的位置与参考位置重合的条件

（一）动作“在”字句内部不必分类的原因

朱德熙（1982）用变换关系区别同形的动作“在”字句，认为“他在黑板上写字”可以变换成“他把字写在黑板上”，“他在飞机上看海”不能变换为“他把海看在飞机上”，从而认为前句中的Pp“在黑板上”表示“人或事物的位置”，而后句中的Pp“在飞机上”则表示“事件发生的处所”。朱先生分析后所得出的结论，某些地方还需推敲：“他在黑板上写字”可以变换成“他把字写在黑板上”，“他在书房里写字”却不能变换成“他把字写在书房里”；同样，“他在桌子上写信”也不能变换为“他把信写在桌子上”；而且，“他在书房里写字”和“他在桌子上写信”虽然都不能变换，但两者之间似乎也是不同的。因此，范继淹（1982）在他的文章中曾对朱德熙这种分析结果的不合理进行批评，提出了“句法形式受语义内容的约束”、“语义内容受客观现实的约束”的观点，认为“Np + Pp + Vp”句式都是表示“动作发生的处所”，而不必做出如朱德熙的那种分类，可惜范继淹未对物体所在处所的情况做出详细的分析。

对动作“在”字句内部的分类问题，我们与范继淹的观点是一致的。在空间位置系统中，动作“在”字句都表示某一位置点上物体有时间轴上的运动，因此没有必要对它们做出更进一步的内部分类。它们之间的差别，在于物体所占据的位置和参考位置是否重合，这种差异既受到语义内容的约束，也受到客观现实的约束。讨论物体占据位置与参考位置重合的条件，则是搞清动作“在”字句内部差异的最好方法。

（二）动作发出者所占据的位置与参考位置的重合条件

动作发出者所占据的位置与参考位置重合是指下列句子：

① 他在火车上遇见朋友。

② 他在飞机上看海。

这类句子中动作发出者所占据的位置与参考位置重合的条件是以下两点：

1. 从逻辑语义关系看

参考位置所包括的处所必须大于动作发出者所占据位置的处所，也就是说，显示参考位置的处所是可以把动作发出者所在的处所包含在里面的。如图：

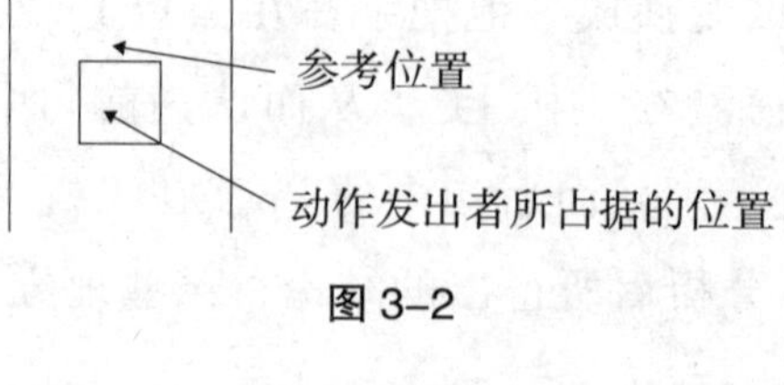

图 3–2

"他在火车上遇见朋友"和"他在飞机上看海"中的"火车上"、"飞机上"所包括的处所都要比"他"所占据位置的处所大，"他"的存在可以在"火车上"、"飞机上"之内。反之，"他在书本里找例句"中的"书本里"所显示的处所要比"他"所占据位置的处所小，因此，这类句子中动作发出者所占据的位置不能和参考位置重合。

2. 从空间范围的性质看

"他在火车上遇见朋友"一类句子中，空间范围大多是"里"型空间，这是因为"里"型空间都是表示"体"空间范围的。"体"空间范围一般能满足动作发出者存在空间的要求。因此，"他在火车上遇见朋友"、"他在飞机上看海"都可以改为"他在火车里遇见朋友"和"他在飞机里看海"。不过，"大多为'里'型空间"这个条件不是必须的，因为"上"型空间，如表示"面"空间范围的"他在球场上打篮球"等句子，动作发出者所占据的位置也与参考位置重合，但是，这个"面"空间范围必须是"水平面"，而不能是"垂直面"，如"墙上"等。

（三）动作受动者所占据的位置与参考位置的重合条件

动作受动者所占据的位置与参考位置重合是指下列句子：

③ 他在书本上找例句。

④ 他在墙上挂画。

⑤ 他在火车上遇见朋友。

另外，把动作受动者所占据的位置扩展为牵涉到动作受动者的整个动作所占据的位置，那么，"他在桌子上写信"这类句子中动作受动者所占据的间接位置与参考位置也是重合的。这种重合的条件如下：

1. 从逻辑语义关系看

受动者所占据位置的处所应该比参考位置的处所要小，也就是说，参考位置的处所能把受动者所占据位置的处所包含在里面。图示与上文图 3–2 相同。如"例句"的位置应该在"书本上"，"画"的处所位置应在"墙上"。受动者可以是有生名词，如"他在火车上遇见朋友"中的"朋友"；也可以是非有生名词，如"他在书本上找例句"中的"例句"。然而受动者所占据的处所位置要小于参考位置，却是一致的。如果受动者所占据的处所位置大于参考位置，那么两者就不能重合，如“他在飞机上看海”中的“海”与“飞机上”。

2. 从空间范围的性质看

如果受动者是有生的，那么受动者所占据的空间范围往往是“里”型空间；反之，如果受动者是非有生的，那么受动者所占据的空间范围往往是“上”型空间。前者如“他在火车上遇见朋友”中的“朋友”是有生的,“火车上”就是表示“体”空间范围的;后者如“他在墙上挂画”中的“画”是非有生的，“墙上”就是表示“面”空间范畴的。

3. 间接位置与参考位置重合

受动者所占据的间接位置与参考位置重合的话，常表现出如下特点：

（1）动作发出者所占据的位置不可能与参考位置重合。如“他在桌子上写信”这样的句子,“桌子上”不能表示“体”空间范围。如果在“体”空间范围里，受动者的位置就要包含在内了；

（2）受动者常在另一个未出现的处所词所指示的位置上，而这个处所词所指示的位置又必须附着在句子中处所词所指示的位置上。进行纯客观的推理,“他在桌子上写信”应该解释为“他在桌子上往纸上写信”,“信”在“纸上”，而“纸”则必须附着在“桌子上”；

（3）从空间范围的性质看,这类句子中的处所词所表示的必须是“上”型空间，而不能是“里”型空间，只有表示“面”空间范围的处所才有可能使另一处所（如“纸上”）附着于其上，“体”空间范围则只能使其他位置都存在于其中，从而产生直接重合的情况；

（4）受动者常常由非有生名词担任。

（四）重合的语境条件

范继淹认为“语义内容受客观现实的约束”，并举例“小明在桌子上写字”可以有四种解释，即：小明坐在桌子上写字，字写在其他处；小明坐在桌子前，把字写在桌子上；小明坐在桌子上，把字写在桌子上；小明坐在桌子前，把字写在纸上。这些理解，产生了如上文（＋，＋）、

（＋，－）、（－，＋）、（－，－）所说的四种情况。我们认为只有第四种情况才是最佳选择，而其他三种都要受到客观现实的约束，在特殊情景下才能成立。范继淹所说的“客观现实”，就是一种特殊语境。从现实生活的常识出发进行选择，像“小明在桌子上写字”一类句子，总是选择第四种情况的。就句子本身来说，重合应该是清楚的。

必须依靠语境来判断是否重合是指下面句子：

⑥ 他在人群中发现了她。

这个句子可以有三种解释：

A. 他站在人群中发现了人群外的她（＋，－）；

B. 他站在人群外发现了人群中的她（－，＋）；

C. 他站在人群中发现了也在人群中的她（＋，＋）。

这一类句子无法从现实生活的常识出发进行选择，是否重合只有靠语境做出判断。这一类句子还有“他在甲板上看到了她”等等。

依靠语境来判断是否重合，除了上述动作发出者与动作受动者双方都不清楚的情况外，还有一种是动作发出者所处的位置与参考位置是重合的，而动作受动者的位置则是不清楚的，如范继淹所说的：

⑦ 他在小船上拉着我的手。（＋，？）

第四章

与动态位置相关的句法形式的认知研究

第一节　“把”字句的基本语义与空间位移模式

这里讨论的是与处所范畴有关的一种“把”字句，即“把＋O＋V＋L”句式。句式中V实际上应写作VR，即以动词加上补语的形式再带上宾语；句式中的O是“把”后的宾语，L是动词或VR后的宾语，且这个宾语在语义上是表示处所的。下列句子都在本节讨论的范围之内：

①　小王不小心把水洒在床单上。

②　把个孩子生在火车上了。

③　你怎么会把车翻到路边上了？

④　我不小心把皮包掉进水里了。

⑤　杨重把老太太送出古董店。

⑥　小王把车开上了马路。

比较以下两组例句：

A. 小王不小心把水洒在床单上。	B. 杨重把老太太送出古董店。
我要把悲伤深深地埋藏在心里。	小王把车开上了马路。
我把外套脱在椅子上。	不小心把皮包掉进水里了。
你怎么会把车翻到路边上了？	他赶快把脸扭到一边。

A组的例句中，VR都是“V在”动介式结构，“在”通常看作是静态的介词，

因此A组的例句都可以有如下的变换：

把水洒在床单上→水洒在床单上

把悲伤埋藏在心里→悲伤埋藏在心里

把外套脱在椅子上→外套脱在椅子上

把车翻在路边上→车翻在路边上

B组例句中VR是“V上”等动趋式结构，“上/下、进/出”等趋向动词都具有位移的语义特征，所以B组不可能有上述变换。可见，所谓的“把＋O＋V＋L”句式，实际上由于R的不同可以分为两类，A组和B组是有差异的。A组的句式，有“致使原来L中不具有的事物留存于L中”的语义信息（金立鑫1993），许多学者都注意到了这一点。而B组的句式，反映出来的语义信息应该是“致使某一事物在位移过程中与L发生某种联系”。从空间位置系统考虑，A组和B组的句子可以看作是典型的位置句和位移句的变换式（齐沪扬1998）。

我们把R看作“把＋O＋V＋L”句式中V后的格标，但R并不总是需要以显性的形式存在，在某些情况下，它完全可以脱落，如：

把车翻在路边上→把车翻路边上

把瓜子扔进嘴里→把瓜子扔嘴里

R脱落后在语义上与原式没有差别，同时也丝毫不会影响“把＋O＋V＋L”句式中动词的配价关系等问题。这种情况可以称作格标的脱落。

我们认为，任何一种语言，都存在着语言形式和语言意义两方面的演变。语言形式演变中的一个重要特征是语音的简化或弱化，语言意义演变中的一个重要特征是语义虚化，即由有实在意义的词逐渐演变为意义虚灵的语法成分。这种过程通常被称作语法化。正是语言形式和语言意义两方面的演变共同促成了“把＋O＋V＋L”句式中动词后格标脱落这一语言现象。那么，在什么情况下格标可以脱落？或者说，影响格标脱落的主要因素有哪些？我们认为下文将讨论的几个问题与“把＋O＋V＋L”句式中格标的脱落是有联系的。

一　动词的移动性功能问题

从形式语义角度分析，空间位置中的静态位置和动态位置反映了静态义和动态义的不同，而反映静态义和动态义的句式，则可称为"位置句"和"位移句"。位置句和位移句的差异往往是由句中动词的不同性质造成的。在"把＋O＋V＋L"句式中，动词的不同性质又反映出了动词移动性功能的强弱。动词的移动性功能，主要与表示处所的N、表示存在的V、表示移动的V、表示物体的N等因素有关。

观察"把＋O＋V＋L"句式中动介式和动趋式各自表现出来的句式特征，我们发现，这一句式中动词后格标得以脱落，与动词的移动性功能有关。徐丹（1994）认为现代汉语里的"在"、"到"的分工到近代的《儿女英雄传》里才得以完成，在《水浒》里还有"在"的趋向动词的用法。徐丹看到了动词"移动"的语义特征对"在/到"互相替换的影响。其实，动词移动性功能不仅对"在/到"有影响，对其他R的脱落也有影响。格标脱落的情况常见于以下动词：

（一）非持续的偶发性非移位动词（"翻"、"掉"等）

① 把车翻沟里了。

② 把他掉水里了。

（二）持续性的非移位动词（"锁"、"停"等）

③ 把车锁礼堂门口了。

④ 把车停路边。

（三）非持续的非伴随移位动词（"扔"、"递"等）

⑤ 把望远镜扔沙发上。

⑥ 把茶递他手里。

（四）持续性的非伴随移位动词（"掖"、"放"等）

⑦ 把钱包掖怀里。

⑧ 把手放脖子上。

如果R前的动词不仅具有[＋移位]的语义特征，而且具有[＋伴随]

的语义特征，动词后的 R 一般不能脱落。如：

⑨ 把他带回家。（＊把他带家里。）

⑩ 把他拉回了团里。（＊把他拉团里。）

比较以下两句：

⑪ 我把他送到了门口。（＊我把他送门口。）

⑫ 我可不想把你送上刑场。（我可不想把你送刑场上。）

上述两句中的动词“送”似乎具有完全相同的语义特征，其实不然。第一句中，“送”具有[＋伴随移]的语义特征，格标不可脱落；而⑫句中的动词“送”除了可以理解为具有[＋伴随移]的语义特征外，也可将之理解为具有虚指意义的动词，即施动者不一定去“刑场”；也就是说，“送”这一动词不一定具有[＋伴随移]的语义特征。与此类似的例子还有：

⑬ 父母辛辛苦苦攒钱，是为了把他送到国外去。（父母辛辛苦苦攒钱，是为了把他送国外去。）

施动者“父母”不一定也去国外。因此，在这种情况下，动词后的格标可以脱落。

位置句和位移句中的动词可根据其移动功能的强弱，分为非位移动词和位移动词，其中位移动词又可分为自移动词、他移动词和伴随移动词（齐沪扬 1996）。通过上述对“把＋O＋V＋L”句式中一些格标脱落句例的考察可以看出，格标脱落明显地受动词移动性功能的影响，呈现出强弱不同的情况。根据格标脱落的难易程度，不同的动词分布在一个连续统中。非位移动词后的格标最容易脱落，格标最不容易脱落的是伴随移动词。大致呈如下情况：

非位移动词 > 他移动词 > 自移动词 > 伴随移动词

（停、锁）（扔、递）（掉、落）（领、送）

我们在有关论文中曾经谈及，从移动性功能的强弱来说，汉语的动词分布在一个连续统中，大致的强弱情况是“伴随移动词 > 他移动词 > 自移动词 > 非位移动词”（齐沪扬 2000）。上述“把＋O＋V＋L”句式中 VR 脱落的情况表明，脱落的易和难的连续统分布，大致上与动词的移动性功能的连续统分布相反。只是他移动词与自移动词的分布没有变化，主要是受了“把”字句构成条件的影响，因为他移动词容易构成“把”字句：大多数动词后面只能带一个宾语，当后面出现处所宾语时，表示客体移动的对象宾语只能用介词“把”提到动词前。认为他移动词后的格标容易脱落，可以说是受了数量上统计的影响。

二　格标 R 虚化的问题

语法化通常指语言中意义实在的词转化为无实在意义、表语法功能的成分这样一种过程或现象，中国传统的语言学称之为“实词虚化”，“语法化”一词主要偏重于语法范畴和语法成分的产生和形成。“把＋ O ＋ V ＋ L”句式中典型的 R 是“在”，“在”的语法化过程与汉语体标记“着”的形成过程密切相关：首先，“在”也能够出现在“动＋ X ＋宾”格式中的 X 的位置上；其次，“在”也属于补语的一种，是由指动补语发展而来的。

徐丹（1992）在考察了近代汉语大量语料后，得出“汉语北方话中的‘V 在’与‘V 着’是‘V 著’的两个变体”，而“V 著”后引出地点词 L 的用法在六朝时就出现了。同时，徐丹（1992）还认为，“尽管‘在’字早已在文献中作为动词出现（V 前 V 后均有）”，但“V 在”具有“附着”、“动作一致性”的语义特点，与“在……V”的关系不明确。可见，“把＋ O ＋ V ＋ L”句式中 VR 中的“在”已经虚化，这是“在”会产生脱落的一个重要原因。

赵金铭（1995）考察了现代汉语中“S ＋ V ＋（在 / 到）＋ NL”句式，除了得出“V 在＋ NL”和“在 NL”中的两个“在”“并不同一”这一与徐丹相似的结论外，还进一步把“V 在”中的“在”看作动词后缀。赵金铭（1995）认为，在北京口语中，“S ＋ V ＋（在 / 到）＋ NL”句式补语位置上的“在 / 到”有一个弱化形式“· de”，说“· de”比说“在 / 到”更普遍。在更口语化的句式里，连这个“· de”都省略了。如：

抓在手里 / 抓手里　　　　搁在书柜里 / 搁书柜里

贴到信封上 / 贴信封上　　躺到沙发上 / 躺沙发上

在赵金铭（1995）看来，“V在”中的“在”虚化程度更高，已经完成了“动词——介词——后缀”这样一个语法化过程，这是“在”具有脱落形式的主要原因。

赵金铭（1995）考察的是“S＋V＋（在/到）＋NL”句式，事实上“把＋O＋V＋L”句式中“在”的脱落情况也是如此，因为相当一部分“S＋V＋（在/到）＋NL”句式可以转换成“把＋O＋V＋L”句式。但是，以往的论文在论述格标脱落的问题上，都将格标局限于介词“在”和“到”。其实，“把＋O＋V＋L”句式中的R不止介词“在/到”，还可以是介词“向/往”，趋向词“上/下”、“进/出”等等。我们认为，其他一些R的脱落也和虚化有关。如：

① 把车翻进山沟里了——进山沟里找东西

② 把孩子送回家里——回家里看望孩子

作为R的“进/回”在语音上读轻声，在语义上虽然也有这两个词“从外往里”的意思，但更多表现出的是一种虚化了的“动作一致性”。由此可见，“把＋O＋V＋L”句式中R的脱落总是和R本身的语法化特征联系在一起的。

③ 把孩子放在/到$_1$我那儿。

④ 把花生扔到/进嘴里。

⑤ 把这猴抱到$_2$你们家。

⑥ 把烟雾吐向天花板。

⑦ 把车开上马路。

⑧ 把桌上的烟装回自己的口袋。

⑨ 把元豹揪出人群。

⑩ 把他拉下车。

上述例句中有的格标可以自由地脱落（如例③、④），有的则要在L后加上一些方位词或趋向词（如例⑤、⑥、⑦、⑧），有的则不能脱落（如例⑨、⑩）。考察不同格标的脱落情况，我们发现，这些由介词和趋向词充当的格标也分布在一个连续统中。格标脱落最容易的是介词“在/到”，最难的是趋向动词“下”和“出”。相对于可以与“在”互换的介词“到$_1$”来说，不能与“在”互换的“到$_2$”脱落起来要稍难些。R脱落的强弱情况如下所示：

在/到$_1$>到$_2$>进/入/上/回……>向/往……>下/出……

需要说明的两点是：

第一，“进、入、上、回”等之所以脱落倾向弱于“到”，是因为后者脱落后更容易找回。如上述例④、⑦、⑧都是。

第二,“向/往”等虽然也可以脱落,但脱落后与原句意思有差距。如：

⑥ a. 把烟雾吐向天花板。

b. 把烟雾吐天花板上。

⑪ a. 把我抬往急救室。

b. 把我抬急救室去。

两组中a句的L表示的是物体移动的方向，而b句中的L表示的是物体移动的终点：“把烟雾吐向天花板”中，“烟雾”移动的方向是“天花板”,但说话时“烟雾”并不一定到达“天花板”;“把烟雾吐天花板上”中的“烟雾”已经到达位移的终点“天花板”上。所以b句中的L后面一定要加上与移动终点有关的方位词或趋向词，否则，“把烟雾吐天花板”、“把我抬急救室”都是不成句的。可见，格标脱落前后的句子意思是不同的。

三 处所宾语L和“把”后宾语O的语义特征问题

“L”是“把＋O＋V＋L”句式中的一个重要组成部分，是句式中动词必有的补足成分。作为“把＋O＋V＋L”句式中的“位事”，在空间中表示不同的位置,不同的动词对这些不同的位置会有各自的选择,并呈现出不同的格标。

L是O存现的处所,或者L是事件发生进行的处所,格标为介词“在”、“到”等。选择这样L的主要是非位移动词。如：

① 我把衣服卷成团夹在自行车后座上。

② 为什么把包留在这儿呢?

L是做位移运动的O所面对的方向，格标是介词“向、往、到”等。选择这样L的主要是他移动词。如：

③ 刘女士把上身探向前，头一点一冲地说。

④ 分局长把一肚子怒火都喷射到他头上。

L 是做位移运动的 O 的位移起点，格标是趋向动词“出”、“下”等。选择这样 L 的可以是他移动词，也可以是自移动词与伴随移动词。如：

⑤ 几个小伙子把韩健拖死狗似的拖出水面。

⑥ 我抓住她的肩膀，把她拉下车。

L 是做位移运动 O 的位移终点，格标是趋向动词“进、上、回、到”。这是“把＋ O ＋ V ＋ L”句式中最常见的一种格式，选择这样 L 的主要是位移动词。如：

⑦ 杜梅拎着盆进来，把盆“咣朗”一声扔进一摞盆里。

⑧ 她父亲叫嚷，试图把高晋带回自己房间照料。

在“把＋ O ＋ V ＋ L”句式中，L 可以表示 O 在位移过程中所处的不同情况。

当 L 表示 O 存现的处所或者表示事件发生进行的处所时，R 往往可以脱落。如：

⑨ 把包留在这儿。（把包留这儿。）

⑩ 把车锁在路边。（把车锁路边。）

当 L 表示的是做位移运动的 O 的位移终点时，R 有时可以脱落。如：

⑪ 把垒球棒放回门后。（把垒球棒放门后。）

当 L 表示 O 位移的方向时，R 可以脱落，但脱落前后的句子意思不同。这一点已在前面论及。

当 L 表示 O 位移的起点时，R 是不能脱落的。如：

⑫ 把他拉下车。（* 把他拉车。）

⑬ 把韩健拖出水面。（* 把韩健拖水面。）

有一点需要注意：当 L 表示位移终点时，R 如果脱落，L 后需要加上方位词。如：

⑭ 把其余硬币装进裤袋。（把其余硬币装裤袋里。/* 把其余硬币装裤袋。）

⑮ 把裤子挽到大腿。（把裤子挽大腿上。/* 把裤子挽大腿。）

在“把＋O＋V＋L”句式中，动词可选择的“把”后宾语这个补足语的语义角色是多种多样的。大致有如下几种：

⑯ 眼下我们只好把他的书放在儿童物柜台出售了。（受事）

⑰ 一不小心，把她掉在水里。（施事）

⑱ 夏红光顾笑没留神抬肘把一个碟子碰到地上打碎了。（当事）

⑲ 我早说过，你别把我掺和进你那些臭事里。（共事）

⑳ 该把精力都用在学习上。（使事）

㉑ 我便把我的电话号码写在她的本子上。（成事）

㉒ 他开始把希望寄托在张燕生身上。（感事）

㉓ 她把报纸糊在我的脸上。（凭事）

我们发现，如果“把”后的宾语是表示施事时，后面的L只能表示O存现的处所，脱落最容易发生，在我们从《王朔文集》找到的404句“把＋O＋V＋L”句式中，“把”后宾语表示施事的句子只有10句，其中9句中的格标可以脱落，不能脱落的也只是因为音节上的问题；当“把”后的宾语是表示受事时，后面的L可以表示O的各种情况，脱落的情况也较为多见；当“把”后的宾语是表示当事、共事、使事、成事、感事、凭事等时，后面的L不可能表示存现的处所，经常出现表示物体位移的起点，脱落的可能减小。因此，就R的脱落情况而言，大致呈如下趋势：

施事 > 受事 > 当事 / 共事 / 使事 / 成事 / 感事 / 凭事

四　有关音节长短的问题

音节的长短对句子的结构也会产生极大的影响。音节的长短与语言的节律有密切的关系，而语言节律的客观依据的一个重要方面，就是安排节奏时的某些选择限制（张斌 1998）。在“把＋O＋V＋L”句式中，这种选择限制决定了格标是否脱落。从考察的结果看，格标的脱落要受到以下几个因素的影响。

（一）受 V 的音节的影响

我们曾对《王朔全集》（四卷本）做过统计，所有符合本节要求的例句中，双音节动词后格标脱落的只有 8 例。这 8 例如下：

① 把阵阵寒嗦传遍他的全身。

② 把脸贴近玻璃。

③ 把陈北燕靠树按坐地上。

④ 把你扭送公安局。

⑤ 把每一个弯回凸凹铭记脑海。

⑥ 把我绑赴刑场。

⑦ 孙国仁把赵航宇扶离会议桌。

⑧ 总指挥板着脸招呼刘顺明，请人把这老太太带离现场。

我们发现，这 8 个双音节动词可以分为两类。一类是动补式结构，如“传遍”、“贴近”；另一类是偏正式结构，如“按坐、扭送、铭记、绑赴、扶离、带离”。但并不是所有的动补式双音节动词都能脱落格标。这里的动补式结构主要是指由单音节动词带上副词“遍、近、满”等构成的这一类。而且这一类双音节动词与表处所的名词结合紧密，动词后无需再带任何格标。在语料中我们也看到了诸如“按倒、放倒、推倒”之类的动补式结构，这些动词是不能脱落格标的。如：

⑨ 我冲过去把她推倒在床上。（* 我冲过去把她推倒床上。）

⑩ 他把我按倒在草垛上一通乱啃。（* 他把我按倒草垛上一通乱啃。）

⑪ 杨重一个绊把他摞倒在当院。（* 杨重一个绊把他摞倒当院。）

格标脱落的偏正式双音节动词又可分为两种。一种是格标脱落后可以重新找回，如“按坐、扭送、铭记”：

⑫ 把陈北燕靠树按坐地上。（把陈北燕靠树按坐在地上。）

⑬ 把你扭送公安局。（把你扭送到公安局。）

⑭ 把每一个弯回凸凹铭记脑海。（把每一个弯回凸凹铭记于脑海。）

另一种是无需补上格标，动词本身已经体现了极强的方向性，它们与处所的结合是很紧密的。如“绑赴、扶离、带离”。

（二）受 L 的音节和 O 的音节的影响

L 音节的长短对格标的脱落有影响。如果 L 是由比较长的音节组成，R 一般不易脱落，即使 R 由“在 / 到”组成。试比较下列句子：

⑮ 把鞋插到元豹身后的地上。（* 把鞋插元豹身后的地上。/ 把鞋插地上。）

⑯ 把手放进老虎的血盆大口中。（* 把手放老虎的血盆大口中。/ 把手放口中。）

如果 O 由一个单音节或双音节名词充当的话，格标 R 很容易脱落；O 如果由比较简单的名词性短语充当的话，亦即这个名词性短语的音节比较短的时候，格标 R 也经常脱落；当句式中的 O 前有长音节的定语时，R 则不容易脱落。如：

⑰ 把一篮篮菜筐似的大簇花卉抬上舞台。

（* 把一篮篮菜筐似的大簇花卉抬舞台上。/ 把花抬舞台上。）

⑱ 把一个个盛满红葡萄酒的瓶子握在手里。

（* 把一个个盛满红葡萄酒的瓶子握手里。/ 把瓶子握手里。）

（三）受 V 前状语音节的影响

V 前状语的长短对格标是否脱落也有直接的影响。如果动词前的状语是单音节词，格标脱落是很容易的。如：

⑲ 把香蕉直塞到嗓子眼儿。（把香蕉直塞嗓子眼儿。）

如果动词前的状语音节较长，格标则不易脱落。如：

⑳ 把腿笨重地搭在练功杆上。（* 把腿笨重地搭练功杆上。）

㉑ 把那些肥肉又一片片夹到桌上。（* 把那些肥肉又一片片夹桌上。）

上述现象表明，“把＋ O ＋ V ＋ L”不管在句式的哪一部分，如果要让格标脱落，所选择的都应该是较短的音节。这是因为“把＋ O ＋ V ＋ L”

本身就是一个在口语中使用的句式，口语对音节的要求形成了格标脱落的各种条件。大致上说，从形成格标脱落的条件来看，首先是对动词本身音节上的要求，其次是对"把"后宾语和处所宾语的长短有要求，再次才是对动词前修饰语的长短的要求：

动词的音节 > "把"后宾语和处所宾语的音节 > 动词前修饰语的音节
（单音节）　　　　（没有修饰语）　　　　　　（单音节）

五　与完句成分相关的一些问题

胡明扬、劲松（1989）曾明确指出，汉语的句段应分为能独立成句的独立句段和不能独立成句的非独立句段；句段的独立与否往往取决于其是否带有某些句子在结构上必需的成分，并首先将这类结构成分概括为"完句成分"。他们还进一步指出，常见的完句成分是一些助词和副词，此外，语序、否定以及疑问、祈使等表达功能语气的语调也具有完句作用。

完句成分是一个不依赖语境或上下文支撑的句子通常必须具有的结构成分。它具有使一个语言表达式能够独立成句的完句功能，它是句法结构上的成句条件。

比较以下两组句子：

A.	B.
把衣服晾外头。	*把包掉水里。
把车停路边。	*把车翻沟里。
把画挂墙上。	*把水洒床单上。

很显然，从祈使的角度考虑，A 组句子可以成立，而 B 组句子不能成立。这是因为任何一个进入祈使句的语言单位都要受到这个句式的语用约束。从"把"字祈使句的使用情况来看，其中最重要的语用约束就是：当说话人向听话人发出某项指令时，他对听话人应该不应该、能够不能够执行自己的动议和要求，有一个既合乎实际又非常清醒的估计，他必须向听话人发出一个非常明确的指令；从听话人的角度来看则是，当他听到某项指令时，必须马上就能意识到自己应该干什么，怎么干，否则

该祈使句就不能起到应有的交际作用。A组的语境提示义是明确的，具有可接受性；而B组动词引发的全是消极的结果，语境提示义是模糊的。对于听话人来说，丝毫不具有可接受性，所以句子不能成立。

如果把以上两组句子都换成陈述句，那么它们都属于不合格的句子：

A. *他把衣服晾外头。　　B. *他把包掉水里。

*我把车停路边。　　*我把车翻沟里。

*他把画挂墙上。　　*我把水洒床单上。

凭借语感，我们都能感觉到这两组句子似乎都尚未说完，听话人总希望能听到下文，因此这些句子都是不自足的，都不能独立成句。而下列句子则都是合格的了：

A. 他把衣服晾外头了。　　B. 他把包掉水里了。

我把车停路边了。　　我把车翻沟里了。

他把画挂墙上了。　　我把水洒床单上了。

这两组句子显然都能成立。所以，单说“他把衣服晾外头”，如果没有下文，听话人会觉得对方的话还没说完；但只要在句末加上一个语气助词“了”，说成“他把衣服晾外头了”，就能独立成句。因此，语气助词“了”是“他把衣服晾外头”这一表达式独立成句的完句成分。

完句成分除“了”以外，还有“吧”、“正……呢”等。如：

他正把画挂墙上呢。

把车停路边吧！

有了完句成分“了”之后，我们再对B组句子做一简单分析：

*把包掉水里。（把包掉水里了。）

*把车翻沟里。（把车翻沟里了。）

*把水洒床单上。（把水洒床单上了。）

我们之所以认为以上三句去掉“了”以后不成立，是从语义上考虑的；从句法上来说，它们是可以成立的。但即使这样，加不加“了”，句子前后的意思是不同的。在这类句子中，“把”后的宾语多是动作行为的受损者，动词具有[－自主]的语义特征；这三句中，动词“掉”和“翻”的[－自主]的语义特征明显强于“洒”，因此前两句无法作为祈使句而存在。"把水洒床单上"可以看成是"有意而为之"的行为，即可以勉强作为祈使句而存在；而"把水洒床单上了"更倾向于无意识的行为。

值得注意的是，句式对语境的依赖性是比较强的。然而，在实际的语言运用中，只要语义不受影响，人们大多选择格标脱落的形式。虽然脱落原本是北京话口语中的一种比较特殊的语言现象，但是，随着社会的逐渐发展，在北方方言的语言交流中，只要语义允许，人们倾向于选择脱落的形式。由此也可看出，脱落现象在口语中运用十分普遍，因为它符合语言表达的经济性原则。这样，在口语色彩比较浓的祈使句、疑问句中，格标经常脱落。又因为"把＋O＋V＋L"句式的影响，用祈使句的场合多于疑问句。如：

① 这不是逼着我把人民币砸手里么？

② 你把它搁哪儿？

③ 你把书放这儿，那怎么行？

④ 你别把人家作者晾这儿，中午请人家吃一顿吧。

⑤ 把篮子搁凳子上。

⑥ 你把书扔床上！

以上几句，①至③是疑问句，④至⑥是祈使句。"把＋O＋V＋L"一般不能用于感叹句。感叹句格标脱落的语例我们没有找到。至此，从完句成分的角度考虑，"把＋O＋V＋L"句式中格标脱落的易难情况，在相应的句式中大致有如下分布：

祈使句＞疑问句＞陈述句＞感叹句

语言表达通常受两股势力的左右。一方面语言表达者总想表达得全面而精确，那就是尽量追求形式和意义之间的象似性；另一方面，表达者又总想省力，也就是尽量追求效率和经济性。因此从语言表达看，标记模式是最佳的解决方案。常用的无标记项在形式上简化或弱化，这样就兼顾了语言的象似原则和经济原则。"把＋O＋V＋L"句式中格标脱落这一现象就极好地体现了标记模式的原理。

第二节 空间位移中主观参照“来/去”的认知语用规则

我们所建立的现代汉语的空间范畴是由方位系统、范围系统和位置系统这三个子系统组成。空间位移是指句子中的某个物体与另一个物体之间的位置变化。这里说的“另一个物体”在句子中主要起“参照位置”的作用。一个完整的空间位移的表述通常要具备下列条件，即源点（A）、位移轨迹（B）和终点（C）。只有源点、终点概念的位移是不完备的，但是只有位移轨迹的句子却是完备的。换句话说，A、C无法单独表达一个物体的位移，必须A、B、C三者具备；而B则可单独表达一个位移，无需A和C的帮助。位移轨迹显示出位移的方向，有了位移方向就能考察一个物体在空间所占据的位置与参照位置之间的关系了。

句子中的参照位置可以是显性的，也可以是隐性的。所谓显性的，是指在句子中专门有一个处所词加以指示；所谓隐性的，则是指句子中没有一个专门的处所词来加以指示，这种参照位置是以一种共同的认知存在于说话人听话人双方的意识之中的。例如下面两个句子：

① 从树上飘下来几片枯叶。

② 他来了。

第①句中的“树上”是显性的参照位置，物体“几片枯叶”的位移是以“树上”作为参照的；第②句中没有显性的参照位置，“他来了”是指“他”向“说话人说话时所处的位置”做近向移动，这个“说话人说话时所处的位置”就是隐性的参照位置，它在句子中不用处所词表现，而是通过“来”或者“去”显示的。正因为“来/去”所表示的参照位置无需具体的处所词参与，所以我们将其称为“主观参照”。

关于“来/去”在表示空间位移时具有显示主观参照的功能这个问题，从国内国外的语法文献中都能看到有关的论述。例如刘月华等（1983）编著的《实用现代汉语语法》中，就有较详细的描写。另外也有不少人写过这方面的论文。在国外，Charles J. Fillmore（1966）也讨论过英语的 come，go，bring 和 take 一类移动动词所包含的“空间指示”（space deixis）的意义。他们的研究成果和不足之处都反映在如下问题上，即对现代汉语空间位移中的“来 / 去”的作用的研究必须：（1）立足于“来 / 去”的交际功能的探讨，应该在更大的语用范围内讨论“来 / 去”的作用；（2）要充分考虑到“来 / 去”的民族性特点，在不同的语言中，“来 / 去”在语用范围内所表现出来的意义并非完全相同。本节的讨论，事实上也就是以这两点为出发点的。

我们认为，在空间位移中主观参照“来 / 去”所显示的语用意义将受到下面三个因素的影响：（1）空间位移的物体与说话人的关系；（2）说话时间和空间位移时间的关系；（3）说话人与听话人的关系。本节所讨论的问题，将在这三点上展开。在讨论了“来 / 去”所揭示的不同的主观参照位置后，还将对现代汉语“来 / 去”在指示空间方向时的一些规则做出归纳和说明。

一　实在位置和虚拟位置

根据空间位移的物体与说话人的不同关系，“来 / 去”所指示的参照位置可以分为实在位置和虚拟位置两种。所谓实在位置，是指句子中具有空间位移的物体与说话人之间存在着事实上的倚变关系。如下面句子：

① 他来了。

② 你去吧！

③ 从朋友那儿拿来一本书。

在这些句子中，动作主体或动作客体的位移方向，都是说话人的一种主观叙述。因此，说话人所处的位置，成为说话人对“来 / 去”选择的依据。“他来了”说明说话人与动作主体“他”原来是“相向”而立的，位移“来”开始后，动作主体“他”朝着说话人方向移动。“你去吧”说明说话人与动作主体“你”之间原来是“同向”而立，即同是“向前”而立，位移“去”开始后，动作主体“你”朝着远离说话人的方向移动。“从朋友那儿拿来一本书”中的动作客体“书”的移动，是“从朋友那儿”

向着说话人所处位置移动的，并通过运动的方式“拿”表现出来。可见，在这些句子中，说话人虽然没有出现，但说话人的存在是明显的，说话人事实上参与到句子中去了。“他来了”可以理解为“他向我走来了”，“你去吧”可以理解为“你离我去吧”，“从朋友那儿拿来一本书”可以理解为“一本书从朋友那儿给我拿来了”。实在位置表现了说话人的一种主观态度，说话人如果出现，就是句子中的第一人称“我”、“我们”。

（一）“实在位置”表现出“来/去”的语用意义

“实在位置”表现出“来/去”的语用意义是：

意义1：“来/去”表示空间中某一物体向着说话人所处位置的方向做近向或远向的移动。

由意义1我们可以得出如下规则，即：

规则1：具有意义1的句子中可以用第一人称补出说话人的位置，即参照位置。

但是，我们再讨论下面的句子：

A. 他来了。　　　　B. 我来了。
　 他们去了。　　　　 我们去了。[①]

从形式上看，A组句子与B组句子的不同，仅仅是人称代词的不同。然而实际上，因为说话人所处的是实在位置，未出现的说话人如果要补出来的话，就是“我”、“我们”。这样，用第一人称“我/我们”做位移物体的就和用第三人称“他/他们”做位移物体的句子，在理解位移的物体与说话人的关系上会存有一定的差异。“他来了”、“他们去了”中的“他”、“他们”的位移方向，是相对于说话人“我”的位置而言的；而“我来了”、“我们去了”中的“我”、“我们”的位移方向，也是应该相对于说话人“我”的位置而言的。这样，句子中的“我/我们”和句外说话人的“我”就会同时存在，从而互相影响，产生矛盾。因此，上述“我来了”、“我们去了”在表现“意义1”时不是纯合格句，像这一

① “我们去了”的句子似乎可以用，如“我们去了，您再坐会儿吧”，但这儿的“去”是“离去”的意思而并非是与“来”相对的表示“从所在地到别的地方”的意思。

类由第一人称构成的，表示空间位移的句子，通常要在句子中加上能明确表示源点、终点的词语。如：

④ 我从北京来。

⑤ 我们到北京去。

以这种方法特意表明这时的“来/去”所揭示的说话人的位置。如“我从北京来”，表明说话人的位置正好在与“北京”这个源点相对的终点位置上。而在以第三人称构成的句子中，并非要有这种特殊的语境说明。这样，由意义1还应得出如下规则，即：

规则2:具有意义1的句子中,位移的物体通常不能用第一人称表示。

（二）“虚拟位置”表现出“来/去”的语用意义

句子中具有空间位移的物体与说话人之间并不都存在着事实上的倚变关系，下面句子中的“来/去”所表示的物体位移的方向都是以说话人的假设处所作为依据的。如：

⑥ 成岗看到，许石峰……迈步向楼下走去。

⑦ 王芹芹从遥远的北疆为旦旦带来一张贺年卡。

⑧ 通往县城的大路上走来了一老一少两个人。

⑨ 孟庄水面上漂来了许多上游村庄人们使用的物品，让人看了心酸。

在这些句子中，动作主体或动作客体的位移方向，都是说话人的一种客观叙述。句子中具有位移的物体与说话人之间存在着假设的倚变关系，这是一种虚拟位置，这种虚拟位置又可分为两类：

第一类，说话人参与到句子中去，假设与句子中以第三人称出现的某一人物同处在一个位置上，例如所举的⑥、⑦例。“成岗看到，许石峰……迈步向楼下走去”中，说话人将自己的位置设在“许石峰”所处的位置上,许石峰原住在楼上,他的所处位置是参照位置。“向楼下走去”，就是背离了许石峰所处的原来的位置做位移。上述例句如改为：

成岗看到，许石峰……迈步向楼下走来。

那么,说话人又将自己的位置设在句中“成岗”所处的“楼下”位置上，

“许石峰向楼下走来”，即朝着成岗所处的位置做位移，成岗的位置是参照位置。同样，“王芹芹从遥远的北疆为旦旦带来一张贺年卡”，那么说话人所处的位置与句子中“旦旦”相同，“贺年卡”的位移是朝向“旦旦”方向的，离“旦旦”越来越近；相反，如果是“王芹芹从遥远的北疆为旦旦带去一张贺年卡”,那么说话人所处的位置,又是与句子中“王芹芹”相同，“贺年卡”的位移背离“王芹芹”的方向,离“王芹芹”越来越远。“旦旦”和“王芹芹”的位置分别成为由“来”和“去”参与的句子中的参照位置。

第二类，说话人参与到句子中去，假设处在句子中所揭示的某一处所位置上，例如上面所举的⑧、⑨例。“通往县城的大路上走来了一老一少两个人”中,说话人将自己的位置设置在句中所揭示的某一处所“县城”里,“一老一少两个人”朝着县城,亦即朝着说话人所处位置做位移。“孟庄的水面上漂来了许多上游村庄人们使用的物品” 句中，说话人将自己的位置与句子中所揭示的某一处所位置“孟庄的水面上”设在一处，“许多上游村庄人们使用的物品”朝着“孟庄的水面上”，亦即说话人的位置方向移动。“县城”和“孟庄的水面上”就是这两个句子中的参照位置。值得注意的是,在这些虚拟位置中,大多用上表示近向的“来”,而很少用表示远向的“去”。

虚拟位置表现出了“来 / 去”的第一种语用意义，即：

意义 2：“来 / 去”表示空间中某一物体向着假设的说话人所处位置的方向做近向或远向的移动。

由意义 2 可以得出下列规则：

规则 3：在具有意义 2 的句子中，位移物体通常用客观的第三人称表示。

规则 4：具有意义 2 的句子中，不可以用第一人称补出参照位置，参照位置常常是句子中出现的另一个不做位移的物体。

二 当前位置和遥远位置

下面两个例句：

① 明天你到我家去。

② 明天你到我家来。

说第一句话时，说话人的处所位置肯定不在“我家”，“去”“我家”是让“你”背离说话人的位置而去，朝“我家”方向移动，说第二句话“明天你到我家来”时，说话人的位置则可能有两种解释：（1）说话人的所处位置在“我家”，“你”朝着说话人的位置“我家”而“来”；（2）说话人的所处位置不在“我家”，可以是“我家”之外的其他地方。这时候用“来”，是说话人把自己的位置定在“明天”这个时间内所在的地方，即完成动作“到我家”时自己所处的位置。可见，在这两个例句中，“来”和“去”的理解还必须牵涉到时间因素。我们把说话人说话时间发生在当时的、说话人所处位置称为“当前位置”，把说话人说话时间发生在以后的、说话人所处的位置称为“遥远位置”。这是根据说话时间与空间位移时间的不同关系而产生的两种位置。因此，我们可以从当前位置和遥远位置的不同，归纳出“来 / 去”在表示空间位移时的不同意义：

意义 3：“来 / 去”表示空间中某一物体向着说话人说话时所处位置的方向做近向或远向的移动。

意义 4：“来 / 去”表示空间中某一物体向着说话人在某一参考时点上所处位置的方向做近向或远向的移动。

（一）“当前位置”表现出的“来 / 去”的语用意义

我们先讨论“我来了”、“我们去了”这两个句子。在表现意义 1 时，这两个句子不是合格句，但是在意义 3 中，这样的句子就变得可以理解了，这是因为“来 / 去”的语用意义中加上了时间因素。“我来了”可以理解为“我来（到这儿）了”，“这儿”是说话人说话时所处的位置，说话人表示的空间位移到“这儿”结束；“我们去了”可以理解为“我们（离这儿）去了”“我们去（那儿）了”，说话时所处的位置是“这儿”，而不是“那儿”，说话人表示自己的位移是从“这儿”开始。因此，由意义 3 可得出下列规则：

规则5:在具有意义3的句子中,“来”通常与位移的终点联系在一起,“去”通常与位移的源点联系在一起。

例如,按照规则5,在“他来了”句子中,说话人说话时所处位置是“他”位移的终点;“他去北京了”句子中,“北京”是“他”位移的终点,但说话人说话时的位置是“他”做位移的源点。

再比较两组例句:

A. 我来北京了。　　B. 我去北京了。
他来北京了。　　他去北京了。

A组句子中,说话人说话时的位置都是在“北京”,空间中的物体“我”和“他”“来北京”的位移均已结束。而在B组句子中,说话人说话时的位置都不在“北京”,但空间中的物体“去北京”的位移是否结束在两个句子中表现是不一样的。单独“我去北京了”这个句子,“去北京”的位移肯定未结束[①],只能在如下对话语境中:“我去北京了,你们在家注意安全”,说话人说话时的位置是在“家”,“去北京”尚未开始。而“他去北京了”中“去北京”的位移可以尚未结束,如“他去北京了,现在可能要到了”,或者已经结束,如“他去北京了,三天前就去了”。因此我们又可得出:

规则6:在具有意义3的句子中,位移物体以第一人称表示时,“来”表示物体的位移已经结束,“去”表示物体的位移尚未结束。

(二)“遥远位置”表现出的“来/去”的语用意义

再看下面例句:

A. 昨天我去北京了。　　B. 明天我来北京。
今天我去北京。
明天我去北京。

A组句子中,不管时间词语是表示过去的,还是表示现在的,或者表示将来的,说话人的位置都可以定在“说话时”这一时间上。但是“明

① “去年我去北京了”这一类句子,表现的不是“去北京”这个动作的结束,而表示“我去北京”这件事曾经发生过。

天我来北京”中，说话人则是把自己的位置定在明天这个参考时间上，是以“明天”在“北京”的身份来说“来北京”的。

同时，我们还应该注意到，“明天我来北京”这样的句子只能在对话的语境中才能成立。我们可以设想，这个例句会出现在例如与北京的某一熟人通电话这种情景中。如果缺乏听话人，或者听话人与此事无关系（例如说话人向听话人叙述一件与其无关的事）的情景中，都不会出现“明天我来北京”这样的句子。也就是说，表现遥远位置时，一般需要有对话的语境。例如前面说的“明天你到我家来”中，“你”和“我”的交谈可以不在我家，但必须是两人之间的对话，听话人知道说话人“我”是以“明天”“我”的所处位置作为听话人“你”的移动方向的参考点的。脱离了面对面的语言环境，上述意思很难表达。因此，由意义 4 得出如下规则：

规则 7：在具有意义 4 的句子中，按照汉语的习惯，只用“来”表示遥远位置，“去”一般不表示遥远位置。

规则 8：具有意义 4 的句子中一般都存在一个对话的语境。

规则 9：在具有意义 4 的句子中经常出现表示将来时间的时间词语。

（三）句子中“来”所表示的遥远位置有两种表达方式

1. 在句子中用一处所词表示某一参考时间中说话人所处的位置，如上面所举的例子“明天我来北京”中的“北京”，“明天你到我家来”中的“我家”。这样的位置可以称作句中“遥远位置”。

2. 表示遥远位置的句子中的“来”不一定都得像上述例句那样，带上处所词语，如“我家”、“北京”等，也可以不带处所词语，如下面例句：

③ 请你明天过来。

这样的句子中，动作主体“你”明天的位移是向说话人所处位置移动。但这个说话人所处的位置，可以是说话人和听话人交谈当时的所处位置，也可以不指交谈当时的处所位置，而是指说话人经常出现的位置。这个经常出现的位置又是听话人所了解的。例如说话人与听话人在“阅览室”相遇交谈，说话人说的“明天过来”，可以指让听话人明天仍到阅览室来，这时“来”表示的是当时位置；也可以指让听话人明天去说话人常在的地方，如办公室、寝室等处，这时“来”表示的是遥远位置。由于这样的遥远位置在句子中没有专门的处所词语指示，这个遥远位置是存在于说话人和听话人的背景知识中的，所以这样的遥远位置又可称为“背景遥远位置”。

三　自身位置和他身位置

（一）“自身位置”、“他身位置”表现出的“来/去”的语用意义

前面我们讨论了“我来了”这样的句子，并认为在表现意义3时，这样的句子可以理解为“我来（这儿）了”，“这儿”是指说话人说话时所处的位置。但是，出现在下列语境里的句子也是可以成立的。如：

① 甲：明天咱们见个面吧。在你家还在我家？

乙：我来吧，你在家呆着就是了。

② 甲：（在门外）老张，你的电话！

乙：来了，来了，我马上就来。

第一例中“我来吧”这样的句子，并不是表示意义3，只能理解为“我来（你那儿）吧”，“你那儿”显然不是说话人说话时的所处位置，而是听话人听话时所处的位置。在第二例中，“我马上就来”中的“来”的移动，也显然不是向着说话人的方向的移动，而是向听话人的所在位置的方向的移动，听话人所在位置其实并不是甲对话时所处的“门外”，而是甲在对话前所在的位置“电话边”。可见，“我来了”中的“来”既理解为可以朝说话人方向的移动，也可以理解为朝听话人方向的移动。我们把前者称作“自身位置”，把后者称作“他身位置”，“自身位置”和“他身位置”反映了说话人与听话人的不同关系。因此，“来/去”还可以表示如下语用意义：

意义5：“来/去”表示空间中某一物体向着听话人听话时所处位置或非听话时所处位置做近向或远向的移动。

上述这种用法与理解似乎是矛盾的。“我来那儿了”中的说话人怎么能用“来”表示一种远向的移动呢？然而，这种用法在语用学中是有

理论依据的，这是一种语用上的“礼貌的观点转移”，即说话人不以自身作为参照点，而把参照点转移到听话人所处的位置上，“我去”变成了“我来”是敬重对方的说法（何兆熊 1989）。

由意义 5 可得出如下规则：

规则 10：在具有意义 5 的句子中，位移的物体通常以第一人称表示。

规则 11：具有意义 5 的句子中一般都存在一个对话的语境。

（二）移动的物体以第一人称表示的句子

1. 我们来看下面例句：

③ 我们一起来吧。

与前文中的例句相比，“我”换成了复数“我们”，移动的物体不再是一个个体，而是一个群体。但是，这儿的“我们”一定不包括听话人在内，这儿的“来”是说话人所代表的群体向着听话人听话时所处的位置做近向的移动。再看下面一组例句：

④ * 咱们一起来吧！

⑤ 咱们一起去吧！

例④是不能成立的，因为“咱们”包括听话人在内。这样，“咱们”所代表的群体对“来 / 去”的理解会发生矛盾。从说话人来说，使用的“观点转移”方法；从听话人来说，“来”则是“非观点转移”的用法。这两种不同的理解统一在“咱们”中，是不协调的。而“咱们一起去吧”句子中，“咱们”虽然也包括听话人在内，但因为说话人使用的是“非观点转移”的方法，与听话人的理解完全一致：我们既可以认为这是说话人要听话人也站在他的立场上，以说话人说话时所处位置作为基准，来考察“去”的移动方向；也可以认为这是各人站在自己的立场上，以自己说话或听话时所处位置作为基准，来考察“去”的移动方向。而“去”对说话人与听话人来说，都是离他们所处位置而远去的一种移动。所以，例⑤与例④不同，是一个合格句。这样，我们要对规则 10 做出修改：

规则 10：在具有意义 5 的句子中，位移的物体通常以第一人称表示，但不能用“咱们”。

2. 如果把“来 / 去”说成是一种表示动态位置的空间指示语的话，那么“这儿 / 那儿”可以看成是一种表示静态位置的空间指示语。“这儿 / 那儿”是以说话人在说话时所处的位置作为基准的，“这儿”具有靠近说话人位置的近指意义，“那儿”具有远离说话人位置的远指意义。因此，对于说话人来说，“来”总是和“这儿”连在一起，而“去”总是和“那儿”连在一起。我们在前文讨论的“我来这儿了”和“我去那儿了”的句子，都是一种以说话人说话时所处位置为基准的，表示动态的“来 / 去”与表示静态的“这儿 / 那儿”的常规配搭。然而在具有意义 5 的句子中，因为一般是以听话人听话时所在位置作为基准，所以“来 / 去”与“这儿 / 那儿”的搭配会出现与上面所说的常规用法相反的情况。这样，我们可以有下面的规则：

规则 12：在具有意义 5 的句子中，“来”可以与“那儿”一起使用，“去”可以与“这儿”一起使用。

通过规则 12 我们可以知道，在一个句子中，除了“来 / 去”有上述“观点转移用法”外，“这儿 / 那儿”其实也有“观点转移用法”。也就是说，通过句子中“这儿 / 那儿”的运用，也可以表示空间中某一物体所处的“他身位置”。我们再讨论如下一组例句：

⑥ 我来你这儿吧！

⑦ 我来你那儿吧！

⑧ 我去你这儿吧！

⑨ 我去你那儿吧！

上述四个句子，在表示空间中的物体“我”的移动时，例⑥“来”和“这儿”都是以听话人所在位置作为基准的，“来”这时表示的位置我们又可称为“全他身位置”；例⑦“来”是以听话人所在位置作为基准，而“那儿”则是以说话人所在位置作为基准，所以，“来”这时表示的位置我们可称为“半他身位置”；例⑧“去”是以说话人所在位置作为基准，而“这儿”则是以听话人所在位置作为基准，所以“去”这时所表示的位置我们称为“半自身位置”；而例⑨中，“去”和“那儿”都是以说话人的所在位置作为基准的，所以“去”这时表示的位置是“全自身位置”。上述情况可用表 4-1 表示：

表 4-1

	“来 / 去”观点转移用法	“这儿 / 那儿”观点转移用法	“来 / 去”所表示的位置
“来”＋“这儿”	＋	＋	全他身位置
“来”＋“那儿”	＋	－	半他身位置
“去”＋“这儿”	－	＋	半自身位置
“去”＋“那儿”	－	－	全自身位置

可见，规则 12 主要是针对“半他身位置”和“半自身位置”而言的。值得注意的是，正像上述一组例句揭示的那样，在一般的交谈语境中，“我来那儿”、“我去这儿”的用法较为少见，大多要在“这儿 / 那儿”前加上“你”字，以更加明确地表示出敬重对方的意思来。除表示“全自身位置”的句子外，其他三种用法如果不加“你”，一般只能用于“这儿 / 那儿”的“手势用法”（gestural use），当说话人可以用手势向听话人指出自己位移的位置时，才可以用这种方式交谈。

（三）移动的物体以第三人称表示的句子

“他来这儿了”这样的句子是有歧义的。“这儿”如果指说话人所处的位置，那么“来”是表示意义 1 的句子；如果“这儿”是指听话人所处的位置，那么“来”是一种“观点转移”的用法，这个句子是表示意义 5 的句子。通常，为了避免歧义，这种句子中的“这儿”常常要用具体的处所词表示。例如：

⑩ 他已经来你家了。

⑪ 他来办公室找你了。

上述例句仍然需要对话的语境。“他”是“我”和“你”谈话时涉及的第三者，是“实在位置”里的第三者，而不能是“虚拟位置”中的第三者。“他已经来你家了”中“你家”是听话人听话时所在的位置，而说话人可以在“你家”，也可以不在“你家”；“他来办公室找你了”中的“办公室”，是听话人经常出现的处所，听话人听话时和说话人说话时都可以在“办公室”，也可以不在“办公室”。因此看来，“来 / 去”在表现意义上时，还应增加下面一条规则：

规则 13：在具有意义 5 的句子中，位移的物体有时可以用第三人称表示，句子中通常有明显的处所词指示“来 / 去”移动的方向。

（四）结论

我们将以表 4–2 对上述讨论的“来 / 去”所表示的主观参照位置进行归纳：

表 4–2

分类标准	主观参照位置名称		例　句
空间位移的物体与说话人的不同关系	实在位置		他来了。
	虚拟位置	说话人与句中人物同处一个位置	许云峰……向楼下走来。
		说话人将自己位置设置在句中所揭示的某一处所上	通往县城的大路上走来一老一少两个人。
说话时间与空间位移时间的不同关系	当前位置		他来了。/ 许云峰……向楼下走来。
	遥远位置	句中遥远位置	明天你到我家来。
		背景遥远位置	请你明天过来。
说话人与听话人的不同关系	自身位置	全自身位置	他来了。/ 我去你那儿。
		半自身位置	我去你这儿。
	他身位置	全他身位置	我来你这儿。
		半他身位置	我来你那儿。

表 4–2 还反映出不同的参照位置之间，存在着较为复杂的对立交叉的关系，我们用下列图形表示：

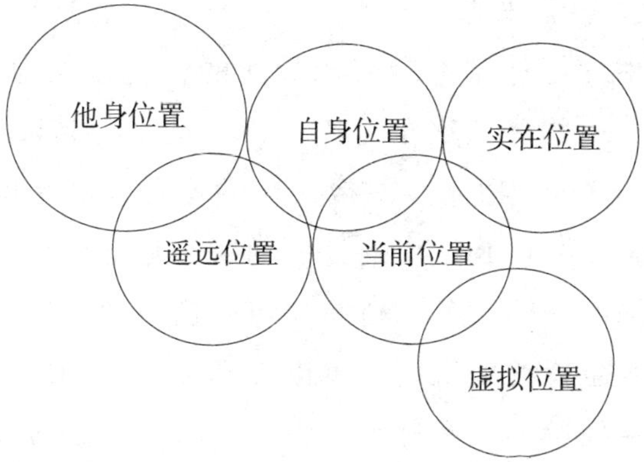

图 4–1

我们认为，“汉语的‘来’和‘去’在作为移动动词时，不像英语的 come 和 go 那么复杂”（何自然 1988）的看法是失之偏颇的。汉语“来 / 去”在表示物体移动时的指示意义其实是很复杂的。我们相信，上面所讨论的只是其中的一部分，有许多规律还有待我们去发现，去研究。我们还应该将汉语“来 / 去”和英语“come/go”做出比较，这样可以更加有利于我们去全面清楚地揭示“来 / 去”的语用含义。

第三节　空间位移中客观参照“P + N”的语用含义

有了位移方向才能考察一个物体在空间所占据的位置与参照位置之间的关系。上一节我们讨论了空间位移中主观参照“来 / 去”的语用含义问题：“来 / 去”是一种隐性的参照位置，因为句子中无需一个专门的处所词来加以指示，这是一种主观参照。与隐性的参照位置相对的则是显性的参照位置，这种参照位置需要在句子中有一个专门的处所词加以指示，因而是一种客观参照。

A. 一行字在黑板上写着。
他在火车上遇见朋友。
火车从北京开来。

B. 一帮人挤上火车。
小王急忙跳下汽车。
老师走进教室。

火车开向北京。　　　　　　　　金丝鸟飞出牢笼。

上述例句中的粗体字都是表示处所的，是显性的参照位置："火车从北京开来"中物体"火车"的位移，是以"北京"作为参照的；"一帮人挤上火车"中物体"一帮人"的位移，则是以"火车"作为参照的。然而，A组和B组中的处所词所占据的位置是不一样的：前者处在句中介词的后面，后者则处在句中趋向动词的后面；也就是说，表示显性的参照位置的处所词，可以出现在"介词+处所词"和"动词+趋向动词+处所词"两种组合中。本节讨论的客观参照，主要指A组的那种，而B组中的客观参照将在下节讨论。为讨论方便，我们将"介词+处所词"写成"P + N"，将"动词+趋向动词+处所词"写成"D + Q + M"。

随着Fillmore格语法理论的引进，人们对汉语介词的"赋格"作用认识人体上是一致的，即认为汉语中的一些"格"可以以介词作为标志，其中"处所格"是很多学者都提到的，也就是说，"P + N"具有指示空间处所的功能。在指示参照位置的问题上，有学者认为，空间的定位可以用"P + N"这样的格式，其中的"P"，经常由介词"在、从、到、向"等担任。本节将在前人研究的成果上，从空间系统的角度出发，在更大的语用范围内，讨论"P + N"在空间位移中所具有的显示客观参照功能这个问题。本节将"名词+'P + N'+动词"作为反映空间位置的常用句式，对这种句式展开讨论，而不讨论"P + N"出现在其他位置上但也反映空间位置的非常用句式。只有在特殊情况下，才将非常用句式作为我们讨论的对象。

我们认为，在空间位移中客观参照"P + N"所显示的语用意义将受到下面三个因素的影响：（1）空间位移物体与参照位置的关系；（2）空间位移物体与移动处所的关系；（3）空间位移物体与移动方式的关系。本节所讨论的问题，将在这三点上展开。在讨论了"P + N"所揭示的不同的客观参照位置后，还将对现代汉语中"P + N"在指示空间位置时的一些规则做出归纳与说明。这儿所说的"物体"，是广泛意义的"物体"，既包括有生命的"物体"，也包括无生命的"物体"。

一　静态位置与动态位置

一个物体在空间所占据的位置，除了由物体本身在空间占据的这一个“点”表示外，还取决于参照位置的确立，这是因为无论是相对静止的物体，或是绝对运动的物体，它们占据的位置都取决于这个物体和另一个参照物体的位置的关系。例如“一本书在桌子上放着”,“书”的位置是相对于参照物“桌子”来说的；“火车向北京开去”，“火车”是向着参照物“北京”的方向运动着的。可见，“书”和“火车”所占据的空间位置，并不是相同的：“书”所占据的位置，相对于参照物“桌子”来说是静止不动的；而“火车”对于参照物“北京”来说，却是运动着的。这样，物体本身占据的位置，可以分成静态位置和动态位置两种。

（一）静态位置表现出“P＋N”的语用意义

意义1：“P＋N”表示空间中的某一个物体在这个位置上是静止不动的。

由于介词“在”表示处所，用在动词前时，通常指动作发生或事物存在的处所，因此，由意义1得出如下规则：

规则1：具有意义1的句子中，P通常由“在”充当。

但是，我们看下面句子：

A. 一行字在黑板上写着。	B. *一行字在黑板上写。
一个人在沙发上坐着。	*一个人在沙发上坐。
纽扣在袖口上钉着。	*纽扣在袖口上钉。

A组句子是成立的，而相对的B组句子却是不成立的。这是因为位于“黑板上”的“一行字”、位于“沙发上”的“一个人”、位于“袖口上”的“纽扣”，都必须以一种状态留存在这个位置上，而动词的状态性又必须在动词后附上“着”后才能表现出来。也可以说，动词加上“着”后才能使这一类句子具有合法性。因此，我们又可以得出规则2：

规则2：具有意义1的句子中，动词后必须有助词“着”与之同现。

动词后加上“着”构成的句子，是否都是表示意义1的呢？我们再将C组句子与A组句子进行比较：

C. 一群人在路上走着。

许多污水在水沟里流着。

一只白鸽在天空中飞着。

A组和C组的句子虽然有相同的结构形式，但内部隐含的语义结构关系却不相同，我们可以通过变换加以揭示：

一行字在黑板上写着→黑板上写着一行字→★黑板上有一行字在写着

纽扣在袖口上钉着→袖口上钉着纽扣→*袖口上有纽扣在钉着

一群人在路上走着→路上走着一群人→路上有一群人在走着

许多污水在水沟里流着→水沟里流着许多污水→水沟里有许多污水在流着

变换形式的不同，表明A组动词与C组动词是不同的：A组动词具有[－动作]、[＋状态]、[＋附着]的语义特点，而C组的动词则具有[＋动作]、[＋移动]、[－状态]、[－附着]的语义特点。可见，如果A组是表示意义1的，那么C组就不可能表示意义1。

规则3：具有意义1的句子中，动词必须具有[－动作]、[＋状态]、[＋附着]的语义特征。

物体的运动要经历空间的变化，也要经历时间的变化。我们引入时间运动的概念后，就找到了区别A组句子和C组句子的理论依据。我们假设时间变化为横向的X轴，空间变化为纵向的Y轴。占据静态位置的物体，在空间轴上的运动总是处于初始状态，可以用“0”表示；而时间轴上的运动，则可以分别用“0”或者“1”表示（假设超过“0”的任何运动状态均以“1”表示）。A组的句子在时间轴和空间轴都表现为初始状态，可以记作（0，0）；而C组的句子则可以描写为（1，0）。如果把（0，0）看作是表示绝对的静态位置的话，那么，（1，0）表示的则是相对的静态位置。

C 组的动词虽然是一种移动动词，但是这种空间位置上的“移动性”，由于后附“着”的作用得以削弱，转而成为一种动作的持续，留存在一个“位置点”上。这个“点”可以理解为广义上的“点”，包括“点、线、面、体”各种形状。因此，C 组句子也是表示静态位置的，我们得出“P + N”表示的另一种语用意义：

意义 2：“P + N”表示空间中的某一物体在这个位置上只做时间轴上的运动，而在空间轴上处于初始状态。

那么我们就得到了：

规则 4：具有意义 2 的句子中，动词可以有 [+动作]、[+移动]、[−状态]、[−附着] 的语义特征。

（二）动态位置表现出的“P + N”的语用意义

在现代汉语空间位置系统中，表示一个物体的位移需要两个条件：一是要有位移的起点和终点，表现在形式上，起点、终点可以用“从、到、向”等介词与后面的处所词结合起来表示；二是要有位移的方向，表现在形式上，可以在动词后面加上趋向动词“来 / 去”、“上 / 下”、“进 / 出”等来表示，也可以直接用“来 / 去”、“上 / 下”、“进 / 出”等或一部分移动动词来表示。位移的物体所占据的位置，就是动态位置，如下面例句：

A. 一群人在路上走着。　　B. 一群人从前面走来。
许多污水在水沟里流着。　　许多污水沿着水沟流去。
一只白鸽在天空中飞着。　　一只白鸽向天上飞去。

A 组句子中的粗体表示的物体，占据的位置是静态位置；B 组句子中粗体所表示的物体，在空间中发生了位移，占据的位置是动态位置。根据系统功能语法理论，物质结构的实体可以是静止时空关系中的实体，也可以是处于变化时空关系中的实体，如果用 [变] 这个语义特征来考察，前者称为静体，具有 [−变] 的语义特征；后者称为变体，具有 [+变] 的语义特征。因此，我们得出：

意义 3：“P + N”表示空间中的某一物体在这个位置上相对于参照

位置来说是运动着的，且运动是有方向的。

那么，我们就得到了：

规则 5：具有意义 3 的句子中，动词具有［＋移动］的语义特征。

二 起点位置、终点位置与途经位置

上文 B 组中的句子虽然都是表示动态位置的，但是从位移物体与移动处所的关系出发考虑，三个例句中的动态位置是不同的，这种不同反映了物体空间关系的变化。物体空间关系的变化过程总是从起点开始，经过途经位置，最后结束于终点位置。因此，我们在意义 3 的基础上，可以得出：

意义 4："P ＋ N"表示空间中的某一物体的位移是从这个位置开始的。

意义 5："P ＋ N"表示空间中的某一物体的位移必须经过这个位置。

意义 6："P ＋ N"表示空间中的某一物体的位移最后结束于这个位置。

那么，我们又得到了：

规则 6：具有意义 4 的句子中，"P" 通常由"从、自、打"等充任。

规则 7：具有意义 5 的句子中，"P" 常由"沿着、顺着、围着"等充任。

规则 8：具有意义 6 的句子中，"P" 通常由"向、朝、往、到"等充任。

我们主要讨论起点位置和终点位置。先看下面例句：

A. 那些鸟都从笼子里飞去了。
一群人从前面走来。
火车自北京开来。

B. 小王从汽车里跳下来。
25 军从包围圈里逃出来了。
乘客自车厢里涌下来。

从句法结构分析，上述例句中发生位移的物体都占据着主语的位置，因为我们可以将例句做这样的变换：

那些鸟都从笼子里飞去了→笼子里的那些鸟都飞去了

25 军从包围圈里逃出来了→包围圈里的 25 军逃出来了

乘客自车厢里涌下来→车厢里的乘客涌下来

因此，我们得到了：

规则 9：具有意义 4 的句子中，使主语位置的物体产生位移的动词

都具有[＋移动]的语义特征。

我们再将B组的句子做如下变换：

小王从汽车里跳下来→小王跳下汽车→*小王从汽车里跳下

25军从包围圈里逃出来→25军逃出包围圈→*25军从包围圈里逃出

乘客自车厢里涌下来→乘客涌下车厢→*乘客自车厢里涌下

我们将变换式和原式比较，可以发现：

（1）变换式中已没有"P＋N"，"P"消失，"N"后的方位词跌落，原式中的"P＋N"必须完整；

（2）变换式中的"来/去"可以省略，原式中的"来/去"必须保留。

因此，上述规则9还要做如下改动：

规则9：具有意义4的句子中，使主语位置上的物体产生位移的动词都具有[＋移动]的语义特征，且动词后的"来/去"是不能省略的。

然而下面句子中：

① 李华从家里扔出去好多东西。

② 王芹芹从遥远的北疆寄来一张贺年卡。

③ 老王从南方捎来一封信。

在空间产生位移的不再是占据主语位置的物体："李华从家里扔出去好多东西"中，发生位移的是"好多东西"，而不再是"李华"，"好多东西"的位移是从"家里"这个空间位置开始的。同样，下面两个例句中发生位移的是"一张贺年卡"和"一封信"，而不是"王芹芹"和"老王"。考察这些句子中的动词，我们可以发现，有些动词本身就具有[＋移动]的性质，如"扔"；有些动词本身并不具有[＋移动]的性质，像"寄"和"捎"。"寄"和"捎"这类动词的所谓"移动性"，是动词后面的"来/去"带来的，因为这些句子还能做如下的变换：

王芹芹从遥远的北疆寄来一张贺年卡→王芹芹从遥远的北疆寄一张贺年卡来

老王从南方捎来一封信→老王从南方捎一封信来

可见，是"动词＋'来/去'"这个动词短语才具有[＋移动]的语义特征。这样，我们首先就要对规则5做出修改：

规则5：具有意义3的句子中，动词或动词短语都应该具有[+移动]的语义特征。

然后，我们认为在表示意义4的句子中，还必须增加一条规则：

规则10：具有意义4的句子中，使宾语位置上的物体产生位移的动词不一定具有[+移动]的语义特征，而动词短语则一定具有[+移动]的语义特征。

我们看下列变换矩阵：

火车往北京开去→火车开往北京

小船向对岸划去→小船划向对岸

人群又一次向火堆扑去→人群又一次扑向火堆

我们将"名词+'P+N'+动词"作为反映空间位置的常用句式，但在实际的语言使用中，表示终点位置时，使用变换句式的更为多见。这是因为人们往往按照事件发生的先后顺序进行叙述，就物体的空间位移的表达来说，也总是先说起点，再说途经，最后说终点，因此表示终点概念的词语很容易占据句末的位置。同时，又因为表示"起点位置"、"途经位置"的"P+N"只能位于动词的前面，如果表示"终点位置"的"P+N"也放在动词前面的话，就容易造成句子结构累赘、臃肿，句子表达不顺畅的毛病。所以，实际的语言使用中，如果起点、途经、终点一起出现的话，往往采用"起点+（途经）+动词+终点"的形式，典型的"从……到"结构更是如此，动词必须放在"从……到"之间。如：

④ 轮船从上海沿着海岸驶向大连。（很少说"轮船从上海沿着海岸向大连驶去"）

⑤ 他从上海来到北京。（不能说"他从上海到北京来"）

这样，我们可以得出如下规则：

规则11：具有意义6的句子中，"P+N"更多地是放在动词后使用。

从上面的例句可以了解到，具有意义6的句子中，几个"P"的用法是不同的，这样，我们对规则 8 也要进行修改：

规则 8：具有意义 6 的句子中，“P”通常由“向、朝、往、到”等充任，其中“朝”只能用在动词的前面，“到”通常用在动词的后面。

同样是用在动词后面的“P”，在表示终点位置时所显示的意义也有区别，如下面例句：

A. 火车开到北京。　　B. 火车开向北京。

小船划到对岸。　　　小船划往对岸。

A 组句子中的“北京”、“对岸”表示“火车”、“小船”位移已经结束的终点，而 B 组句子中的“北京”、“对岸”表示“火车”、“小船”位移终将结束的终点，因为 A 组中的“火车”、“小船”已经到达了终点，而 B 组中的“火车”、“小船”只是在到达的过程中，但最终到达的当然是“北京”、“对岸”这个终点，而不可能是其他终点。这样，我们可以将 A 组句子中的终点称为“到达终点”，而将 B 组句子中的终点称为“面向终点”。那么，我们对规则 11 还得进行修改：

规则 11：具有意义 6 的句子中，“P + N”更多地是放在动词后使用，其中介词“到”构成的“P + N”表示“到达终点位置”，介词“向”、“往”等构成的“P + N”表示“面向终点位置”。

三　主体位置、客体位置与伴随体位置

我们仍然讨论前文出现过的例句：

① 25 军从包围圈里逃出来了。

② 李华从家里扔出去好多东西。

上述两个例句中，发生位移的物体在句子中所占据的位置是不一样的：例句①中的“25 军”占据着主语的位置，例句②中的“好多东西”占据着宾语的位置，这是就在句子中的分布而言的。

如果从句子的语义表达功能考虑，则应该着重考察句子中动词的语义特征。按照 Halliday 的观点，句子的表义结构可以分成“物质表义结构”（material）和“心理表义结构”（mental）两类，与此相联系的谓元和

动词的关系，也相应地分成“物质”和“心理”两类。上述例句中谓元与动词的关系就是一种“物质”关系。在空间位置系统中，我们考察这种关系，可以发现①句中发出动作，并从而产生位移的是主语位置上的“25军”，②句中发出动作的是主语位置上的“李华”，产生位移的却是宾语位置上的“好多东西”；①句中“25军”本身就是发出动作的主体，②句中的“好多东西”却是接受动作的客体，这是上述两个例句的根本区别。

③ 小王从院子里搬进来几张椅子。

④ 他从学校带回来一张报纸。

⑤ 大伙儿把小兔子送到实验室。

⑥ 妈妈把两碗面送到病房。

上述例句在空间位置中发生位移的是动作的客体“几张椅了”、“一张报纸”、“小兔子”和“两碗面”，这是毫无疑义的。然而，我们不能否认，“小王从院子里搬进来几张椅子”一句中，在发出“搬”这个动作后，发出动作的主体“小王”也离开了位移的起点“院子里”，和“几张椅子”一起，在空间中做了位移；同样，“大伙儿把小兔子送到实验室”一句中，在发出“送”这个动作后，发出这个动作的主体“大伙儿”也和动作的客体“小兔子”一起，到达了位移的终点“实验室”。所以这儿所说的，显然与前文论述过的只有动作主体位移的情况和只有动作客体位移的情况不同，像上述例句那样的位移我们可以称作“伴随移”。

这样，根据空间位移的物体与移动方式的不同关系，我们可得出以下结论：

意义7：“P＋N”表示空间中发出某一动作的主体与这个位置有关。

意义8：“P＋N”表示空间中接受某一动作的客体与这个位置有关。

意义9：“P＋N”表示空间中发出某一动作的主体和接受某一动作的客体都与这个位置有关。

上述三种不同的位移情况，可以用表4-3归纳：

表 4–3

[动作]		[移动]		
动作主体	动作客体	动作主体	动作客体	
+	0	+	0	主体移动
+	−	−	+	客体移动
+	−	+	+	伴随体移动

（表中的“+”表示具有这种语义特征，“−”表示不具有这种语义特征，“0”表示这个“物体”不存在。）

再看下面例句：

⑦ 小王从汽车里跳下来。

⑧ 25 军从包围圈里逃出来了。

⑨ 李华从家里扔出去好多东西。

⑩ 王芹芹从遥远的北疆寄来一张贺年卡。

上述例句中，⑦、⑧两句发生位移的是发出某一动作的主体“小王”和“25军”；⑨、⑩两句发生位移的是接受某一动作的客体“好多东西”和“一张贺年卡”。然而，例句中所有的发生位移的物体，都与“起点”的概念联系在一起，物体的位移是从这儿起始的。因此，我们可以得出如下规则：

规则 12：具有意义 7 的句子中，“P + N”可以同时表示起点位置。

规则 13：具有意义 8 的句子中，“P + N”可以同时表示起点位置。

这样，⑦、⑧两句中的主体位置我们可以称为“主体起始移动位置”，⑨、⑩两句中的客体位置我们可以称为“客体起始移动位置”。

在下面例句中：

⑪ 他走到体育馆。

⑫ 小王奔向终点线。

发生位移的动作主体与“终点”的概念联系在一起，动作主体的位移已经到达这儿或者终将到达这儿。下面例句中：

⑬ 他从静安寺走到体育馆。

⑭ 小王沿着跑道奔向终点线。

我们认为⑬、⑭例句中虽然还出现了“起点”概念或“途经”概念的词语，但动作主体的位移仍然只与“终点”的概念联系在一起，这是因为：第一，如果将例句中“终点”概念的词语删除的话，“他从静安寺走”是不通的，“小王沿着跑道奔”缺乏表示位移方向的词语，不能表示位移；第二，“V到”、“V向”后面的处所词语，往往是“句子的表述中心”，是不能随意删除的。这个问题，我们曾在有关论文中提及。因此，可以得出如下规则：

规则 14：具有意义 7 的句子中，“P + N”可以同时表示终点位置。

这个位置我们可以称作“主体完成移动位置”。

我们讨论下面例句：

⑮ 老李把钱甩到桌子上。

⑯ 小张把一大把石子扔向水塘。

发生位移的动作客体与“终点”的概念联系在一起，动作客体的位移已经到达这儿或者终将到达这儿。由于规则 11 的原因，这类句子中的动词事实上要带上两个宾语：一个是动作涉及的对象，即动作的客体；一个是与动作有关的处所，即动作到达或面向的终点。因此，动作的客体往往要用介词“把”将它提前，放到动词的前面。这样，可以得出下列规则：

规则 15：具有意义 8 的句子中，“P + N”可以同时表示终点位置，接受某一动作的客体往往要用介词“把”将它提前到动词的前面。

这个位置我们可以称作“客体完成移动位置”。然而在下面例句中：

⑰ 火车开到北京。

⑱ 小船划往对岸。

没有出现介词“把”，那么位于主语位置上的“火车”、“小船”是否可以看作是动作的主体呢？不行。因为“火车”、“小船”本身不具有移动意识，它们之所以在空间中发生移动，是因为有另外一个物体发出动作，只是这个发出动作的主体没有在句中出现罢了。如果出现，⑰、⑱两句的形式仍然与⑮、⑯句相同：

⑲ 司机把火车开到北京。

⑳ 小李把小船划往对岸。

这儿的“把”还是不能缺少的。这样，我们要对规则 15 进行修改：

规则 15：具有意义 8 的句子中，“P + N”可以同时表示终点位置。如果动作主体出现的话，接受某一动作的客体往往要用介词“把”将它提前到动词的前面。

如果动作主体发出动作，使动作客体产生位移，在动作客体产生位移的同时，动作主体也有位移现象发生，这时的动作主体可以称作“伴随体”，这种位移可以称作“伴随移”，下面例句就是如此：

㉑ 小王从院子里搬进来几张椅子。

㉒ 他从学校带回来一张报纸。

㉓ 大伙儿把小兔子送到实验室。

㉔ 妈妈把两碗面送到病房。

㉑、㉒句中的伴随移是与“起点”的概念联系在一起的，㉓、㉔句中的伴随移是与“终点”的概念联系在一起的。因此，伴随移可以分成“伴随体起始移动位置”和“伴随体完成移动位置”。这样：

规则 16：具有意义 9 的句子中，“P + N”可以同时表示起点位置或终点位置，如果表示终点位置的话，接受某一动作的客体往往要用介词“把”将它提前到动词的前面。

我们将以表 4–4 对上述讨论的“P + N”所表示的客观参照位置进行归纳：

表 4–4

分类标准	参照位置名称		例　句
空间位移的物体与参照位置的不同关系	静态位置	绝对静态位置	一行字在黑板上写着。
		相对静态位置	一群人在路上走着。
	动态位置		小王从汽车里跳下来。
空间位移的物体与移动处所的不同关系	起点位置		小王从汽车里跳下来。
	途经位置		小王沿着跑道奔向终点线。
	终点位置	到达终点位置	火车开到北京。
		面向终点位置	火车开向北京。

续表

空间位移的物体与移动方式的不同关系	主体位置	主体起始移动位置	25军从包围圈里逃出来了。
		主体完成移动位置	他从静安寺走到体育馆。
	客体位置	客体起始移动位置	李华从家里扔出去好多东西。
		客体完成移动位置	小张把一大把石子扔向水塘。
	伴随体位置	伴随体起始移动位置	小王从院子里搬进来几张椅子。
		伴随体完成移动位置	大伙儿把小兔子送到实验室。

我们认为，下列因素与“P + N”语用意义的表达是有关系的：

主观参照“来／去”会影响“P + N”语用意义的表达。尽管“来／去”在物体的位移过程中，主要显示近向或远向的移动，与“P + N”所表示的“起点／终点位置”、“主体／客体位置”等无直接的关系，然而，“来／去”这两个动词本身的性质，以及“来／去”作为趋向动词附着在其他动词后面表现出来的语法性质，使“来／去”的使用不得不影响到“P + N”语用意义的表达，大致有下面两点：

（1）如果“来／去”直接做动词，“来／去”后面可以跟表示终点的处所词语，如“来到北京”、“去向学校”（其实“去＋‘P + N’”的用法是比较少见的），但只能表示主体的移动；

（2）如果“来／去”做趋向补语，那么后面不能跟处所宾语，一般情况下，“V +‘来／去’”跟起点的概念有联系，而跟终点的概念没有联系。

趋向动词“上／下、进／出……＋处所词语”会直接与“起点位置”、“终点位置”等发生联系，例如“走上楼、登上火车、搬进屋子、涌进运动场”等，处所词语都表示“终点”的概念；“走下船、跳下火车、逃出包围圈、挤出房门”等，处所词语都与“起点”的概念有联系。一般来说，因为“上、进、回”等趋向动词与终点概念有联系，这样，有“上、进、回……＋处所词语”参与的句子，句中的“P + N”大多是表示起点概念的；相反，有“下、出、开……＋处所词语”参与的句子，因为这里的处所词语占据了句末位置，所以，句中不可能再出现表示终点位置的“P + N”。另外，如果“上／下、进／出……”等作为趋向补语使用，前面的动词具有[＋移动]的语义特征时，往往只与动作主体发生联系，如“我走上楼”、“他跳下火车”；如果前面的动词具有[－移动]、[＋动作]的语义特征时，往往表示一种伴随移，如“他把书带上楼”、“小孝把一捆书扛下火车”。

讨论现代汉语空间位移中“P＋N”的作用，应立足于“P＋N”的交际功能的探讨，应在更大的语用范围内进行考察，只有这样，才有可能把问题搞清楚。本节的分析，只是涉及语用意义一个部分。事实上，还有许多问题值得我们做进一步的研究。例如“P＋N”的连用条件，也会对“P＋N”的意义产生影响：

㉕ 轮船从长江的出海处吴淞口沿着黄浦江慢慢地驶向十六铺码头。

上述句子如果说成：

㉖ 轮船沿着黄浦江从长江的出海处吴淞口慢慢地驶向十六铺码头。

似乎就比较拗口。这就向我们提出，一个句子中出现多个“P＋N”时，它的排列有没有规律，是不是如有些学者说的，一定不能“两少夹多”，这种排列会涉及哪几种意义，这些问题都是可以考虑的。我们迫切地希望这种研究会更加深入下去。

第四节　空间位移中客观参照“D＋Q＋M”的语用含义

上节我们讨论了空间位移中客观参照“P＋N”的语用含义，接下来我们来看看客观参照“D＋Q＋M”的语用含义。

一般认为，现代汉语中的趋向动词是“来、去、上、下、进、出、回、过、起、开、到”等几个以及它们的组合“上来、上去、下来、下去……”。“来、去”与“上、下、进、出……”的区别不仅表现在参照点的不同上，前者以人的位置作为参照点，后者则以人以外的事物所占据的位置作为参照点；它们的不同还表现在句法功能上，前者后面只可以带一般名词，而不能带处所词，后者后面不仅可以带一般名词，也可以带处所词。由于“来”、“去”与“上、下、进、出……”的组合“上来、上去、下来、下去……”兼有“来、去”的特点，所以后面也不能直接带处所词。本节讨论的“D + Q + M”，其中的“Q”专指“上、下、进、出、回、过、起、开”等，不包括“上来、上去、下来、下去……”这种复合趋向动词。

对上述这几个趋向动词的研究，过去已有很多学者发表了为数不少的论文，明确指出趋向动词位于动词之后，可以表示趋向。但是下面两组句子：

A. 小王走上台阶。
女孩子一转身就挤下舞台。
她把头发塞进帽子里。
许明辉被别人推出楼门。

B. 小王挂上电话。
他一咬牙买下了皮大衣。
眉眉终于听进了别人的劝告。
好多人献出了自己的青春。

A 组句子中的趋向动词表示趋向，而 B 组中的趋向动词未必表示趋向，而是表示结果等意义。可见，“D + Q + M”是否表示趋向，不仅取决于“Q”后的“M”，当“M”是处所词时，“D + Q + M”具有指示空间处所的功能；同时还取决于动词是否具有移动性的功能。本节将从空间系统的角度出发，在更大的语用范围内，讨论 A 组这样的句子。本节将“M + D + Q + $M_{处所词}$”作为反映空间位置的常用句式，对这种句式展开讨论；而将“M + D + Q + $M_{一般名词}$”作为反映空间位置的非常用句式，但在特殊情况下，我们也会将非常用句式作为讨论对象。

一　垂直位置与水平位置

空间位移可以是多个方向的。如果把空间位移物体所处的位置描写为“0”的话，那么从“0”向不同方向的位移大致上可以分为三类，即垂直方向的位移、水平方向的位移和复合方向的位移。复合方向的位移，是由趋向动词“上、下、进、出……＋来／去”表示，我们将在下节加以讨论。

垂直位置表现出“D ＋ Q ＋ M”的语用意义是：

意义 1：“D ＋ Q ＋ M”表示空间中的某一物体做垂直方向移动时与这个位置有关。

通常我们认为趋向动词“上”表示物体“由低处移到高处”，“下”表示物体“由高处移到低处”。因此，由意义 1 得出如下规则：

规则 1：具有意义 1 的句子中，“Q”通常由“上”、“下”充当。

比较下面例句：

A. 小王走上台阶。
他们登上山顶。
女孩子一转身就挤下舞台。
他“扑通”一声跳下水。

B. 大妈把一碗饭端上桌子。
我们把客人送上船。
老王没几分钟就被替下球场。
奶奶把孙子拉下窗口。

尽管 A 组和 B 组中“D ＋ Q”后的“M”都是处所词，但 A 组的句子中，位移的物体“小王”、“女孩子”等所做的垂直方向的移动明显表现出“小王”有“自低向高”的移动，“女孩子”有“自高而低”的移动。而 B 组的句子中，位移的物体“客人”、“老王”等所做的位移方向是不明显的，有垂直移动的可能，如“客人”的“送上船”；也有非垂直移动的可能，如“老王”的“替下球场”。实际上，“送上船”表示位移的物体“客人”趋近于“船”，“替下球场”表示位移的物体“老王”远离“球场”。可见，A 组和 B 组的差异是由“D ＋ Q”的不同造成的：A 组的“D ＋ Q”具有［－趋近／远离］、［＋垂直移动］的语义特征，B 组的“D ＋ Q”具有［＋趋近／远离］、［－垂直移动］的语义特征。因此：

规则 2：具有意义 1 的句子中，“D + Q”必须具有［—趋近 / 远离］的语义特征。

我们再看下面的句子：

① 体育场上空升起一只大彩球。

② 大路上飞起了尘土。

③ 妈妈把一枚针小心地从地上拾起。

上述例句中，“D + Q + M”中的“Q”由趋向动词“起”充当，“D + Q + M”中的“M”也不是处所词，而是一般名词。但是，句子中位移物体“大彩球”、“尘土”等所做的仍然是“由低处移到高处”的垂直位移，因此，规则 1 要做相应的修改：

规则 1：具有意义 1 的句子中，“Q”通常由“上”、“下”充当，有时也有“起”充当。

同时，规则 2 也要做修改：

规则 2：具有意义 1 的句子中，当“Q”由“上”、“下”充当时，“D + Q”必须具有［—趋近 / 远离］的语义特征。

“D +上”和“D +起”虽然都表示“由低处移到高处”的垂直位移，但是仔细观察这两类不同的“D + Q”构成的句子，可以发现两者之间有如下的不同：

（1）从空间意义看，“D +上”的位移，往往和终点概念联系在一起，例如“爬上楼”中，“楼”是某一物体做位移“爬上”后的终点；而“D +起”的位移则与终点概念没有联系，“升起大彩球”中的“大彩球”位移“升起”的终点是不明确的；

（2）从“D + Q + M”中“M”的性质看，“D +上”后面可以带上处所词，而“D +起”后面则一定不能带上处所词，例如不能说“升起上空”、“飞起大路”等等，“D +起”后面带上的往往是一般名词；

（3）从句子构造看，“D +上”参与的句子，多用“$M_{施事}$ + D + Q + $M_{处所}$”的形式，而“D +起”参与的句子，不能用“$M_{施事}$ + D + Q + $M_{处所}$”的形式，只能用“$M_{处所}$ + D + Q + $M_{施事}$”的形式。

这样，根据上述差异，我们将“D＋上＋M”、“D＋下＋M”一类有明确终点、起点的垂直位置称为“有凭借垂直位置”，将“D＋起＋M”一类无明确终点、起点的垂直位置称为“无凭借垂直位置”。因此，得出如下规则：

规则3：具有意义1的句子中，当“Q”由“起”充当时，“D＋Q”后面一定不能带上处所词。

规则4：具有意义1的句子中，当“Q”由“上”、“下”充当时，多用“$M_{施事}$＋D＋Q＋$M_{处所}$”的形式；当“Q”由“起”充当时，多用“$M_{处所}$＋D＋Q＋$M_{施事}$”的形式。

下面句子中，位移物体做位移时，位移方向不再是垂直的：

④ 她把头发塞进帽子里。

⑤ 许明辉被别人推出楼门。

⑥ 老王不声不响地跑回厨房。

⑦ 她果然顺顺当当地跨过这条沟。

“进”、“出”、“回”、“过”等趋向动词表示的是“由外向里”、“由里向外”、“到原出发点”、“经过”等一种水平方向的移动，表现出“D＋Q＋M”的另一种语用意义：

意义2：“D＋Q＋M”表示空间中的某一物体做水平方向移动时与这个位置有关。

因此，得出如下规则：

规则5：具有意义2的句子中，“Q”通常不用“上”、“下”充当，而用“进”、“出”、“回”、“过”等充当。

我们看两组“Q”由“进”、“出”充当的句子：

A. 她把头发塞进帽子里。

胡书记自己先钻进车内。

许明辉被别人推出楼门。

我使了好大劲才挤出人群。

B. 车篷宽把刘亚叫进自己的办公室。

他又被莫名其妙地请进了学习班。

学校把小赵派出国进修。

你们把他调出学校吧！

A 组中的“D + Q”要么表示发出动作的物体自身的位移，“胡书记自己先钻进车内”可以理解为“胡书记钻＋胡书记进（车内）”，“我一转身就挤出人群”可以理解为“我挤＋我（从人群中）出来”；要么是因为施事者发出动作，使受事者发生位移，而且这个位移是由于动作的“作用力”产生的，如“她把头发塞进帽子里”可以理解为“她塞头发＋（使）头发进帽子里”，而且是“塞”的“作用力”，才使“头发”所处的位置产生变化，“许明辉被别人推出楼门”也可以做同样解释。B 组中的“D + Q”不能表示发出动作的物体自身的位移。“车篷宽把刘亚叫进自己的办公室”虽然也可以理解为“车篷宽叫刘亚＋刘亚进办公室”，但“刘亚”的“进”并非是“叫”的“作用力”，“叫”虽然是动作动词，但本身不具备移动的特点。B 组的其他几句也同样如此。所以，真正意义上的表示空间位移的句子，应该是前文 A 组的句子。这样：

规则 6：具有意义 2 的句子中，动词必须具有［＋动作］、［＋移动］的语义特征。

再看一组句子：

⑧ 她把小石子扔进河里。

⑨ 小草终于在一星期后钻出泥土。

⑩ 火箭笔直向上，穿过云层，消失在太空中。

上述句子中发生位移的物体“小石子”、“小草”、“火箭”等，所做的移动不是水平方向的，而是垂直方向的。可见，“D + Q + M”中的“Q”为“进”、“出”、“过”等时，只有当位移的物体产生位移前所处的位置和位移后所处的位置处于同一水平线或基本处于同一水平线时，所做的移动才是水平方向的。所以：

规则 7：具有意义 2 的句子中，当“M + D + Q + M”中“Q”为“进”、

"出"、"过"时，发生位移的物体所占据的位置和处所词表示的位置在人们的认知上应基本上处于同一水平线。

二　起点位置、终点位置与途经位置

我们在前一节，曾经谈到过起点位置、终点位置与途经位置，这种由于空间位移物体与移动处所的关系而形成的不同的参照位置，同样可以在"D + Q + M"中得到表现。这正如上文所显示的那样，显性的参照位置可以用两种形式表示。用"D + Q + M"表示显性位置的句子，也可以表示物体空间位置的变化过程：从起点开始，经过途经位置，最后结束于终点位置。因此：

意义 3："D + Q + M"表示空间中的某一物体的位移是从这个位置开始的。

意义 4 ："D + Q + M"表示空间中的某一物体的位移必须经过这个位置。

意义 5："D + Q + M"表示空间中的某一物体的位移最后结束于这个位置。

下面句子中的"D + Q + M"中的"M"是表示起点位置的：

① 女孩子一转身就跳下舞台。

② 她慢吞吞地走下楼去。

③ 我使了好大劲才挤出人群。

④ 老王十二就离开家了。

规则 8:具有意义 3 的句子中,"Q"通常由"下"、"出"、"开"充当。

表示起点位置的"D + Q + M"的句子中，"Q"由"开"充当的句子比较简单,我们主要讨论"Q"由"下"、"出"充当的句子。当"D"是表示躯体或物体自身移动的动词,而"Q"是"下"、"出"时,句末的"M"只能表示处所，如果处所词移到句中的话，处所词前要加上"从"、"自"一类介词，如：

女孩子一转身就跳下舞台→女孩子一转身就从舞台（上）跳

下（来）

她慢吞吞地走下楼去→她慢吞吞地从楼（上）走下去

我使了好大劲才挤出人群→我使了好大劲才从人群（中）挤出（去）

小王准时地走出教室→小王准时地从教室（里）走出（去）

如果“D”是表示使物体发生移动，从而改变位置的动词，而“Q”是“下”、“出”时，“M”可以表示处所，也可以表示受事。例如：

$D+Q+M_{处所}$	$D+Q+M_{受事}$
搬下舞台	搬下一把椅子
架下汽车	架下一个人
捞出水面	捞出许多破烂
推出房间	推出好几个不听话的学生

如果句子中的动词要带两个宾语的话，可以用两种方式表示：一是用介词“从”、“自”等将处所宾语提前；一是用介词“把”等将受事宾语提前。还可以同时将两个宾语都提至动词前面，而且前后位置可以互换：

从舞台（上）搬下一把椅子→把一把椅子搬下舞台→从舞台（上）把一把椅子搬下（来）→把一把椅子从舞台（上）搬下（来）

从房间（里）推出好几个不听话的学生→把好几个不听话的学生推出房间→从房间（里）把好几个不听话的学生推出（来）→把好几个不听话的学生从房间（里）推出（来）

从上面的分析我们可以知道，表示起点位置的“D＋Q＋M”的句子中，不管“D”和“M”的性质如何，都可以得出下列规则：

规则9：具有意义3的句子中，当“Q”是“下”、“出”时，“D＋Q＋M”中的“M”可以用介词提到句中。

然而，下列句子中的用“从”、“自”等介词将处所词提到句中的变换式却是不成立的：

跳下水→＊从水（上）跳下（来）→跳到水（里）

咽下肚子→＊从肚子（上）咽下（去）→咽进肚子（里）

走出门外→＊从门外走出（来）→走到门外

扔出院子外→＊从院子外扔出（去）→扔到院子外

可见，当“Q”由“下”、“出”充当时，并非所有的时候都是表示起点位置的，上述不能成立的变换式表示这儿的“M”恰恰表示终点位置。这是因为“下”本身表示“由高处移到低处”，当“下”后的“M”已经表示“低处”，而且这个“低处”低于人们认知上的“地平线”时，那么就不表示“起点”，而表示“终点”了；同样，“出”本身表示“由里面向外面的移动”，当“出”后的“M”已经表示“外面”时，也变成不表示“起点”，而表示“终点”了。这样，我们又必须添加一条规则：

规则 10：具有意义 3 的句子中，当“Q”是“下”时，其后处所词表示的处所在人们的认知上往往不能低于地平线；当“Q”是“出”时，其后处所词不能表示“外面”的概念。

下面句子“D + Q + M”中的“Q”是表示途经位置的：

⑤ 吓得他脸上变了色，跳过墙头逃跑了。

⑥ 越过高山，越过平原，飞机一直往东飞。

⑦ 穿过那个菜场就到小学校了。

⑧ 他把手伸过桌子，和我握手。

一般说来，由“过”充当“Q”的句子中，“D”大多为表示躯体或物体自身移动的动词，像上述第四个例句中“D”是表示使物体发生移动，从而改变位置的动词，用介词“把”把移动物体移到句中的情况较少见到。另外，上述“D + Q + M”都可以做如下变换：

跳过墙头→从墙头跳过（去）

越过高山→从高山（上空）越过

穿过那个菜场→从那个菜场穿过（去）

把手伸过桌子→从桌子（上）伸过手（来）

这里的“从”，不是表示“起点”的意思，而是表示“经过”的意思。这样，我们得出如下规则：

规则 11：具有意义 4 的句子中，“Q”通常由“过”充当，“D + Q + M”

中的“M”可以用表示“经过”意义的介词“从”提到句中。

最后我们讨论表示终点位置的“D + Q + M”，下面例句中的“M”是表示终点位置的：

⑨ 他们登上山顶。

⑩ 妈妈把一碗面端上楼去。

⑪ 老师走进教室。

⑫ 她把头发塞进帽子里。

这样，我们得到了：

规则12：具有意义5的句子中，“Q”通常由“上”、“进”充当。

下面例句中的“M”也是表示终点位置的：

⑬ 江化急急忙忙地赶回保定。

⑭ 小张跑回寝室，拿出自己写的那封信。

⑮ 天黑之前必须把孩子送回家。

⑯ 他小心翼翼地把钱放回保险箱。

“赶回保定”可以理解为“赶到保定”，“放回保险箱”可以理解为“放到保险箱（去）”，可见“回”也表示终点位置，这样，我们要对规则12进行修改：

规则12：具有意义5的句子中，“Q”通常由“上”、“进”、“回”充当。

但是，由“上”、“进”充当“Q”的句子与由“回”充当“Q”的句子中的终点位置是有差异的：“江化赶回保定”中的“江化”，以前所处的位置肯定在“保定”，因此“保定”既是这次移动的终点，也是原来移动物体所处的位置，物体事实上做了一次圆周移动，回到了原出发点；同样，“把钱放回保险箱”中的“钱”原先是在“保险箱”里的。而“登上山顶”、“走进教室”中的“山顶”、“教室”不会是移动物体原先占据的位置。我们把“上”、“进”后的终点位置称为“一次终点位置”，把“回”后的终点位置称为“环绕终点位置”。所以意义5可以看作是“一次终点位置”所表现出来的，而对“环绕终点位置”我们则必须做出重新界定：

意义6：“D + Q + M”表示空间中的某一物体的位移最后结束于

这个位置，而这个位置又是某一物体原先曾经占据过的位置。

与表示起点位置的“Q”不同，表示终点位置的“Q”不能移到句中，我们在有关文章中曾对这种情况做过一定的解释。如果“D + Q + M”中的“M”有两个，那么可以把表示受事的宾语用介词“把”等提到句中，因为有的句子也可以变换成“D + $M_{受事}$ + Q + $M_{处所}$”。例如：

妈妈把一碗面端上楼去→妈妈端一碗面上楼去

她把头发塞进帽子里→ * 她塞头发进帽子里

天黑之前必须把孩子送回家→天黑之前必须送孩子回家

他小心翼翼地把钱放回保险箱→ * 他小心翼翼地放钱回保险箱

因此，我们可以得出如下规则：

规则 13：具有意义 5 和意义 6 的句子中，当“D + Q”后有两个宾语时，“$M_{受事}$”可以用介词“把”等提到句中，“$M_{处所}$”必须处在“D + Q”的后面。

三　定点位置与变点位置

讨论“D + Q + M”在空间系统中的语用功能，还必须从空间位移物体与位移物体所占据位置关系的角度加以考虑。我们仍然讨论上面出现过的例句：

① 女孩子一转身就跳下舞台。

② 我使了好大的劲才挤出人群。

③ 妈妈把一碗面端上楼去。

④ 她把头发塞进帽子里。

上述句子中物体的移动是和人类的普通认知一致的，是和人们的一般生活常识吻合的。例如“女孩子”的移动是由高处向低处的空间位移，客观参照“D + Q + M”的语用含义移动；“头发”由于“她”的“塞”，而产生由外向里的移动。这时候位移物体所占据的位置是常规的位置，物体所做的移动，从方向上来说是相对固定的，与“起点”、“终点”概念的联系也是固定的，这种位置可以称为“定点位置”，这样：

意义 7："D + Q + M" 表示与这个位置有关的物体所做的移动。

从方向上来说是相对固定的，与"起点"、"终点"概念的联系也是固定的，且与人类的普通认知是一致的。

上述①、②两个例句中，发生移动的物体就是本身发出动作的物体，因此这里的"定点位置"可以称为"自动定点位置"，这种句式的特点是：

（1）句子中的动词具有 [+动作]、[+自移]、[− 致移] 的语义特点；

（2）从搭配功能来说，句子中的动词往往不能带宾语；

（3）这样的句子往往没有相对应的"把"字句或"被"字句，例如：

女孩子一转身就跳下舞台→ * 被女孩子一转身就跳下舞台

我使了好大的劲才挤出人群→ * 把我使了好大的劲才挤出人群

这样，我们可以得出以下规则：

规则 14：具有意义 7 的句子中，如果发生移动的物体就是本身发出动作的物体，那么句子中的动词往往具有 [+动作]、[+自移]、[− 致移] 的语义特点，且不能带宾语，也没有相对应的"把"字句或"被"字句。

上述③、④两个例句中，发生移动的物体未必就是本身发出动作的物体。首先，我们得承认这两个句子是有所不同的，③句中的"妈妈"，在"端"的过程中，也伴随着"一碗面""上了楼"，而④句中的"她"却并未伴随着"头发""进"了"帽子"；然而两个句子有相同的一面，即是"妈妈"发出动作"端"，才使"一碗面"最终"上"了"楼"，是"她"发出动作"塞"，才使"头发""进"了"帽子"。因此我们可以把这里的"定点位置"称为"他动定点位置"，这种句式的特点是：

（1）句子中的动词具有 [+动作]、[− 自移]、[+致移]、[± 伴随移] 的语义特点；

（2）从搭配功能来说，句子中的动词往往可以带宾语；

（3）这样的句子往往用"把"字句或"被"字句的形式表示，例如：

妈妈把一碗面端上楼去→一碗面被妈妈端上楼去

她把头发塞进帽子里→头发被她塞进帽子里

这样，我们可以得出以下规则：

规则 15：具有意义 7 的句子中，如果发生移动的物体未必是本身发出动作的物体，那么句子中的动词往往具有 [＋动作]、[−自移]、[＋致移]、[±伴随移] 的语义特点，且大多能带宾语，往往能用“把”字句或“被”字句的形式表示。

但是，我们考察前文中出现过的句子，就会发现下列句子不能理解为“定点位置”：

跳下水→＊从水（上）跳下（去）→跳进水（里）

咽下肚子→＊从肚子（上）咽下（去）→咽进肚子（里）

走出门外→＊从门外走出（来）→走到门外

扔出院子外→＊从院子外扔出（去）→扔到院子外

这类例句虽然不多，但这种语言现象很值得重视，因为这类句子中物体的移动是和人类的普通认知不一致的，和人们对这几个“D ＋ Q ＋ M”中的“Q”的理解是不相吻合的。例如“跳下水”的移动虽然仍是高处向低处的移动，但“水”并非是移动的起点而变成移动的终点；“走出门外”虽然仍是由里向外的移动，但“门外”也绝非空间位移中移动的起点，而同样变成移动的终点。造成与“定点位置”不同理解的原因在于，这时候位移物体所处的位置是非常规的位置，物体所做的移动虽然从方向上来说是相对固定的，但是与“起点”、“终点”概念的联系却是相反的。这种位置可以称为“变点位置”，这样：

意义 8：“D ＋ Q ＋ M”表示与这个位置有关的物体所做的移动。

从方向上来说虽然是相对固定的，但是与“起点”、“终点”概念的联系却是相反的，且与人类的普通认知是不一致的。

我们讨论下面例句：

⑤ 他跳下水去。

⑥ 他把眼泪咽下肚子去。

上述句子中物体的移动是一种由高处向低处的“上下”移动，我们把与这种移动有关的“变点位置”称为“上下变点位置”，表示“上下变点位置”的句式具有如下特点：

（1）“D ＋ Q ＋ M”中的“Q”只能由“下”充当，也就是说“上”

只能表示“终点”概念，而“下”既能表示“起点”概念，也能表示“终点”概念；

（2）“D + Q + M”中的“M”往往比位移物体所处的位置要“低”：一种是事实上的“低”，例如⑤句中的“水”，在人们的认知上是“低于水平线”的；一种是假设上的“低”，例如⑥句中的“肚子”，虽然“肚子”不可能低于水平线，但说话人将位移物体的位置设在“肚子”以上。这样，我们得出如下规则：

规则16：具有意义8的句子中，如果物体的移动是一种上下移动的话，那么，“D + Q + M”中的“Q”由“下”充当，“M”所处的位置往往要比位移物体所处的位置低。

我们接着讨论以下这类句子：

⑦ 他不声不响地走出门外。

⑧ 小王把一堆脏衣服扔出院外。

⑨ 后卫把球踢出端线外。

上述例句中物体的移动不再是一种由高处向低处的“上下移动”，而是一种水平方向的移动。我们把与水平方向的移动有关的“变点位置”称为“里外变点位置”。表示“里外变点位置”的句式具有如下特点：

（1）“D + Q + M”中的“Q”只能由“出”充当，也就是说“进”只能表示“终点”概念，而“出”既能表示“起点”概念，也能表示“终点”概念。例如：

走出大门（从大门走出去）≠走出门外（*从门外走出去）←→走进门里

扔出院子≠扔出院子外←→扔进院子里

（2）方位词在指示参照位置时表现出两种情况：一种是落实到事物内的，如“（桌子）上、（天空）下、（院子）里”等；一种是落实到事物外的，如“（两幢房子）间、（图书馆）旁、（大门）外”等。“D + Q + M”中的“M”往往由“一般名词＋方位词”构成，而这里的方位词则多由表示落实到事物外的“外”充当。

这样，我们得出如下规则：

规则 17：具有意义 8 的句子中，如果物体的移动是一种里外移动的话，那么，“D + Q + M”中的“Q”由“出”充当，“M”往往由“一般名词+方位词”构成，其中方位词由“外”充当。

我们将以表 4–5 对上述讨论的“D + Q + M”所表示的客观参照位置进行归纳：

表 4–5

分类标准	参照位置名称		例　　句
空间位移物体与移动方向的不同关系	垂直位置	有凭借垂直位置	小王走上台阶。
		无凭借垂直位置	从地上拿起了一块铁。
	水平位置		她把头发塞进帽子里。
空间位移物体与移动处所的不同关系	起点位置		女孩子一转身就跳下了舞台。
	途经位置		穿过那个菜场就是学校了。
	终点位置	一次终点位置	小王走上台阶。
		环绕终点位置	小张跑回寝室。
空间位移物体与位移物体所占据的位置的不同关系	定点位置	自动定点位置	女孩子一转身就跳下了舞台。
		他动定点位置	她把头发塞进帽子里。
	变点位置	上下变点位置	他跳下水去。
		里外变点位置	他不声不响地走出门外。

我们认为，下列因素与“D + Q + M”语用意义的表达是有关系的：

主观参照“来 / 去”会影响“D + Q + M”语用意义的表达。尽管“来 / 去”在物体的位移过程中，主要显示近向或远向的移动，与“D + Q + M”所表示的“垂直 / 水平位置”、“起点 / 途经 / 终点位置”、“定点 / 变点位置”似乎没有直接的关系。然而，“来 / 去”这两个动词本身的性质，以及“来 / 去”可以和“上、下、进、出”等趋向动词组成复合的趋向补语这种特点，使“来 / 去”的使用不得不影响到“D + Q + M”语用意义的表达，大致有这么几点影响：

（1）“来 / 去”如果单独做趋向补语，跟在动作动词后面，那么“D + 来 / 去”这样的组合是不能带上处所宾语的，也就是说，有这种组合参与的句子，不能构成我们正在讨论的“M + D + Q + $\text{M}_{\text{处所词}}$”这种常用句式；

（2）“来／去”如果和“上、下、进、出”等趋向动词组成复合的趋向补语，跟在动作动词后面，那么“D＋Q＋来／去”这样的组合同样不能带上处所宾语，也就是说，有这种组合参与的句子，仍然不能构成我们正在讨论的“M＋D＋Q＋$M_{处所词}$”这种常用句式。因此，“D＋Q＋来／去”这样的组合经常用非连续形式来带处所宾语，如“走上楼来”、“拿进屋去”；

（3）“D＋Q＋来／去”这样的组合用非连续形式来带处所宾语，有时“来／去”的不同会影响参照位置的性质。例如在“上下变点位置”的表达中，一般只用表示远向的“去”，而少用表示近向的“来”，这是因为“D＋Q＋M”中的“M”往往比位移物体所处的位置要“低”，也比说话人说话时所占据的位置要“低”。

“介词＋处所词”的组合，亦即我们先前讨论过的“P＋N”，也会对“D＋Q＋M”的语用意义的表达产生影响，这是因为这两种表达形式都可以表示“起点／途经／终点位置”。这样，在表示“起点／途经／终点位置”时，有时会有分工：

（1）只能用“D＋Q＋M”形式的，主要是与终点概念有关的位置，例如“终点位置”、“变点位置”等，例如“小王走上台阶”、“小张跑回寝室”、“他跳下水去”、“他不声不响地走出门外”等。造成这种语序排列的原因，我们在第三节中曾经谈到过，从人们叙述的先后来说，总是“起点”在先，“终点”在后，句中的“P＋N”表示起点概念后，表示终点概念的功能只能让“D＋Q＋M”承担了。

（2）只能用“P＋N”形式的，主要是“无凭借垂直位置”，如“从地上拿起了一块铁”。这是因为“D＋起＋M”中的“M”，要么是施事，这时要用“（P）＋$N_{处所}$＋V＋‘起’＋$N_{施事}$”这种形式，如“（在）大路上飞起一层尘土”；要么是受事，这时要用“$N_{施事}$＋P＋$N_{处所}$＋V＋‘起’＋$N_{受事}$”，如“他从地上拿起了一块铁”。

（3）两种形式都能用，主要是与起点概念、途经概念有关的位置，如“女孩子一转身就跳下舞台——女孩子一转身就从舞台（上）跳下（来）”

和“跳过墙头——从墙头跳过（去）”。

讨论现代汉语空间位移中“D + Q + M”的作用，应立足于“D + Q + M”交际功能的探讨，应在更大的语用范围内进行考察，只有这样，才有可能把问题搞清楚。本节的分析，只是涉及语用意义的一个部分，还有许多问题值得我们做进一步的研究。特别在句子中同时出现表示主观参照的“来／去”、表示客观参照的“P + N”和“D + Q + M”时，如“小张把一本书从图书馆里带回到家里来了”这样类似的复杂句子，在指示参照点上的语用含义应该如何分析，是值得我们深入思考的。

参考文献

北京语言学院语言教学研究所编著 1986《现代汉语频率词典》，北京：北京语言学院出版社。

毕凤云 1999 述补（趋向短语）短语的自由和粘着问题，《新疆大学学报》（哲社版）第1期。

曹广顺 1995《近代汉语助词》，北京：语文出版社。

陈昌来 1994 动后趋向动词性质研究述评，《汉语学习》第2期。

——— 1994 论动后趋向动词的性质——兼谈趋向动词研究的方法，《烟台师范学院学报》第4期。

陈健民 1984《汉语口语》，北京：北京出版社。

陈满华 1994 从外国学生的病句看方位词的用法，《语言教学与研究》第3期。

陈茂山 1985 定襄话的非动作后置“行”，《语文研究》第2期。

陈 平 1987 话语分析说略，《语言教学与研究》第3期。

——— 1988 论现代汉语时间系统的三元结构，《中国语文》第6期。

——— 1994 试论汉语中三种句子成分与语义成分的配位原则，《中国语文》第3期。

陈前瑞 2003 现时相关性与复合趋向补语中的“来”，《语法化与语法研究》（一），北京：商务印书馆。

陈信春 1982 同复合趋向补语并见的宾语的位置，《中国语文通讯》第5期。

陈 瑶 2003 方位词研究五十年，《深圳大学学报》第2期。

程琪龙 1994《系统功能语法导论》，汕头：汕头大学出版社。

程 远 1980 语言的不对称现象，《中国语文》第1期。

储泽祥 1995 现代汉语名词的潜形态——关于名词后添加方位词情况的考察，《古汉语研究》（增刊）。

——— 1996 汉语空间方位短语历史演变的几个特点，《古汉语研究》第1期。

——— 1997《现代汉语方所系统研究》，武汉：华中师范大学出版社。

崔希亮 2000 空间方位关系及其泛化形式的认知解释，《语法研究和探索》（十），北京：商务印书馆。

——— 2001a 汉语空间方位场景与论元的凸显，《世界汉语教学》第4期。

崔希亮 2001b 空间方位场景的认知图式与句法表现,《中国语言学报》第10期,北京:商务印书馆。

—— 2002 空间关系的类型学研究,《汉语学习》第1期。

戴浩一 1981 现代汉语处所状语的两种功能,宋玉柱译,《徐州师范学院学报》第2期。

—— 1988 时间顺序和汉语的语序,黄河译,《国外语言学》第1期。

—— 1994 以认知为基础的汉语功能语法刍议,戴浩一、薛凤生主编《功能主义与汉语语法》,北京:北京语言学院出版社。

戴耀晶 1991 现代汉语表示持续体的"着"的语义分析,《语言教学与研究》第2期。

戴昭铭 2000 动词情状成分"下去$_3$"的形式特征、语法功能和分布规律,《语法研究和探索》(九),北京:商务印书馆。

邓守信 1983 《汉语及物性关系的语义研究》,黑龙江大学科研处译。

邓永红 1998 "在X上"格式的多角度考察,《湖南教育学院学报》第6期。

—— 1999 "在X下"格式及与"在X上"之比较,《湖南教育学院学报》第4期。

丁声树等 1961 《现代汉语语法讲话》,北京:商务印书馆。

董淑慧 1999 "V+过类"准动趋结构的自主性问题,《天津师大学报》第4期。

董昭赢 1979 谈谈句首的方位词和方位词组的语法功能,《河北师范大学学报》第3期。

段益民 2001 "形趋结构"的组织结构和语义特点,《青海民族学院学报》第4期。

范方莲 1963 存在句,《中国语文》第5期。

范继淹 1963 动词和趋向性后置成分的结构分析,《中国语文》第2期。

—— 1982 论介词短语"在+处所",《语言研究》第1期。

范开泰 1985 语用分析说略,《中国语文》第6期。

—— 1988 语义分析说略,《语法研究和探索》(四),北京:北京大学出版社。

方经民 1987a 汉语"左""右"方位参照中的主视和客视,《语言教学与研究》第3期。

—— 1987b 现代汉语方位参考聚合类型,《语言研究》第2期。

—— 1999a 汉语空间方位参照的认知结构,《世界汉语教学》第4期。

—— 1999b 论汉语空间方位参照认知过程中的基本策略,《中国语文》第1期。

—— 2002 现代汉语空间方位参照系统认知研究,上海师范大学博士学位论文。

方绪军 1997 与"从北京开会回来"相关的结构,《语文建设》第5期。

房玉清 1992 《实用汉语语法》,北京:北京语言文化大学出版社。

高桥弥尔彦 1992 是用"上"还是用"里",《语言教学与研究》第2期。

高顺全 2001 体标记"下来"、"下去"补议,《汉语学习》第3期。

古川裕 2002 <起点>指向和<终点>指向的不对称性及其认知解释,《世界汉语教学》第3期。

桂诗春 1991 认知和语言,《外语教学与研究》第1期。

郭 锐 2002《现代汉语词类研究》，北京：商务印书馆。
郭锡良 1997 先秦汉语构词法的发展，《汉语史论集》，北京：商务印书馆。
郭 熙 1986 “放到桌子上”、“放在桌子上”、“放桌子上”，《中国语文》第1期。
何乐士 1992 敦煌变文与《世说新语》若干语法特点的比较，《隋唐五代汉语研究》，济南：山东教育出版社。
何天祥 1987 兰州方言里的“上”与“下”，《兰州大学学报》第4期。
何兆熊 1989《语用学概要》，上海：上海外语教育出版社。
何自然 1988《语用学概论》，长沙：湖南教育出版社。
贺 阳 1994 汉语完句成分试探，《语言教学与研究》第4期。
侯精一、温端政 1993《山西方言调查研究报告》，太原：山西高校联合出版社。
侯兰生 1985《世说新语》中的方位词，《西北师范学院学报》第1期。
侯 敏 1992 “在＋处所”的位置与动词的分类，《求是学刊》第2期。
胡明扬 1988 海盐方言的存在句，《中国语文》第1期。
胡明扬、劲 松 1989 流水句初探，《语言教学与研究》第4期。
胡裕树主编 1981《现代汉语》，上海：上海教育出版社。
胡裕树、范 晓 1996《动词研究综述》，太原：山西高校联合出版社。
胡裕树、范 晓主编 1995《动词研究》，开封：河南大学出版社。
胡壮麟等 1989《系统功能语法概论》，长沙：湖南教育出版社。
黄伯荣 1996《汉语方言语法类编》，青岛：青岛出版社。
黄国文 1989《语篇分析概要》，长沙：湖南教育出版社。
黄南松 1994 试论短语自主成句所应具备的若干语法范畴，《中国语文》第6期。
黄宣范 1977 *Proceeding of Symposium on Chinese Linguistics*，台北：学生书局。
贾 钰 1998 “来/去”作趋向补语时动词宾语的位置，《世界汉语教学》第1期。
江蓝生 1998 后置词“行”考辨，《语文研究》第1期。
——— 2000《近代汉语探源》，北京：商务印书馆。
蒋绍愚 1990《唐诗语言研究》，郑州：中州古籍出版社。
——— 1994《近代汉语研究概况》，北京：北京大学出版社。
蒋 勇 2001 复合空间理论与关联理论相似的语言哲学观，《山东外语教学》第1期。
今井敬子 1987 现代汉语趋向结构的层次，《山西大学学报》第2期。
金昌吉 1995 方位词的语法功能及其语义分析，《内蒙古民族学院学报》第3期。
金立鑫 1993 “把OV在L”的语义、句法、语用分析，《中国语文》第5期。
——— 2002 现代汉语中趋向补语和宾语的位置及其认知解释，《对外汉语教研论丛》第二辑。
竟 成 1996 汉语的成句过程和时间概念的表述，《语文研究》第1期。
居 红 1992 汉语趋向动词及动趋短语的语义和语法特点，《世界汉语教学》第4期。

孔令达　1994　影响汉语句子自足的语言形式,《中国语文》第6期。
蓝　纯　1999　从认知角度看汉语的空间隐喻,《外语教学与研究》第4期。
李崇兴　1992　处所词发展历史的初步考察,《近代汉语研究》，北京：商务印书馆。
李冠华　1985a　处宾动趋结构初探,《安徽师大学报》第4期。
———　1985b　由"上、下、进、出"充当的趋向补语对处所宾语的语义制约,《汉语学习》第6期。
———　1986　谓宾动趋结构初探,《安徽教育学院学报》第2期。
李建校、曹　梦　2002　趋向动词的语法化机制,《晋中师范高等专科学校学报》第3期。
李临定　1986《现代汉语句型》，北京：商务印书馆。
———　1987《汉语比较变换语法》，北京：中国社会科学出版社。
———　1990《现代汉语动词》，北京：中国社会科学出版社。
李　讷、石毓智　1997《汉语语法化的历程——形态句法发展的动因和机制》,北京：北京大学出版社。
李　强　2001　"动＋趋$_1$＋宾＋趋$_2$"的语义及结构分析,《西南民族学院学报》专辑。
李清华　1980　外国留学生在方位词使用上的几个问题,《语言教学与研究》第1期。
李　荣主编　1996《现代汉语方言大词典》，南京：江苏教育出版社。
李泰洙　2000　古本、谚解本《老乞大》里方位词的特殊功能,《语文研究》第2期。
李　婷　1998　谈谈"动趋结构",《北京第二外国语学院学报》第6期。
李英哲　1990《实用汉语参考语法》，北京：北京语言学院出版社。
———　2001《汉语历时共时语法论集》，北京：北京语言文化大学出版社。
李宇明　1999　空间在世界认知中的地位,《湖北大学学报》第3期。
利奇、斯瓦特威克〔英〕1987《交际英语语法》，张婉琼、葛安燕译，北京：北京出版社。
廖秋忠　1983　现代汉语篇章中空间和时间的参考点,《中国语文》第4期。
———　1989　空间方位词和方位参考点,《中国语文》第1期。
林　笛　1993　汉语空间方位词的语用考察,《语言学论丛》(十八)，北京：北京大学出版社。
林杏光等　1994《现代汉语动词大词典》，北京：北京语言学院出版社。
刘丹青　2001　语法化中的更新、强化与叠加,《语言研究》第2期。
———　2002　汉语中的框式介词,《当代语言学》第4期。
刘广和　1999　说"上$_2$、下$_2$……起来$_2$"——兼谈趋向补语、动趋式,《汉语学习》第2期。
刘　坚　1995　论诱发汉语词汇语法化的若干因素,《中国语文》第3期。
刘宁生　1994　汉语怎样表达物体的空间关系,《中国语文》第3期。
刘叔新　1985　试论趋向范畴,《语法研究和探索》(三)，北京：北京大学出版社。

刘月华　1980　关于趋向补语“来”、“去”的几个问题,《语文战线》第 3 期。
———　1982　状语与补语的比较,《语言教学与研究》第 1 期。
———　1983　状语的分类及多项状语的顺序,《语法研究和探索》(一),北京:北京大学出版社。
———　1988a　几组意义相关的趋向补语语义分析,《语言研究》第 1 期。
———　1988b　趋向补语的语法意义,《语法研究和探索》(四),北京:北京大学出版社。
———　1989　表示状态意义的“起来”与“下来”比较,《汉语语法论集》,北京:现代出版社。
———　1998　《趋向补语通释》,北京:北京语言文化大学出版社。
刘月华、潘文娱等　1983　《实用现代汉语语法》,北京:外语教学与研究出版社。
龙治芳　1987　试论多维空间词汇意义的认知原则,《湘潭大学学报》第 2 期。
卢英顺　2000　“下去”句法、语义特点探析,《语法研究和探索》(十一),北京:商务印书馆。
陆俭明　1985　关于“去＋VP”和“VP＋去”句式,《语言教学与研究》第 4 期。
———　1993　“V 来了”试析,《现代汉语句法论》,北京:商务印书馆。
———　2001　“VA 了”述补结构语义分析补议——对读者意见的回复,《汉语学习》第 6 期。
———　2002　动词后趋向补语和宾语的位置问题,《世界汉语教学》第 1 期。
吕叔湘　1965　方位词使用情况的初步考察,《中国语文》第 3 期。
———　1990a　助词说略,《吕叔湘文集》(二),北京:商务印书馆。
———　1990b　指示代词的二分法和三分法,《中国语文》第 6 期。
吕叔湘主编　1980　《现代汉语八百词》,北京:商务印书馆。
马庆株　1992　《汉语动词和动词性结构》,北京:北京语言学院出版社。
———　1997　“V 来/去”与现代汉语动词的主观范畴,《语文研究》第 3 期。
马希文　1987　北京方言里的“着”,《方言》第 1 期。
梅祖麟　1988　汉语方言里虚词“著”字三种用法的来源,《中国语言学报》第 3 期。
孟庆海　1986　动词＋处所宾语,《中国语文》第 4 期。
孟　琮　1987　动趋式语义举例,《句型和动词》,北京:语文出版社。
孟　琮等　1999　《汉语动词用法词典》,北京:商务印书馆。
缪锦安　1990　《汉语的语义结构和补语形式》,上海:上海外语教育出版社。
木村秀树　1987　汉语方位补语“来”、“去”的两个功能,王志译,《徐州师范学院学报》第 3 期。
聂文龙　1989　存在和存在句的分类,《中国语文》第 2 期。
潘允中　1980　汉语动补结构的发展,《中国语文》第 1 期。
齐沪扬　1997　位移句中 VP 的方向价研究,《现代汉语配价语法研究》(2),北京:北京大学出版社。

齐沪扬　1998　现代汉语的空间系统,《世界汉语教学》第1期。
———　2000　动词移动性功能的考察和动词的分类,《语法研究和探索》(十),北京:商务印书馆。
齐沪扬、唐依力　2004　带处所宾语的"把"字句中V后格标的脱落,《世界汉语教学》第3期。
钱乃荣　1997　《上海话语法》,上海:上海人民出版社。
桥本万太郎　1983　《语言地理类型学》,余志鸿译,北京:北京大学出版社。
邱广君　1997　谈"V下+宾语"中宾语的类、动词的类和"下"的意义,《语文研究》第4期。
权正容　1995　"在X下"格式的结构特点与语义分析,《汉语学习》第5期。
任学良　1981　《汉语造词法》,北京:中国社会科学出版社。
杉村博文　1983　试论趋向补语"下"、"下来"、"下去"的引申用法,《语言教学与研究》第3期。
邵敬敏　1982　关于"在黑板上写字"句式分化和变换分析的若干问题,《语言教学与研究》第3期。
沈家煊　1994　"语法化"研究综观,《外语教育与研究》第4期。
———　1998　实词虚化的机制,《当代语言学》第3期。
———　1999a　《不对称和标记论》,南昌:江西教育出版社。
———　1999b　语法研究的分析和综合,《语言文字学》第2期。
———　2000　语法中的"标记颠倒"现象,《语法研究和探索》(十),北京:商务印书馆。
施关淦　1981　关于"在 + N_P + V + N"句式的分化问题,《语文研究》第2期。
石毓智　2000a　汉语的有标记和无标记语法结构,《语法研究和探索》(十),北京:商务印书馆。
———　2000b　《语法的认知语义基础》,南昌:江西教育出版社。
———　2001a　《肯定和否定的对称与不对称》,北京:北京语言文化大学出版社。
———　2001b　《语法的形式和理据》,南昌:江西教育出版社。
石毓智、李　讷　2001　《汉语语法化的历程》,北京:北京大学出版社。
史有为　1994　"下来"还是"进来"?,《汉语学习》第3期。
———　1997　完句和完句标志,《汉语如是观》,北京:北京语言文化大学出版社。
束定芳　2000　《隐喻学研究》,上海:上海教育出版社。
宋玉柱　1982　定心谓语存在句,《语言教学与研究》第3期。
宋再前　1981　现代汉语动词情态初探——兼谈"趋向动词"的范围问题,《丹东师专学报》第1期。
汤廷池　1981　《国语语法研究论集》,台北:学生书局。
汤廷池　1988a　《汉语词法句法论集》,台北:学生书局。
———　1988b　《英语认知语法:结构、意义与功用》,台北:学生书局。

唐启运　1992　论古代汉语的处所方位名词,《华南师范大学学报》第1期。

鹈殿伦次　1993　汉语趋向性复合动词与处所宾语,《日本近、现代汉语研究论文选》,北京:北京语言学院出版社。

田宇贺　1998　有关动趋式研究的两个问题,《南通师专学报》第3期。

——　2001　名词性成分在"V+趋+来"结构中的位置制约因素,《广西社会科学》第4期。

——　2002　对"动+趋+名"结构的初步考察,《广西社会科学》第1期。

王国栓　2003　现代汉语中的事态助词"去",《语文研究》第2期。

王红旗　1999　动趋式述补结构配价研究,《语言研究》第1期。

王　还　1957　说"在",《中国语文》第2期。

——　1980　再说说"在",《语言教学与研究》第3期。

王　力　1980　《汉语史稿》,北京:中华书局。

王希杰　2002　"上":视点和对称,《湘潭师范学院学报》第1期。

王　锳　1995　唐诗方位词使用情况考察,《吕叔湘先生九十华诞纪念文集》,北京:商务印书馆。

文　炼　1984　《处所时间与方位》,上海:上海教育出版社。

——　1986　句子的解释因素,《语文建设》第4期。

——　1989　格律诗语言分析三题,《上海师大学报》第3期。

——　1990　语言单位的对立和不对称现象,《语言教学与研究》第4期。

——　1992　句子的理解策略,《中国语文》第4期。

吴淑雄　2000　汉语方位构词的隐喻认知结构,《面临新世纪挑战的现代汉语语法研究——98现代汉语语法学国际学术会议论文集》,济南:山东教育出版社。

吴延枚　1984　在现代汉语中,处所名词可以直接作补语,《语言文学》第1期。

吴　云　2003　认知框架下的空间隐喻研究,《修辞学习》第4期。

吴之翰　1965　方位词使用情况的初步考察,《中国语文》第3期。

肖双荣　2000　趋向结构中的客观参照和主观参照,《娄底师专学报》第1期。

肖秀妹　1992　"动+来+名"和"动+名+来"两种句式的比较,《语言教学与研究》第1期。

萧国政、邢福义　1984　同一语义指向的"动/趋来",《华中师范学院研究生学报》第3期。

徐　丹　1988　浅谈这/那的不对称行,《中国语文》第2期。

——　1992　汉语里的"在"与"着(著)",《中国语文》第6期。

——　1994　关于汉语里"动词+X+地点词"的句型,《中国语文》第3期。

——　2000　动补结构中的上字和下字,《语法研究和探索》(十),北京:商务印书馆。

徐静茜　1982　"趋向动词"应归属何种词类,《嘉兴师专学报》第2期。

——　1983　说"来、去",《语言教学与研究》第1期。

徐静茜 1985a 趋向动词研究综述,《语文导报》第10期。
——— 1985b 也论“下来”、“下去”的引申用法,《汉语学习》第4期。
薛 红 1985 后项虚化的动补格,《汉语学习》第6期。
杨伯峻、何乐士 1992《古汉语语法及其发展》,北京:语文出版社。
杨德峰 1988 趋向述补短语的自由和黏着,《语文研究》第4期。
——— 2001 “动+趋+了”和“动+了+趋”补议,《中国语文》第4期。
杨 宁 1998 从空间到时间的汉语语义结构塑造,《语言研究的新思路》,上海:上海教育出版社。
——— 1999 上海话和北京话的“上”,《语文研究》第2期。
杨石泉 1986 趋向补语及其引申意义——说补语(二),《逻辑与语言学习》第1期。
杨 云 2001 方位词“上”和“下”的空间定位,《云南师范大学学报》(哲社版)第2期。
尹 玉 1957 趋向补语的起源,《中国语文》第9期。
游汝杰 1993《中国文化语言学引论》,北京:高等教育出版社。
于根元 1983 关于动词后附“着”的使用,《语法研究和探索》(一),北京:北京大学出版社。
余 维 1997 时间指示的语用对比分析,《世界汉语教学》第2期。
余志鸿 1983 元代汉语中的后置词“行”,《语文研究》第3期。
——— 1984 汉语前后置词混用的实质,《杭州大学学报》(增刊)。
——— 1987 元代汉语“一行”的语法意义,《语文研究》第2期。
——— 1992 元代汉语后置词系统,《民族语文》第2期。
袁明军 1998 非自主动词的分类补议,《中国语文》第4期。
袁毓林 1993 祈使句式和动趋式的类,《现代汉语祈使句研究》,北京:北京大学出版社。
——— 1994 关于认知语言学的理论思考,《中国社会科学》第1期。
——— 1996 认知科学背景上的语言研究,《国外语言学》第2期。
岳中奇 1994 “V去O”和“VO去”的语义、语用分析,《汉语学习》第4期。
张安生 1993 甘肃临夏一带方言的后置词“哈”、“啦”,《宁夏社会科学》第6期。
张 斌 1998《汉语语法学》,上海:上海教育出版社。
张 斌主编 2001《现代汉语虚词词典》,北京:商务印书馆。
张伯江 1991a 动趋式里宾语位置的制约因素,《汉语学习》第6期。
——— 1991b 关于动趋式带宾语的几种语序,《中国语文》第3期。
张国宪 1995 语言的有标记与无标记现象,《语言教学与研究》第4期。
——— 1998 语言单位的有标记与无标记现象,《句法结构中的语义研究》,北京:北京语言文化大学出版社。
张嘉宾 1984 动补结构与其宾语之间的语义、语法关系,《求是学刊》第1期。
张 健 1991 关于带“了”的动趋结构,《汉语学习》第2期。

张 敏 1998 《认知语言学与汉语名词短语》，北京：中国社会科学出版社。
张世禄 1996 先秦汉语方位词的语法功能，《河北大学学报》第1期。
张雪涛 1992 “V趋＋N＋了”句与“N＋V趋＋了”句，《北京大学学报》第6期。
张谊生 2000a “把＋N＋Vv”祈使句的配价分析，《配价理论与汉语语法研究》，北京：语文出版社。
——— 2000b 《现代汉语副词研究》，上海：学林出版社。
赵秉璇 1993 灵石方言中的后置词“行”，《语言研究》第2期。
赵金铭 1995 现代汉语补语位置上的“在”和“到”及其弱化形式“·de”，《中国语言学报》第7期。
赵艳芳 1995 语言的隐喻认知结构，《外语教学与研究》第3期。
——— 2001 《认知语言学概论》，上海：上海外语教育出版社。
赵元任 1979 《汉语口语语法》，北京：商务印书馆。
钟兆华 1985 趋向动词“起来”在近代汉语中的发展，《中国语文》第5期。
——— 1986 动词“起去”和它的消失，《中国语文》第5期。
周前方 1995 方位称谓词的语言文化分析，《世界汉语教学》第4期。
周 榕 2001 隐喻认知基础的心理实现性——时间的空间隐喻表征的实验依据，《外语教学与研究》第2期。
周统全 2003 “上”与“下”不对称的认知研究，《语言科学》第1期。
周小兵 1992 谓语前介词结构的同现和次序，第七次现代汉语语法学术讨论会论文。
朱德熙 1980 《现代汉语语法研究》，北京：商务印书馆。
——— 1982 《语法讲义》，北京：商务印书馆。
——— 1990 “在黑板上写字”及相关句式，《语法论稿》，上海：上海教育出版社。
祝敏彻 1991 《“朱子语类”句法研究》，武汉：长江文艺出版社。
邹韶华 1984 现代汉语方位词的语法功能，《中国语文》第3期。
祖生利 2000 元代白话碑文中方位词的格标记作用，《语言研究》第4期。
Charles J. Fillmore 1966 Deictic Categories in the Semantics of ‘come’, *Foundations of Language*, Vol. 2, No. 3.
Chen, Chung-yu.（陈重瑜）1978 Aspectual Features of the Verb and the Relative Position of the Locatives, JCL (《中国语言学报》) 8.1.
Clark, Herbert H. 1973 Space, Time, Semantics and the Child. *Cognitive Development and the Acquisition of Language*. edited by Timothy E. Moore N.Y: Academic Press.
F.Ungerer & H. J. Schmid. 1996 *An Introduction to Cognitive Linguistics*. Oxford: Clarendon Press.（北京：外语教学与研究出版社，2001）
Hopper. P & E. Traugott. 1993 *Grammaticalization*. Beijing: Foreign Language Teaching and Research Press & London: Cambridge University Press.
John Y Hou.(侯炎尧) 1977 Two Locative in Chinese: Toward a Relational Analysis, 《中

国语言学会论文集》，台北：学生书局。

Lakoff, G. 1987 *Women, Fire, and Dangerous Things*. Chicago: The University of Chicago Press.

Lakoff, G. & M.Johnson. 1980 *Metaphors We Live by*. Chicago: The University of Chicago Press.

Taylor, J. R. 1995 *Linguistic Categorization: Prototypes in Linguistc Theory*. Beijing: Foreign Language Teaching and Research Press & London: Cambridge University Press.

后记

我是1993年从上海师范大学中文系现代汉语专业毕业，获得博士学位的，我的博士论文做的就是《现代汉语空间位置系统》。1998年学林出版社将我的博士论文以《现代汉语空间问题研究》为名出版。正如我在这本书的后记里所写的:“感到幸运的是，我留在上海师范大学工作，能随时直接地聆听到我的导师张斌先生的教导，从而可以对我博士论文中的一些观点进行更加深入、更加广泛的思考，继而做出重大的修改，这样才能够有这本呈现在读者面前的拙作的问世。”尽管书出版了，然而，“更加深入、更加广泛的思考”这些年来一直陪伴着我，想在现代汉语空间问题上再做一番研究的想法也一直没有忘掉过。只是那时我已经担任一定的行政职务，想法归想法，实施起来却不那么容易，因为工作忙，因为在写其他书，这样的想法总是得不到实现，自己为自己找了不少可以推诿、拖延的理由。

直到2006年，我申报的国家社科基金项目“现代汉语空间范畴的认知与理解”批了下来，我没有任何理由可以让自己只想不做了。2004级的博士研究生吴念阳和2006级的博士研究生曾传禄都愿意跟我做这个课题。从2006年到2009年，三年时间里，三个人同心协力，把这个课题完成了。我完成的是对现代汉语现实空间的表达研究，曾传禄做的是与位移空间相关的表达研究，吴念阳则在大量的心理实验的基础上，提交了一份心理空间相关的实证研究。

但是，这个课题直到2011年才完成结项工作。做完研究后，书稿就束之高阁。那两年我没有时间顾及自己项目的结项，学科的重大项目

“现代汉语描写语法”到了最后冲刺的时候，我在商务印书馆出版的另一部工具书《现代汉语语气成分使用词典》也在那个时候送来清样，时隔五年之久也来忙中添乱。为了《现代汉语描写语法》能赶在2010年11月出版，那两年上海师大整个语法学科，都是处在高负荷的运作之中。我在该书的后记中有一段描述:“面对着桌子上堆积如山的纸质稿子，面对着电脑中从修改稿1到修改稿7，再到定稿的各个文件夹，我们看到了岁月的流逝，看到了写作的艰辛”，就连九十高龄的张斌先生，也和我们一起努力着。这种时候去忙自己的课题结项，我觉得是对上海师大语法学科的亵渎，我说不出口，也不愿意去做。

2010年10月做完《现代汉语描写语法》的最后校对工作，11月出版，赶在2010年11月27日召开的“庆祝张斌先生90华诞从教60周年学术研讨会暨《现代汉语描写语法》首发仪式”上与读者见面；

2010年12月做完《现代汉语语气成分使用词典》的校对工作，2011年2月出版；

2011年3月提交“现代汉语空间范畴的认知与理解”的课题结项报告书，为60万字的系列著作，2011年8月收到全国哲学社会科学规划办公室的结项证书，鉴定等级为良好。

这是那一段时间的工作状况，如实记述。

“现代汉语空间范畴的认知与理解”为系列著作，其一为《现代汉语位移空间的认知研究》，作者是曾传禄；其二为《现代汉语心理空间的认知研究》，作者是吴念阳；其三为《现代汉语现实空间的认知研究》，作者是齐沪扬。我任三本著作的主编。

我很感谢我的这两位学生。

曾传禄1998年考过我的硕士研究生。那年竞争特别厉害，他没有被上海师大录取，转到贵州大学读宋宣教授的硕士研究生。经过贵州大学浓郁的人文气息和语言学学术氛围熏陶，曾传禄于2006年重又考回上海师大，攻读语法方向的博士学位。他语言学功底深厚，古汉语和近代汉语基础扎实，安于寂寞，甘于清贫，讷于言敏于行，粗茶淡饭却笔耕不辍，少言寡语然勤于思考。几年下来，他自然成为他们这一届博士研究生中的佼佼者，理论素养最好，科研成果最多。和这样的学生合作做课题，我感到高兴，感到放心。《现代汉语位移空间的认知研究》中的大部分章节作为博士论文参加过答辩，论文受到了答辩主席——北京语言大学赵金铭教授和其他答辩委员的一致称赞。

吴念阳是上海师大教育学院的教授，她跟我读博士研究生完全是一种机遇的巧合。2004 年她进入 HSK（旅游）课题组，负责数据统计这一块，这是由于她具有北大心理系本科和硕士的背景。然而在做课题的同时，她突然对语言学感兴趣了。她的博士论文整整做了四年，题目是《空间隐喻的认知研究》。为了博士论文，她带着自己的硕士研究生做了大量的有关空间隐喻的心理实验，正如她在著作中所说的，"仅有语言学证据是不够的"，"时序概念两种不同维度的空间隐喻是否具有心理现实性，即人们是否基于空间方向性建构、理解时序概念，需要进一步的实证、甚至神经生理的研究来提供充分的论证"。我觉得这些心理学的报告对深化语言学的研究是十分有用的。为此，我把吴念阳的这些实验报告作为课题的一个组成部分。

至于第三本《现代汉语现实空间的认知研究》，其中的很多章节，都已经发表过，这次做了补充修改，另外还收了我的硕士研究生葛新、蔡瑱所写的部分成果。

我还要感谢本书的责编段濛濛女士。我在主编《现代汉语》的时候，责编就是濛濛。我很想摘录《现代汉语》后记里的一段话："也感谢负责这项工作的袁舫女士和负责这本教材的段濛濛女士，她们的认真负责是这本教材质量的保证。我们之间的联系是最多的，我的电子邮箱里经常有她们的信。每次接到她们的信我都是战战兢兢，负担陡增；每次回她们的信时又都是如履薄冰，如释重负。这样的过程持续一年有余……我很盼望能够再次与两位新朋友进行合作。"《现代汉语》这本书后来获得上海市普通高校优秀教材一等奖，这里面有濛濛的很多功劳。这次再度合作，其中的欢快我是十分享受的。我真的很想和濛濛有第三次的合作，我们找机会吧。

学期就要结束了，这几天忙着学生们的毕业工作。作为教学单位，天天跟学生接触，实际上就是跟青春接触，跟活力接触。现代汉语空间范畴的研究，真的是范围很大，可以研究的题目很多，事实上我今年毕业的博士研究生唐依力做的学位论文跟空间也是有关联的。我想我应该积攒能量，汇聚动力，带领学生在这一领域里继续耕耘下去。

齐沪扬

2012年6月于上海师范大学对外汉语学院